普通高等学校"十四五"规划经济管理类专业精品教材

运输与配送管理

（第二版）

主　编　苏巧玲
副主编　郭　仪　梁斐雯

中国·武汉

内容简介

本书紧密结合我国物流理论和技术体系,借鉴国内外相关研究成果和实践经验,内容分成两大部分:运输管理和配送管理。全书共十一章,介绍了运输与配送的概念,运输、配送与物流的关系及其在物流系统中的作用,运输方式与业务流程,运输决策分析,国际货运管理,危险品运输管理,运输市场分析管理,物流配送管理概论,配送作业管理,配送线路优化决策分析,物流配送中心规划,以及物流运输与配送的发展趋势,并配有同步案例与复习思考题,具有较高的实用价值。

本书的特点是理论与实践相结合,基本概念和实际案例相结合,既对运输和配送的决策优化问题有深入的理论解析,又突出了其作业流程及其实践技术的可操作性描述。

本书可作为普通高校物流工程与物流管理专业的选用教材,也可作为物流领域从业人员的参考读物以及相关科研人员的业务参考书。

图书在版编目(CIP)数据

运输与配送管理/苏巧玲主编.—2版.—武汉:华中科技大学出版社,2024.5
普通高等学校"十四五"规划经济管理类专业精品教材
ISBN 978-7-5772-0903-6

Ⅰ.①运… Ⅱ.①苏… Ⅲ.①物流-货物运输-高等学校-教材 ②物资配送-物资管理-高等学校-教材 Ⅳ.①F252

中国国家版本馆 CIP 数据核字(2024)第 099416 号

运输与配送管理(第二版) 苏巧玲 主编
Yunshu yu Peisong Guanli (Di-er Ban)

策划编辑:陈培斌	
责任编辑:张汇娟 陈培斌	
封面设计:廖亚萍	
责任校对:张汇娟	
责任监印:周治超	
出版发行:华中科技大学出版社(中国·武汉)	电话:(027)81321913
武汉市东湖新技术开发区华工科技园	邮编:430223
录 排:武汉楚海文化传播有限公司	
印 刷:武汉市籍缘印刷厂	
开 本:787mm×1092mm 1/16	
印 张:16 插页:1	
字 数:390千字	
印 次:2024年5月第2版第1次印刷	
定 价:49.80元	

本书若有印装质量问题,请向出版社营销中心调换
全国免费服务热线:400-6679-118 竭诚为您服务
版权所有 侵权必究

第二版前言

随着我国经济的迅猛发展,物流运输与配送管理的内涵以及人们对它的认识都发生着深刻的变化,传统的运输与配送技术正面临挑战,许多传统储运企业正在向现代化物流企业转型。现代物流不再孤立地看待参与物流的各个环节,而是从系统的角度综合考虑物流管理中的各项职能。物流运输和配送管理职能是现代物流管理的核心职能。物流运输与配送管理实现了流转的空间价值,是物流活动的主要组成部分,是物流系统中的动脉系统,在物流系统整体功能合理化过程中发挥着中心环节的作用,而且物流运输管理活动的合理性直接或者间接影响其他物流活动的合理化程度,没有运输就没有物流。同样地,物流活动离不开运输与配送活动。物流运输与配送管理活动的优劣,直接关系生产流通成本、生产流通速度以及效率,也直接关系构建供应链、价值链、服务链的战略目标。

党的二十大召开,国家、民族的发展进入了新时代,我们应牢牢把握习近平新时代中国特色社会主义思想的世界观和方法论,坚持学思用贯通、知信行统一,坚持好、运用好贯穿其中的立场观点方法,牢牢把握以中国式现代化推进中华民族伟大复兴的使命任务,把思想统一到党的二十大精神上来,把力量凝聚到党的二十大确定的各项任务上来,撸起袖子加油干,为民族的复兴踏踏实实地工作。我国正在加快构建以国内大循环为主体、国内国际双循环相互促进的新发展格局。人们已经认识到,要想提高企业的整体竞争力,企业不仅要在产品开发、生产、销售等核心领域取得竞争优势,在物流管理乃至整个供应链管理上也应该而且必须拥有自己的优势,单凭个别企业的能力已经不能适应当今的竞争要求了。在这种情况下,企业表现出对物流管理越来越强烈的需求。从我国物流管理专业教育的发展历程看,很多高等院校设有物流管理或者物流工程专业,但是,无论从这一专业的系统性,还是学科的先进性,以及专业的基础理论研究方面,所具有的专业教育基础性资源远远不能满足当前的发展需要。这就需要我们尽快确立能够适应当今社会发展需要的物流管理专业人才的培养体系,而教材无疑是这个体系中最为重要的组成部分。如何打造出更加适合现阶段人才培养的合格教材,是当务之急。本教材是在不断完善的高校本科物流工程和物流管理培养计划的前提下,本着高度符合运输与配送管理课程教学大纲的前提下编写的。

本书以 2020 年 6 月正式出版的《运输与配送管理》为基础进行修订重编。《运输与配送管理》出版以来,主要供高等学校物流管理专业以及经济类与管理类相关专业的本科生作为教材使用,使用情况良好。在习近平新时代中国特色社会主义思想引领下,物流技术日新月异,交通运输业迅猛发展。信息化、智能化技术实现飞跃,大数据、云计算、5G、人工智能、区块链等技术发展加速,快递行业作为桥梁促使线上、线下相结合的商业模式蓬勃发展,中国路、中国桥、中国港、中国高铁已经成为中国特色产业。结合我国的物流理论和技术体系,借鉴国内外相关研究和实践经验,适应最近几年物流、交通领域出现的新形势、新变化,编者本次修订主要围绕以下几个方面展开。

(1) 优化篇章结构。本次修订后,全书内容一般由学习要点、案例、章节内容、复习思考题、案例讨论五个部分组成。"学习要点"意在帮助读者了解本章的主要内容、学习重点和难点。"案例"穿插在正文内容中,对知识点的理解、掌握以及培养分析问题和解决实际问题的能力有很好的帮助。章节后的"复习思考题"中的题目集中体现了本章的知识要点,便于学生复习和测试。本次修订新增部分"案例讨论"能扩展视野,进一步加深学生对章节内容知识点的理解和运用。

(2) 适度进行内容增补。一是为了适应当下我国物流运输行业的发展现状,编者将近年来各类新兴物流技术增补进本书;二是编者更新了部分"案例讨论",使其更符合当下物流及配送领域的发展现状。

(3) 推敲校正全书文字。为确保教材内容的准确,编者对全书进行了认真校对,修正了第一版中存在的定义、概念、文字上的错误,力求表达准确。

全书紧密结合我国物流理论和技术体系,借鉴国内外相关研究和实践经验,内容分成运输管理和配送管理两大部分,可合并为一门课程讲授,也可分为两门课程讲授。全书共十一章,介绍了运输与配送的概念,运输、配送与物流的关系及其在物流系统中的作用,运输方式与业务流程,运输决策分析,国际货运管理,危险品运输管理,运输市场分析管理,物流配送管理概论,配送作业管理,配送线路优化决策分析,物流配送中心规划,以及物流运输与配送的发展趋势,并配有同步案例与复习思考题,具有较高的实用价值。

本书突出了如下两个特色。其一,将国际上先进的物流运输与配送管理理论与我国的特色实践相结合,在体现中国国情和社会现实的基础上,吸收和借鉴国际比较成熟的理论、方法、概念、范式、案例,使读者可以在学习、借鉴和研究的基础上发现问题、解决问题,获得理论上的发展与创新。其二,加强案例分析和配套教学课件建设。运输与配送管理学科是实践性与应用性很强的学科,只有通过大量典型的、成熟的案例分析、研讨、模拟训练,才能拓展学生的视野,积累学生的经验,培养学生独立分析问题、解决问题、动手操作的能力;同时为了方便教师教学,本书配有教学课件和模拟题库,免费赠送。

本书理论与实践相结合,基本概念和实际案例相结合,既对运输和配送的决策优化问题有深入的理论解析,又突出了对作业流程及其实践技术的可操作性描述。总体表达通俗易懂,结构科学,叙述严谨流畅。

第二版前言

  本书由广西科技大学经济与管理学院苏巧玲担任主编，郭仪、梁斐雯担任副主编，参加本书编写的还有戎陆庆、吕品、张光明、贺裕雁、韦安鹏等。本书在编写过程中参考了大量的与物流运输、配送管理相关的研究资料和文献，借鉴了国内外众多学者的研究成果，在此向国内外有关学者和专家表示衷心的感谢。

  本书可以作为高等院校相关专业本科生、硕士研究生的教材，以及企业物流管理人员的培训教材，也可以作为物流专业研究人员了解实际物流运作的参考书，还可以作为各类企业经营管理人员的参考读物。

  由于我国物流行业业态和管理技术发展变化很快，编者水平有限，书中难免存在不妥之处，恳请同行专家和读者不吝赐教，以便今后进一步修改与完善。

  本书配有教学资源，如需教材课件请与编者联系：261783263@qq.com。

  本书由广西科技大学教材建设基金资助出版。

编 者

2024 年 1 月

目 录

第一章 概论 ··· 1
　第一节 运输、配送的概念 ··· 1
　第二节 运输、配送与物流的关系及其在物流系统中的作用 ······················· 5
　第三节 物流运输的原则 ·· 8
　第四节 运输系统的基本要素 ··· 8
　第五节 物流运输的地位和作用 ··· 10
　第六节 现代运输业 ·· 11

第二章 运输方式与业务流程 ·· 17
　第一节 运输方式及技术经济指标 ·· 17
　第二节 合理选择运输方式 ··· 19
　第三节 运输方式选择 ··· 23
　第四节 运输组织与流程 ·· 26

第三章 运输决策分析 ··· 57
　第一节 运输合理化决策 ·· 57
　第二节 运输自营与外包决策 ·· 63
　第三节 设备配置与更新策略 ·· 71
　第四节 运输问题与线性规划 ·· 73

第四章 国际货运管理 ··· 84
　第一节 概述 ··· 84
　第二节 国际货物运输方式 ··· 87
　第三节 国际多式联运 ·· 106

第五章 危险品运输管理 ·· 114
　第一节 危险货物运输概论 ··· 114

第二节 危险货物分类 ·· 115
第三节 危险货物安全管理 ·· 120
第四节 危险货物运输的技术条件 ···································· 122

第六章 运输市场分析管理 ·· 131
第一节 运输市场供需管理 ·· 131
第二节 运输市场供需理论 ·· 137
第三节 运输合同管理 ·· 148
第四节 运输成本管理 ·· 154
第五节 运输外包管理 ·· 162
第六节 运输绩效管理 ·· 167

第七章 物流配送管理概论 ·· 173
第一节 配送管理特征 ·· 173
第二节 配送管理的功能与作用 ······································ 174
第三节 配送管理的服务方式 ··· 177
第四节 配送管理的主要目标 ··· 180

第八章 配送作业管理 ··· 183
第一节 配送作业流程概述 ·· 183
第二节 配送作业 ··· 184

第九章 配送线路优化决策分析 ······································ 206
第一节 起讫点不同的单一问题 ······································ 206
第二节 起讫点重合问题 ··· 209

第十章 物流配送中心规划 ·· 216
第一节 配送中心概述 ·· 216
第二节 配送中心的经营定位 ··· 222
第三节 配送中心的地理位置选择 ·································· 224
第四节 配送中心的系统规划 ··· 227

第十一章 物流运输与配送的发展趋势 ··························· 235
第一节 物流运输与配送的国家战略 ······························· 235
第二节 物流运输与配送的新技术 ································· 238

参考文献 ·· 248

第一章 概 论

 学习要点

掌握物流运输的概念、特性、功能要素,配送的概念,运输、配送与物流的关系及其在物流系统中的作用。

第一节 运输、配送的概念

党的十八大以来,以习近平同志为核心的党中央统揽全局,高度重视物流业的发展。2014年国务院发布的《物流业发展中长期规划(2014—2020年)》,把物流业提升到了基础性、战略性的高度。2017年,党的十九大报告提出:加强物流基础设施网络建设,现代供应链等领域培育新的增长点、形成新动能;我国物流业进入了物流大国到物流强国的创新发展时代。党的二十大的召开,国家、民族的发展进入了新时代,习近平总书记在二十大报告中提出推动共建"一带一路"高质量发展的思想使得物流行业进入更深层次的领域。物流运输与配送行业进入前所未有的发展机遇和挑战中。

一、运输的含义

运输是人类社会的基本活动之一,是一项范围广泛、与社会生产和人民生活密切相关的经济活动,被马克思称为采掘业、农业和加工工业之外的"第四个物质生产部门"。今天,运输已经渗透到人类社会生活的方方面面,并且成为最受关注的社会经济活动之一。

所谓运输,是指人员或物品借助运力系统在一定空间范围内产生的位置移动。其中,运力系统是指由运输设施、路线、设备、工具和人力组成的,具有从事运输活动能力的系统。运输包括客运和货运。人员的运输称为客运;货物的运输称为货运。

二、物流运输的含义

随着现代物流的产生与不断发展,运输被赋予了新的含义。它与其他物流环节保持着密切的联系，并在物流系统中占有重要的地位，发挥了巨大的作用。

我国《物流术语》国家标准(GB/T 18354—2006)将运输定义为："用运输设备将物品从一地点向另一地点运送。其中包括集货、分配、搬运、中转、装入、卸下、分散等一系列操作。"可见，运输是物流的一个环节或一项基本功能。

从上述定义中可以看出，物流中所提到的运输与前面所述的运输有诸多不同之处，主要表现在以下两个方面。

1. 两者的劳动对象不同

从运输的定义可知，一般意义的运输是人员与物品利用交通工具在一定范围内产生的空间位移，既包括物品的空间位移(货运)，又包括人员的空间位移(客运)；而物流中的运输仅仅是物品在供应地与需求地之间的实体运送，不包括人员的空间位移。

2. 两者的工作范围不同

一般意义的运输主要指流通领域的运输，不包括生产领域的运输；而物流中的运输作为物流系统的一个重要组成部分，不仅包括流通领域的运输，还包括生产领域的运输。流通领域的运输作为流通领域里的一个重要环节，在较大范围内是将物质产品从生产领域向消费领域在空间位置上进行物理性转移的活动，既包括物品从生产所在地直接向消费所在地的移动，也包括物品从生产所在地向物流网点和从物流网点向消费所在地的移动。生产领域的运输一般在生产企业内部进行，因此又称为厂内运输。厂内运输包括原材料、在制品、半成品和成品的运输，是直接为物质产品生产服务的，有时也称为物料搬运。厂内运输或物料搬运不包括在一般意义的运输之中，但却是物流运输的主要活动之一。一般运输与物流运输之间的关系可以用图1-1来表示。

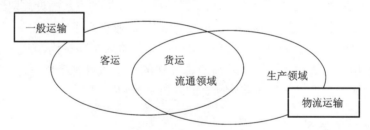

图1-1 一般运输与物流运输的关系

综上所述，物流运输是指流通领域和生产领域中货物的运输。鉴于物流运输与一般运输的区别，本书仅将物流运输作为研究对象。若无特别说明，下面所提到的运输均指物流运输。

三、物流运输的功能

一般来说，物质产品的生产地与消费地是不一致的，即存在位置背离。只有消除这种位置背离，物质产品的使用价值才能实现。也就是说，物质产品只有通过运输，才可能进入消费领域，从而实现物质产品的使用价值，满足社会各种需求。从这个意义上说，运输有以下两大功能。

1. 物品转移

运输的主要功能就是使产品在价值链中移动，即通过改变产品的地点与位置，消除产品的生产与消费之间在空间位置上的背离，或将产品从效用价值低的地方转移到效用价值高的地方，创造出产品的"空间效用"。另外，因为运输的主要目的是以最少时间完成产品从原产地到规定地点的转移，所以运输能使产品在需要的时间内到达目的地，创造出产品的"时间效用"。

2. 短时储存

如果转移中的产品需要储存，且又将在短时间内重新转移，而卸货和装货的成本费用也许会超过储存在运输工具中的费用，这时，可将运输工具作为货物暂时的储存场所。因此，运输也具有临时的储存功能。

通常以下几种情况需要将运输工具作为临时储存场所：一是货物处于转移中，运输的目的地发生改变，货物需要临时储存；二是在起始地或目的地仓库储存能力有限的情况下，将货物装在运输工具内临时储存起来，可以采用迂回路径或间接路径运往目的地。

当然，用运输工具储存货物可能是昂贵的，但如果综合考虑物流总成本，包括运输途中的装卸成本、储存能力的限制、装卸的损耗或延长的时间等，那么，选择运输工具对货物进行短时储存往往是合理的，有时甚至是必要的。

四、物流运输原理

指导运输和营运的两条基本原理是规模经济和距离经济。

（一）规模经济（economy of scale）

运输的规模经济的特点是随着装运规模的增长，使单位重量的运输成本降低，如图1-2所示。例如，整车运输（即车辆满载装运）的每单位成本低于零担运输（即利用部分车辆能力进行装运）。就是说，诸如铁路和水路之类的运输能力较大的运输工具，每单位的费用要低于汽车和飞机等运输能力较小的运输工具。运输规模经济的存在是因为转移

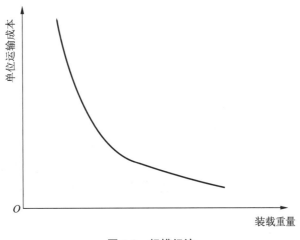

图 1-2 规模经济

一批货物有关的固定费用(运输订单的行政管理费用、运输工具投资以及装卸费用、管理以及设备费用等)可以按整票货物量分摊。另外,通过规模运输还可以获得运价折扣,使单位货物的运输成本下降。规模经济使得货物的批量运输显得合理。

(二)距离经济(economy of distance)

距离经济是指每单位距离的运输成本随距离的增加而减少,如图1-3所示。距离经济的合理性类似于规模经济,尤其体现在运输装卸费用的分摊上。如800千米的一次装运成本要低于400千米的二次装运。运输的距离经济也遵循递减原理,因为费率或费用随距离的增加而减少。运输工具装卸所发生的固定费用必须分摊到每单位距离的变动费用中,距离越长,平均每千米支付的总费用越低。在评估各种运输决策方案或营运业务时,这些原理是重点考虑的因素。其目的是要使装运的规模和距离最大化,同时满足客户的服务期望。

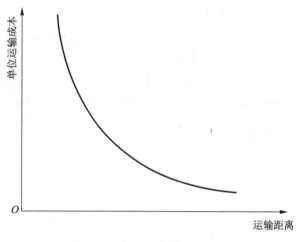

图1-3 距离经济

五、配送的概念

配送作为一种先进的物流方式,自20世纪80年代中叶引入我国以来,特别是处于信息和通信相结合的新经济时代的今天,已经成为我国经济界和企业界广泛关注的焦点。目前人们对配送概念的理解尚存在一定的差异。即使在配送业发达的美国、日本,对于配送概念尚没有形成统一的看法。

1985年日本工业标准把配送表述为:将货物从物流结点送交收货人。

1991年版的日本《物流手册》的表述是:生产厂到配送中心之间的物品空间移动叫"运输",从配送中心到顾客之间的物品空间移动叫"配送"。

美国《物流管理——供应链过程的一体化》中说:实物配送这一领域涉及将制成品交给顾客的运输。……实物配送过程,可以使顾客服务的时间和空间的需求成为营销的一个整体组成部分……

我国2001年4月发布的《物流术语》国家标准的表述是:在经济合理区域范围内,根据用户要求,对物品进行拣选、加工、包装、分割、组配等作业,并按时送达指定地点的物流活动。

从以上表述中不难看出,美国和日本的实业界人士是把配送纳入运输或送货的范畴,并以此为据来表述配送的概念。而我国的专家、学者则更强调配货的作用,以配和送来描述实物的运动形态,从而体现了配送的全方位服务的本质特征。

具体而言,配送概念的内涵有以下几点。

第一,配送的实质是送货服务。配送使送货达到一定的规模,以规模优势降低送货成本。

第二,配送的根据是用户要求。这里确立了用户的主导地位和配送企业的服务地位。因此,配送企业要从用户的利益出发,要在满足用户要求的基础上取得本企业利益。这就要求企业牢固树立"用户第一""质量第一"的观念。

需要指出的是:这里的用户不仅仅是指最终消费者,也可能是批发商和零售店(专卖店)。所以,不能把配送单纯理解为只是向最终消费者送货的经济活动,配送也包含着向中间商的送货活动。

第三,配送的区域范围以经济、合理为原则。运输工具的选择、运输路线规划、货物配装及送达过程中,以满足既经济又合理的条件即可。

第二节　运输、配送与物流的关系及其在物流系统中的作用

一、运输与物流各活动的关系

(一)运输与储存的关系

储存是货物暂时停止的状态,是货物投入消费前的准备,其最终目的是将货物分拨到合适的地点。高效的运输分拨系统,可以降低库存量,提高库存周转率。如果运输活动组织不善或运输工具不得力,不仅会增加库存量、降低库存周转率,而且还会造成货物损耗的增大。同时,储存活动同样也是运输过程的调节手段。例如,当巨型集装箱货轮停靠在港口时,货物不可能及时被分拨到需求地点。因此,需要储存活动对运输活动进行调节,以便使巨型集装箱货轮能够及时地离开港口。

(二)运输与包装的关系

运输与包装的关系可以说是相互影响的。货物的包装材料、包装程度、包装规格都会不同程度地影响运输方式的选择以及同一种运输方式对运输工具的选择。即使确定了货物的包装规格(包装物的长、宽、高),货物在车厢内如何码放,也会直接影响到运输的效率。只有当包装的外廓尺寸与承装车厢的内廓尺寸构成可约倍数时,车辆的容积才能得到最充分的利用。因此,货物的包装材料、包装程度、包装规格以及码放方法应该与所选择的运输工具相吻合,这对于提高车辆的装载率和物流效率与效益都具有重要意义。

(三)运输与装卸及搬运的关系

要想完成整个物流过程,运输活动必然伴随有装卸与搬运活动。一般情况下,完成一次运输活动,往往伴随两次装卸与搬运活动,即运输前与运输后的装卸与搬运作业。货物在运输前的装卸与搬运活动是完成运输活动的先决条件。装卸与搬运活动的质量,包括车辆装载是否合理、装卸工作组织是否得力等因素,将会直接影响运输活动的顺利进行。当货物通过运输到达目的地后,装卸是最终完成运输任务的必要补充。除此之外,装卸与搬运又是实现各种运输方式有效衔接的重要环节,特别是在多式联运的情况下,装卸与搬运的效率直接影响着运输过程的整体效率。

(四)运输与配送的关系

一般情况下,我们经常将运输和配送这两个词放在一起使用,其原因是要完成整个物流活动,往往需要通过运输与配送两个活动过程之后才能将货物送达消费者手里。配送是指在经济合理区域范围内,根据用户要求,对物品进行拣选、加工、包装、分割、组配等作业,并按时送达指定地点的物流活动。它是从最后一个物流节点到用户之间的物资空间移动过程。从两者各自的定义可以看出运输和配送重要的区别在于运输是两点之间货物的输送,而配送是一点对多点的货物运输过程。因此,配送是基于支线运输而言的概念。从狭义上讲,货物运输分为干线部分的运输和支线部分的配送。从工厂仓库到配送中心之间的批量货物的空间位移称为运输,从配送中心向最终用户之间的多品种、小批量货物的空间位移称为配送,两者的关系如表1-1所示。

表1-1 运输与配送的比较

内容	运输	配送
运输性质	干线运输	支线运输、终端运输、区域内运输
运输特点	少品种、大批量	小批量、多品种
运输工具	大型货车或火车、船舶	小型货车
管理重点	效率优先	服务优先
附属功能	装卸、捆包	装卸、保管、包装、分拣加工、订单处理等
节点关系	两点之间货物的输送	一点对多点的货物运输

二、运输、配送在物流系统中的作用

运输、配送在物流系统中的作用有以下几个方面。

1. 运输、配送是物流系统功能要素的核心

加工功能创造了物品的形态效用,而物流系统的其他功能活动都是围绕运输、配送、仓储这三大功能进行的。但是,三者在物流中的地位是不同的。在社会化大生产的条件下,产品生产和消费在位置空间上的背离矛盾不但不会消除,而且会呈现出扩大的趋势。这种趋势带来的直接影响就是对物流业,特别是对运输业务越来越大的需求。与此同时,随着生产技术的发展和管理水平、信息化程度的提高,生产企业可以做到柔性化和定制化,以此缩短产品生产与消费在时间上的差距。同时,流通和消费企业可以做到计划采购或计划订货,以此缩短商品流通与消费在时间上的差距。企业可以根据流通和消费企业的订货计划和要求,将企业用户需要的原材料、零配件或商品按品种和数量,及时准确地运送到生产线或消费地,进入消耗或消费,使生产、流通和消费之间做到无缝衔接。这些变化强化了运输和其他物流功能的作用,降低或消除储存功能的作用,使得储存保管实现物品的时间效用呈现出弱化趋势。流通加工只有借助运输或配送才能实现物品的形态效用。

2. 运输、配送是实现物流合理化的关键

物流的合理化是指在各物流子系统合理化的基础上形成最优的物流系统整体功能,即系统以尽可能低的成本创造更大的空间效用、时间效用和形态效用,或者说以最低的成本为用户提供更好的物流服务。

物流系统是由 8 个功能要素的子系统构成,其整体的合理化是在各物流子系统合理化的基础之上,通过物流各子系统之间的有机结合来实现的。不过物流各功能要素在物流整体功能合理化的过程中所发挥的作用有所不同,其中,运输是实现物流合理化的关键,这是因为:首先,在科学技术不断进步、生产的社会化和专业化程度不断提高的今天,一切物质产品的生产和消费均离不开运输,由此,运输作为物流系统中的动脉系统,在物流系统整体功能合理化的过程中发挥着中心环节的作用;其次,运输与物流活动中的其他环节有着较为密切的关系,运输活动的合理与否能直接或间接影响到其他物流活动的合理化程度;最后,运输费用在全部物流费用中占有较大比重,是影响物流成本的一项重要因素。

3. 运输、配送体系的完善是实现物流社会化的基础

目前,物流运输业正在不断发展与完善,建立集约化的物流中心,实行物资的及时与共同配送正成为交通运输业的主要发展方向。在运输体系不断完善的过程中,交通运输业的内部也形成了自己的专业化分工。行业的基础层是公路、铁路、水运和航空运输公司,它们主要实现运输线路的畅通,并能及时进行运输工具的调度,以确保运输时间与运输质量满足客户的要求;行业的另一层面是那些直接承接运输业务的综合性物流公司,它们根据客户的具体要求,为客户设计出完整的运输方案,并综合运用多种运输方式,及时完成物品在交易主体之间的转移,这样就形成了一个立体的运输网络,每个企业都能够通过这个网络以较低的成本构建自己的供应链,实现自己的物流计划,从而为物流社会化的实现提供基础条件。

4. 运输、配送影响着物流系统其他构成因素

运输方式的选择决定着装运货物的包装要求;使用不同类型的运输工具决定其配套使用的装卸搬运设备以及接收和发运站台的设计;企业库存储备量的大小直接受运输状

况的影响,发达的运输系统能比较快速和可靠地补充库存,以降低储备水平。

第三节　物流运输的原则

物流运输的原则是及时、准确、经济、安全。

1. 及时

及时就是按照用户需要的时间把商品送到消费地,或把货物及时地运到销售地,尽量缩短货物的在途时间。缩短流通时间的主要手段是改善交通,实现运输现代化。另外,应注意不同运输方式之间的衔接工作,及时发运货物,同时做好委托中转工作,及时把货物转运出去。

2. 准确

准确就是在商品的运输过程中,切实防止各种差错事故,做到不错不乱,准确无误地完成任务。由于货物品种繁多,规格不一,加上运输过程中要经过多个环节,稍有疏忽,就容易发生差错。发运货物不仅要求数量准确,品种规格也不能搞错。这就要求加强岗位责任制,精心操作,并要有周密的检查制度。

3. 经济

经济就是以最经济的方法调运商品,降低运输成本。降低成本的方法很多,例如合理选择运输方式和运输路线,尽可能减少中间环节,缩短运输里程,力求用最少的费用,把货物运送到目的地。

4. 安全

安全就是保证商品在运输过程的安全。一是注意运输、装卸过程中的震动和冲击等外力的作用,防止商品的破损;二是防止商品由物理、化学或生物学变化等自然原因引起的商品耗损和变质。

第四节　运输系统的基本要素

物流运输系统的基本要素包括运输对象、运输的参与者和运输手段。运输手段是指物质手段,主要包括运输工具、运输线路(通道)、运输站点及配套设施等。

一、物流运输对象

物流运输对象统称为货物。根据货物对运输、装卸和储存的环境和技术要求,货物可以分为成件物品、液态物品、散碎物品、危险物品、易腐物品、超长超重物品等大类。这种分类对制定物流共性标准有一定帮助。成件物品是指可以按"件"为装卸、运输、储存单元的,体积适中的物品,如机电产品、成件的百货商品、袋装或箱装的食品、袋装的水泥、筒装或罐装的液体商品等;散碎物品也称松散物料,是指不能以"件"为运输、装卸、储存单元的,呈颗粒状、碎块状或粉状的物品,如煤炭、砂石、粮食、水泥等;液态物品是指呈液体状态的物品,如石油及其液体石油产品等;易腐物品是指在物流过程中容易腐烂变质的物品,如鱼类、肉类食品等;危险物品是指易燃、易爆、有毒、有害等容易发生事故,造成人员伤害、财产损失或污染环境的物品,如汽油、炸药、有毒化学物品、放射性物品等。

二、物流运输的参与者

这里所说的物流运输参与者是指货主和承担运输任务的人员。他们是运输活动的主体。

1. 货主

货主是货物的所有者,包括委托人(或托运人)和收货人。托运人和收货人的共同目的是要在规定的时间内以最低的成本将货物安全地从起始地转移到指定的地点,包括对收发货时间、转移时间、收发地点、有无丢失损坏和有关信息等方面的要求。

2. 承运人

承运人是运输活动的承担者,他们可能是运输企业或个体运输业者。承运人是受托运人或收货人的委托,按委托人的意愿以最低的成本完成委托人委托的运输任务,同时获得运输收入。承运人根据委托人的要求或在不影响委托人要求的前提下,合理地组织运输和配送,包括选择运输方式、运输路线,进行配货配载等,以降低运输成本,尽可能多地获得利润。

3. 货运代理人

货运代理人是根据客户的指示,并为客户的利益而揽取货物运输的人,其本人不是承运人。货运代理人把来自各种客户手中的小批量货物整合成大批量货物装载,然后利用承运人进行运输。送达目的地后,货运代理人再把该大批量装载拆分为原先较小的装载量,送往收货人处。货运代理人的主要优势在于因为大批量装载可以实现较低的费率,从中获得利润。货运代理人属非作业的中间商。

4. 运输经纪人

运输经纪人是替托运人、收货人和承运人协调运输安排的中间商,协调的内容包括装运装载、费率谈判、结账和跟踪管理等。经纪人也属非作业的中间商。

三、运输手段

这里是指物质手段,主要包括运输工具、运输线路(通道)、运输站点及配套设施等。

1. 运输工具

运输工具是运输的主要手段,包括铁路机车和车辆、公路机动车辆、船舶、飞机等。

2. 运输线路(通道)

运输线路和通道是运输的基础设施,例如铁路线路、公路、水运航道和空运航线等。

3. 运输站点及配套设施

运输站点就是运输网络的结点，例如铁路车站、编组站、汽车站、货场、转运站、港口、机场以及配套设施等。

4. 其他资源要素

运输的资源要素除人力、运输工具、运输线路（通道）、运输站点及配套设施外，还有信息、资金和时间等要素，运输管理就是有效利用这些资源，提高运输效率，降低运输成本，满足用户要求。

这里说明一下，有的教科书上介绍的运输要素包括运输线路、运输工具、运输对象等，还有的教科书上介绍的运输构成要素包括运输线路、运输工具、货主及参与者，这些提法是从不同角度总结的，可供参考。

第五节　物流运输的地位和作用

人们常说，交通运输是国民经济的大动脉，可见交通运输在国民经济中的地位和作用有多么重要。在现代物流概念诞生之前，甚至就在今天，不少人将运输等同于物流，其原因是物流中很大一部分责任是由运输担任的，是物流的主要部分。

一、运输在物流中的地位

运输在物流工作中具有重要的地位。

1. 物流运输是物流的主要功能要素之一

物流是"物"的物理性运动，这种运动不但改变了物的时间状态，也改变了物的空间状态。而运输承担了改变空间状态的主要任务，运输再配以搬运、配送等活动，就能圆满完成改变空间状态的全部任务。

2. 运输可以创造"场所效用"

同种"物"由于空间场所不同，其使用价值的实现程度则不同，其效益的实现也不同。由于改变场所而最大限度地发挥其使用价值，最大限度地提高了投入产出比，这就称之为"场所效用"。通过运输，将"物"运到场所效用最高的地方，就能发挥"物"的潜力，实现资源的优化配置。从这个意义上来讲，也相当于通过运输提高了物的使用价值。

3. 运输是"第三利润源"的主要源泉

第一，运输是运动中的活动，它和静止的保管不同，要靠大量的动力消耗才能实现这一活动，而运输又承担大跨度空间转移之任务，所以活动的时间长、距离长、消耗也大。消耗的绝对数量大，其节约的潜力也就大。

第二，从运费来看，运费在全部物流费中所占的比例最高。一般综合分析计算社会物流费用，运输费在其中占接近50%的比例，有些产品运费高于产品的生产费用，所以节约的潜力是很大的。

第三，由于运输总里程大，运输总量巨大，通过体制改革和运输合理化可大大缩短运输吨千米数，从而获得比较大的节约。

二、运输的先行作用

运输的发展对整个社会生产的刺激特别强烈、持久和普遍。当然，这种刺激的发生往往以技术革命、运输工具的改良为条件，例如，蒸汽船的出现刺激了航海贸易和产品出口，飞机的问世创造了空中交通和空中运送。因此，运输业在整个社会经济生活中具有"先行作用"。

三、运输的基础作用

由于运输业是全部社会生活的纽带，与民众息息相关，运输在整个社会生产、再生产过程中，具有"基础作用"。马克思将运输称之为"第四个物质生产部门"，将运输看成是生产过程的继续。这个"继续"虽然以生产过程为前提，但如果没有这个"继续"，生产过程则不能最后完成。所以，虽然运输的这种生产活动和一般生产活动不同，它不创造新的物质产品，不增加社会产品数量，不赋予产品新的使用价值，而只变动其所在的空间位置，但这一变动则使生产能继续下去，使社会再生产不断推进，健康发展。

运输作为社会物质生产的必要条件，表现在以下两方面：

第一，在生产过程中，运输是生产的直接组成部分，没有运输，生产内部的各环节就无法连接；

第二，在社会上，运输是生产过程的继续，这一活动连接生产与再生产、生产与消费的各个环节，连接着国民经济各部门、各企业，连接着城乡，连接着不同国家和地区。

第六节 现代运输业

一、从物流系统的观点看现代运输

习近平总书记在二十大报告指出："推进高水平对外开放。依托我国超大规模市场优势，以国内大循环吸引全球资源要素，增强国内国际两个市场两种资源联动效应，提升贸易投资合作质量和水平。稳步扩大规则、规制、管理、标准等制度型开放。推动货物贸易优化升级，创新服务贸易发展机制，发展数字贸易，加快建设贸易强国。合理缩减外资准入负面清单，依法保护外商投资权益，营造市场化、法治化、国际化一流营商环境。推动共建'一带一路'高质量发展。优化区域开放布局，巩固东部沿海地区开放先导地位，提高中西部和东北地区开放水平。加快建设西部陆海新通道。加快建设海南自由贸易港，实施自由贸易试验区提升战略，扩大面向全球的高标准自由贸易区网络。有序推进人民币国际化。深度参与全球产业分工和合作，维护多元稳定的国际经济格局和经贸关系。"报告特别提出了推动共建"一带一路"高质量发展,运输业在其中起到举足轻重的作用。

从物流系统的观点来看,有三个因素对运输来讲是十分重要的,即成本、速度和一致性。

运输成本是指为两个地理位置间的运输所支付的款项以及与行政管理和维持运输中的存货有关的费用。物流系统的设计应该利用能把系统总成本降到最低程度的运输,这意味着最低费用的运输并不总是导致最低的运输总成本和物流总成本。

运输速度是指完成特定的运输所需要的时间。运输速度和成本的关系,主要表现在以下两个方面:首先,能够提供更快速服务的运输商要收取更高的运费;其次,运输服务越快,运输中的存货越少,无法利用的运输间隔时间就越短。因此,选择期望的运输方式时,至关重要的问题就是如何平衡运输服务的速度和成本。

运输的一致性是指在若干次装运中,完成某一特定的运次所需的时间与原定时间或与前面若干次运输所需时间的一致性。它是运输可靠性的反映。多年来,运输经理们已把一致性看作是高质量运输的最重要的特征。如果运输服务缺乏一致性,就需要安全储备存货,以防预料不到的服务故障。物流信息新技术的应用,可帮助运输经理们找到既快捷又能保持一致性的方法。因此,速度和一致性相结合,才是运输服务质量的必要条件。

二、现代物流运输的特征

(一)系统化

物流运输不是运输、保管等活动的简单叠加,而是通过彼此的内在联系形成的一个系统,构成系统的功能要素之间存在着相互作用的关系。在考虑物流最优的时候,必须从系统的角度出发,通过物流功能的最佳组合实现物流运输整体的最优化目标。局部的最优并不代表物流系统整体的最优化,树立系统化观念是搞好物流运输管理、开展物流运输活动的重要基础。

(二)信息化

物流运输可以理解为物资的物理性流通与信息流通的结合,信息在实现物流系统化、实现物流作业一体化方面发挥着重要作用。传统物流的各个功能要素之间缺乏有机的联系,对物流活动的控制属于事后控制。而物流运输通过信息将各项物流功能活动有机结合在一起,通过对信息的实时把握控制物流系统按照预定的目标运行。准确地掌握信息,如库存信息、需求信息,可以减少非效率、非增值的物流活动,提高物流效率和物流服务的可靠性。

(三)设施现代化

现代物流运输活动中,广泛使用现代化的运输、仓储、装卸搬运、包装以及流通加工设施,运输设施的大型化、高速化、专用化,装卸搬运机械的自动化,包装的单元化、模块化,仓库的立体化、自动化以及信息处理和传输的计算机化、电子化、网络化等,为物流运输发展提供了坚实的物质保证。

(四)服务多样化

物流运输的一个重要特点是根据自己的优势从事一定的补充性加工活动,使得服务多样化。虽然仅仅是从事商品的完善、补充、增加性质的加工活动,但这种活动必然会提高劳动对象的附加价值。加工附加价值原本是指通过生产、制造或组装过程实现对商品的增值,这并非物流的本来职能,但有时物流也可以创造加工附加价值。例如:运输业借助分装和产品规格组合等活动,从事补充的物流加工活动,改变装运规模和包装特点,使不同的原料按照技术要求改变产品形态,产生了加工效用,也就使产品价值增加了。

(五)服务柔性化

随着需求的多样化、个性化,物流运输需求呈现出小批量、多品种、高频次的特点。订货周期变短,时间性增强,物流需求的不确定性提高。因此,物流服务柔性化就是要以顾客的运输需求为核心,对顾客的需求做出快速反应,及时调整物流作业,有效地控制物流运输成本。

三、运输产业的特性

马克思把运输业与农业、采掘业和加工业并列起来,并称其为第四产业,视为独立的产业部门。这个产业具有自己的特性,它是生产过程的继续,生产的产品是服务,其生产过程与消费过程具有同一性,它具有公共事业的特性。

(一)运输是生产过程的继续

如果对运输进行简单的、表面化的分析,完全可以以"生产—运输—消费"的模式理解运输的性质和作用。但是,这是对运输所进行的表面观察,还不能揭示运输的真正内涵。

商品生产造就了对商品运输的需求,而商品只有通过运输才能开始消费,即表现其使用价值。因此,把运输工业追加为生产过程成为必要。运输一方面自成一个独立的部门,从而形成生产资本的一个特殊投资领域;另一方面,它又表现为生产过程在流动过程中继续的特征。我国的运输经济学家正是依据马克思的这些观点,认为运输业是社会生产部门,并把运输划分为生产过程的运输和流通过程的运输两类。

生产过程的运输是指个别的企业内部的运输,如使用输送机、起重机、提升机具、各种车辆、车间轨道、厂内道路、专用铁路、管道、架空索道等进行的运输,这种运输是特定产品生产的直接组成部分;流通过程的运输,即专业运输,或称公用运输,是指生产过程在流通过程中的继续,即企业之间、产销之间,是铁路、公路、水运、航空等运输业所完成的运送工作。

运输市场,同其他商品市场一样,要受供求关系规律的制约。但较为特殊的是,运输生产与其他单一商品生产的供求关系的表现及其意义有所不同:第一,运输的生产过程与消费过程具有同一性,运输的使用价值只能在其生产过程中被消费;第二,虽然运输生产不可避免地受普遍的供求规律的制约,但运输生产的发展对整个社会生产的刺激特别强烈、持久和普遍。

(二)运输业的产品是服务

运输业所发生的基本经济规律与其他生产部门基本上是相同的。所区别的是,这一独立产业部门的产品不是任何新的物质产品,而是一种服务。运输工业所卖的东西,就是场所的变更,由此产生的效用,是同运输过程(运输工业的生产过程)不可分离地结合在一起的。人和商品是与运输工具一起"旅行"的。这种旅行,这种场所的变动,也就是用这种运输工具进行的生产过程。

(三)运输具有社会公共事业的特性

运输业自形成的那一天起,面临的难题是巨额设施建设投资从何处来。从交通发展史上看,在任何社会条件下,单一的私人资本都不可能完成诸如铁路、公路的设施建设。在资本主义时期,运输建设投资是依靠股份制度、公司制度将分散的私人资本集中而形成的垄断资本,国家扮演了投资者、建设者的角色;对现代发达资本主义国家而言,政府从来就没有对运输业实行"自由企业"制度。之所以如此,不仅仅在于运输业的经济意义,而且还在于运输业对一国的军事战略、公共安全具有不可估量的作用。从世界战争史上看,运输都是战争各方军事力量的组成部分;从更远古时期看,交通运输的唯一目的是为战争和国家政权服务,交通运输的发展与人类战争密切相关。由于运输业是全部社会生活的纽带,与民众息息相关,运输具有鲜明的社会公共事业的特性。因此,政府不得不担负起运输设施建设和管理的公共职能。这一特性表明运输在整个社会生产、再生产过程中,具有基础性作用,反映在上层建筑领域内,表现为国家对运输业的管理是全面而又彻底的。

复习思考题

一、简答题

1. 运输的含义是什么?物流运输的含义是什么?
2. 运输有哪些特性?运输的主要功能是什么?
3. 运输的构成要素有哪些?
4. 物流运输的一般原则有哪些?如何实现这些原则?
5. 运输与装卸、包装、储存的关系如何?
6. 什么叫运输配送?运输与配送的功能有什么差别?

二、论述题

运输在国民经济中起什么样的作用?物流运输在物流体系中的地位和作用如何?

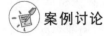

京东物流的运输管理与成本控制

京东商城是中国电子商务领域广受欢迎、具有影响力的电子商务网站之一。每当提到京东,人们首先想到的就是它自建自营的物流体系、强大的物流能力以及良好的购物体验。截至2021年3月31日,京东物流在全国运营超过1000个仓库,包含云仓面积在内,京东物流运营管理的仓储总面积超过2100万平方米。京东自开始涉足电子商务以来,便在该领域投入了大量的时间和精力,在上海、广州等地建立了子公司,由点及线、由线连成面,使其物流配送网络几乎覆盖全国各地,拥有大规模的物流基础设施。那么,如此庞大的物流体系是如何实现降本增效的?

京东的主要物流配送模式有以下三种。

(一)自营物流模式

京东集团2007年开始自建物流,2017年4月25日正式成立京东物流集团。京东物流目前为京东商城的自营商品、有"京东配送"标志的第三方卖家商品提供配送服务。目前,京东物流拥有中小件、大件、冷链、B2B、跨境和众包(达达)六大物流网络,凭借这六张大网在全球范围内的覆盖以及大数据、云计算、智能设备的应用,京东物流打造了一个从产品销量分析预测,到入库出库,再到运输配送各个环节无所不包,综合效率优、算法科学的智能供应链服务系统。截至2020年9月,京东物流为超过19万家企业客户提供服务,助力约90%的京东线上零售订单实现当日达和次日达,客户体验持续领先行业。京东物流,不仅使得京东的配送更加方便、快捷,节省了仓库调拨的周转时间,而且使自营物流体系更加健全。

(二)自营与第三方物流相结合模式

京东物流构建协同共生的供应链网络。2017年,京东物流创新推出云仓模式,通过优化本地仓库资源,让第三方中小物流企业也能充分利用京东技术、品牌和资源,进而实现共赢。京东物流采取与当地的物流企业相互合作一起完成配送任务的模式。京东物流配送到达不了的区域,选择与当地的快递公司合作来完成货物的配送任务。在偏远地区,一般与邮政合作;在配送大件时,京东选择与厂商进行合作。这样既节省费用,又可降低成本。

(三)高校代理模式

高校学生是网络购物点的主要消费人群之一,但学生上课时间与货物的配送时间往往冲突,使得很多教师、学生无法及时收到快递。为了缓解这一情况带来的不利影响,同时节约配送成本和提高配送效率,京东物流在全国各大院校内招募了"高校代理人",建立校园自取点,让高校教职工及学生能够享受到京东物流快捷的服务。

除此之外,针对不同客户的配送需求,京东物流为不同群体量身定做不同的服务,设计推出了"211限时达""大家电211限时达""次日达""夜间配""大家电夜间配""定时达""极速达""隔日达"等一系列的配送服务方式。其中,"211限时达"是京东物流率先提出的。到目前为止,"211限时达"服务的范围仍在不断扩大,特别是每年"双十一"期间,京东物流的高效配送体系得到了证明,为京东赢得了口碑。

综上,我们发现京东物流在成本控制方面存在以下优点。

第一,自建物流体系虽然前期投入资金大,但是投资回收期以后,可以比第三方物流节省更多成本,可以不依靠别的企业。自营物流对供应链各个环节有较强的控制能力,因此在成本方面相对于与第三方合作方式更能够进行合理的控制,也易与生产和其他业务环节密切配合,全力服务于本企业的经营管理,确保企业能够获得长期稳定的利润。此外,自营物流有利于企业对供应和分销渠道的控制,可以合理地规划管理流程,提高物流作业效率,减少流通费用;可以使物流与资金流、信息流、商流结合更加紧密,从而大大提高物流作业的工作效率。

第二,在自有物流无法送达的地区,采取与第三方物流合作的模式可以有效降低自己的成本。而且,由于当地物流企业对本地情况比较熟悉,也提高了运送效率。将大件的商品包给厂商,是因为大件商品物流配送成本较高,如果京东物流自行运送,成本将高于利润。因此,与厂商合作不仅能够节约成本,还能够用厂商的知名度来替京东物流做宣传。

第三,采用集中配送的办法相比传统配送方式具有很多优势,比如节省仓储、降低库存、减轻运输负担、优化物流服务等。特别是对零售业来说,集中配送是最优选择,在这种模式下,商品都是放在配送中心的,品种类型繁多,需要适当保存,所以存放在统一的配送中心,有利于减少损耗,降低产品残次率,而且节约经营成本。接到一定量的订单后,配送中心可以统一规划配送路线,集约化配送,既能最大限度地利用运输设备,又能提高配送效率,降低运输成本,为客户使用提供指导,树立良好的企业形象,使企业资源得到充分的利用。

第四,京东物流,为越来越多的第三方产品提供服务、收取佣金。这也是收回自建物流投资成本、降低物流平均成本的办法。

讨论:
1. 京东物流采用了哪些配送模式?它们各自的优势如何?
2. 京东物流在成本控制方面和其他物流企业相比有何特色?

第二章　运输方式与业务流程

 学习要点

掌握现代物流运输方式及技术经济指标,掌握运输方式选择的影响因素及方法,了解各运输方式的组织与流程,掌握不合理运输的主要形式。重点掌握各种运输方式的优缺点及其所适用的作业领域。掌握联合运输的种类和组织形式。

第一节　运输方式及技术经济指标

一、现代物流运输方式

按运输设备及运输工具分类,现代物流运输方式可分为以下五种。

1. 公路运输

公路运输是指主要使用汽车,也使用其他车辆(如人、畜力车)在公路上进行客货运输的一种方式。公路运输主要承担近距离、小批量的货运,水运、铁路运输难以到达地区的长途大批量货运,铁路、水运优势难以发挥作用的短途运输。

2. 铁路运输

铁路运输是使用铁路列车运送客货的一种运输方式。铁路运输主要承担长距离、大批量的货运。在没有水运条件的地区,几乎所有大批量货物都是依靠铁路运输。

3. 水路运输

水路运输是指利用船舶、排筏和其他浮运工具,在江、河、湖泊、人工水道以及海洋上运送旅客和货物的一种运输方式。水运主要承担大批量、长距离的运输,是在干线运输中起主力作用的运输形式。

4. 航空运输

航空运输是使用飞机或其他航空器进行运输的一种形式。

5. 管道运输

管道运输是利用管道输送气体、液体和粉状固体的一种运输方式。其运输形式是靠物体在管道内顺着压力方向循序移动实现的,和其他运输方式的重要区别在于,管道设备是静止不动的。

二、物流运输方式的技术经济特征

物流运输方式的技术经济特性可以用一定的技术经济指标来反映,即运营技术指标、实物指标和经济价值指标。其中,运营技术指标包括运送的速度、运输能力、运输的连续性、运输的通用性、运输的机动性以及运输的安全性和可靠性等,实物指标包括劳动生产率、燃料和电力(能量)的单位需要量以及金属和其他材料的单位需要量。列入经济价值指标的有运输成本、基建投资需要量、运输生产基金需要量、在途货物所需的国民经济流动资金,以及与运送时货物的灭失、腐烂和损坏有关的损失和非生产性支出等。

下面列举几个重要的技术经济特性加以详细说明。

(一)运输速度

物流运输的产品是货物的空间位移,以什么样的速度实现它们的位移是物流运输的一个重要技术经济指标。决定各种运输方式运输速度的一个主要因素是各种运输方式载体能达到的最高技术速度。作为运输工具,它的最高技术速度决定于通常的地面道路交通环境下允许的安全操作速度。

(二)运输工具的容量及线路的运输能力

由于技术及经济的原因,各种运输方式的运载工具都有其适当的容量范围,从而决定了运输线路的运输能力。公路运输由于道路的制约,其运载工具的容量最小,通常载重量是 5～10 吨,我国一般铁路的载重量是 3000 吨,水路运输的载重能力最大,从几千吨到几十万吨。

(三)运输成本

物流运输成本主要由四项内容构成:基础设施成本、转运设备成本、营运成本和作业成本。以上四项成本在各种运输方式之间存在较大的差异。铁路方面基础设施及运转设备方面的成本比重较大。评价各种运输方式的成本水平要考察多种因素。

(四)经济里程

运输的经济性与运输距离有紧密的关系。不同运输方式的运输距离与成本之间的关系有一定的差异。例如,铁路运输距离增加的幅度要大于成本上升的幅度,而公路则相反。从国际惯例来看,300 千米内被称为短距离运输,该距离内的客货量应该尽量分流给公路运输。一般认为,运输在 300 千米内主要选择公路运输,300～500 千米内主要选择铁路运输,500 千米以上则选择水路运输。

(五)环境保护

运输业是污染环境的主要产业部门之一,运输业产生环境污染的直接原因有以下几个。

(1)在空间位置移动的过程中,所必需的能源消耗以及交通运输移动体的固定部分与空气接触,产生噪声振动、大气污染等。

(2)交通设施的建设往往破坏植被,改变自然环境条件,破坏生态平衡。

(3)运输业动力装置排出来的废气是空气的主要污染源之一,在人口密集的地区尤其严重。油船溢油事故严重污染海洋,公路建设大量占用土地。

铁路、公路、水路、航空和管道五种运输方式的技术经济特征各有其特点。每一种运输方式有其优势,但是同时又存在不足。

第二节 合理选择运输方式

运输方式的选择是物流决策中的一个重要环节,是物流合理化的重要内容。我国的主要运输方式有铁路运输、公路运输、水路运输、航空运输和管道运输,以及由它们组成的联合运输和综合运输体系。这些运输方式都具有自己的特点和优势领域,应根据实际情况加以选择。

一、铁路运输特点

铁路运输是利用铁路设施、设备运送旅客和货物的一种运输方式。铁路运输主要承担长距离、大数量的货运,在没有水运条件的地区,几乎所有大批量货物都是依靠铁路运输的,是在干线运输中起主力运输作用的运输形式。铁路能提供长距离范围内的大宗商品的低成本、低能源运输,且较多地运输至少一整车皮的批量货物运输的经济里程一般在300千米以上。

(一)铁路运输的优点

(1)运行速度快。

(2)运输能力较大,可满足大量货物一次性高效率运输。

(3)运输连续性强,由于运输过程受气候条件限制较小,所以可以提供全天候的运行。

(4)轨道运输的安全性能高,运行较平稳。

(5)通用性能好,可以运送各类不同的货物。

(6)运输成本较低,能耗低。

(二)铁路运输的缺点

(1)灵活性差,只能在固定线路上实现运输。

(2)需要与其他运输手段配合和衔接。

(3)设备和站台等限制使得铁路运输的固定成本高,建设周期较长,占用土地较多。

(4)铁路运输的固定成本很高,但变动成本相对较低,使得近距离的运费较高。

(5)长距离运输情况下,由于需要进行货车配车,其中途停留时间较长。

(6)铁路运输由于装卸次数较多,通常货物错损事故相对比较多。

(三)铁路运输适用的作业领域

一般说来,铁路运输适用于大宗低值货物的中、长距离运输,也较适合散装、罐装货物运输。对于运费负担能力小、货物批量大、运输距离长的货物来说,运费比较便宜。

二、公路运输特点

公路运输是使用汽车或其他无轨车辆(如拖拉机、畜力车)在公路上进行客货运输的一种方式。公路运输提供较其他运输方式更为灵活和更为多样的服务,其运输的经济里程一般在300千米以内。

(一)公路运输的优点

公路运输主要优点是灵活性强,对收到站设施要求不高。可以采取"门到门"运输形式,即从发货者门口直到收货者门口,而不需转运或反复装卸搬运。公路运输也可作为其他运输方式的衔接手段。可以选择不同的行车路线灵活制定营运时间表,所以服务便利,市场覆盖率高。公路运输具有以下优点。

(1)运输速度较快。

(2)可靠性比较高,对产品损伤较少。

(3)投资少,经济效益高。因为运输企业不需要拥有公路,所以其固定成本很低,且公路运输投资的周转速度较快。

(4)操作人员容易培训。

(二)公路运输的缺点

(1)变动成本相对较高。公路的建设和维修费经常是以税和收费的形式向承运人征收的。

(2)运输能力较小,受容积限制,使它不能像铁路运输一样运送大量不同品种和大件的货物。

(3)能耗高,环境污染比其他运输方式严重得多,劳动生产率低。

(4)土地占用较多。

(三)公路运输适用的作业领域

公路运输主要适用于以下作业:近距离的独立运输作业,补充和衔接其他运输方式,当其他运输方式担负主要运输时,由汽车担负起点和终点处的短途集散来完成其他运输方式到达不了的地区的运输任务。

三、水路运输特点

水运是利用水道,使用船舶运送客货的一种运输方式。水运主要承担大数量、长距离的运输,是在干线运输中起主力作用的运输形式。在内河及沿海,水运也常作为小型运输工具使用,担任补充及衔接大批量干线运输的任务。

(一)水路运输的优点

(1)运能大,能够运输数量巨大的货物。

(2)通用性强,客货两宜。

(3)越洋运输大宗货品,连接被海洋所隔开的大陆,越洋运输是发展国际贸易的强大支柱。

(4)运输成本低,能以最低的单位运输成本提供最大的货运量,尤其在运输大宗货物或散装货物时,采用专用的船舶运输,可以取得更好的技术经济效果。

(5)劳动生产率高,平均运距长。

(二)水路运输的缺点

(1)受自然气象条件因素影响大。由于季节、气候、水位等的影响,水运受制的程度大,因而在一年当中运输中断的时间较长。

(2)营运范围受到限制。

(3)航行风险大,安全性略差。

(4)运送速度慢,准时性差,在途货物多,会增加货主的流动资金占有量,经营风险增加。

(5)搬运成本与装卸费用高,这是因为运能最大,导致了装卸作业量最大。

(三)水路运输适用的作业领域

水运主要承担以下作业任务:承担大批量货物,特别是集装箱运输;承担原材料、半成品等散货运输;承担外贸运输,远距离、运量大、不要求快速抵达的货物运输。

(四)水路运输的四种形式

1. 沿海运输

沿海运输是使用船舶通过大陆附近沿海航道运送客货的一种方式,一般使用中、小型船舶。

2. 近海运输

近海运输是使用船舶通过大陆邻近国家海上航道运送客货的一种运输方式,视航程可使用中型船舶,也可使用小型船舶。

3. 远洋运输

远洋运输是使用船舶跨大洋的长途运输方式,主要依靠运量大的大型船舶。

4. 内河运输

内河运输是使用船舶在陆地内的江、河、湖、川等水道进行运输的一种方式,主要使用中、小型船舶。

四、航空运输特点

航空运输是使用飞机或其他航空器进行运输的一种方式。

(一)航空运输的优点

(1)速度快,不受地形的限制。在火车、汽车都达不到的地区也可依靠航空运输,因而有其重要意义。

(2)货物包装要求低。因为空中航行的平稳性和自动着陆系统减少了货损的比率,所以可以降低包装的要求,而且在避免货物灭失和损坏方面有明显优势。

(3)采用空运,运输时间短,可以使生产企业库存水平降低。

(4)及时性。对于抢险救灾和军事后勤供应,具有重大意义。

(二)航空运输的缺点

(1)受气候条件的限制,在一定程度上影响了运输的准确性和正常性。

(2)需要航空港设施,所以可达性差。

(3)设施成本高,维护费用高。

(4)运输能力小,运输能耗高。

(5)运输技术要求高,人员(飞行员、空勤人员)培训费高。

(三)航空运输适用的作业领域

(1)航空运输是国际运输的重要工具,对于对外开放,促使国际间技术、经济合作与文化交流有重要作用。

(2)适用于高附加值、重量小、体积小的物品运输。

(3)紧急情况下物资运输。

(4)邮政运输手段。

(5)航空运输是组建新型快速联运的一种骨干运输方式。

五、管道运输特点

管道运输是利用管道输送气体、液体和粉状固体的一种运输方式。其运输形式是靠物体在管道内顺着压力方向循序移动实现的,和其他运输方式的区别在于,管道设备是静止不动的。目前,全球的管道运输承担着很大比例的能源物质运输,包括原油、成品油、天然气、油田伴生气、煤浆等。其完成的运量非常大。

(一)管道运输的优点

(1)由于采用密封设备,在运输过程中可避免散失、丢失等损失。

(2)不存在其他运输设备本身在运输过程中消耗动力所形成的无效运输问题。

(3)运输量大,适用于大且连续不断运送的物资。

(4)建设周期短、费用低、运输费用也低。

(5)耗能少、成本低、效益好。

(6)安全可靠、运行稳定、不会受恶劣多变的气候条件影响。

(7)埋于地下,所以占地少,有利于环境保护。

(8)对所运的商品来说损失的风险很小。

(二)管道运输的缺点

(1)运输对象受到限制,承运的货物比较单一。

(2)灵活性差,不易随便扩展管道;路线往往完全固定,服务的地理区域十分受限。

(3)设计量是个常量,所以与最高运输量之间协调的难度较大,且在运输量明显不足时,运输成本会显著增加。

(4)仅提供单向服务。

(5)运速较慢。

(三)管道运输适用的作业领域

管道运输适用于单向、定点、量大的流体状货物运输。

物流管理者要对以上各种运输的基本方式进行优选、匹配。优化匹配运输方式有利于物流运输合理化,对做好物流系统决策有着重大的意义。设计出合理的物流系统,精确地维持运输成本和服务质量之间的平衡,做好运输管理工作是保证高质量物流服务的重要环节。

第三节 运输方式选择

一、运输方式选择的影响因素

综上所述,现代运输主要有铁路、公路、水路、航空和管道五种运输方式。在这五种基本运输方式的基础上,可以组成不同的综合运输,各种运输方式都有其特定的运输路线、运输工具、运输技术、经济特性及合理的使用范围。所以,只有熟知各种运输方式的效能和特点,结合商品的特性、运输条件、市场需求,才能合理地选择和使用各种运输方式,获取较好的运输绩效。

为了选择正确的运输方式,降低运输成本,必须考虑下面几个因素。

1. 货物的种类

货物的价格、重量、体积、形状、危险性、变质性等都是影响运输方式选择的重要因素。

2. 运输量

运输量对运输工具的选择也有重大影响。一般来说,15~20吨以下的货物宜采用公路运输,20吨以上、百吨以内的货物宜采用铁路运输;数百吨以上的粗大笨重货物可选择船舶运输。

3. 运输距离

运输距离的远近决定了各种运输工具运送货物时间的长短,运输时间的长短对能否及时满足顾客需要,减少资金占用有重要的影响。所以,运输距离是选择运输工具时应该考虑的一个重要因素。一般情况下,运距在300千米以内宜采用公路运输;300~500千米的区间可采用铁路运输;500千米以上的可采用船舶运输。

4. 运输时间

运输时间与客户要求的交货日期相联系,与运输企业的服务水平相联系。对于市场急需的商品,承运人必须选择速度快的运输,如航空或汽车直达运输,以免贻误时机;反之,则可选择成本较低而速度较慢的运输工具。

5. 运输成本

运输成本会因货物的种类、重量、容积、运距不同而不同,而且运输工具也会影响运输成本。运输成本的高低将直接影响企业经济效益的高低。

6. 运输工具的可得性

由于时间、地点条件的限制,不是所有承运人都能很容易地获得所需要的运输工具,例如,将木材从大兴安岭运到北京,采用水路运输是最经济的,因为木材是散装的,不需要专门的保护,而且能承受较长时间的运输。但大兴安岭没有水路,因而只能通过汽车运输到火车站,然后再通过铁路运到北京。这说明在选择运输方式时,往往只能在现有的运输工具中进行选择。

7. 运输的安全性

运输的安全性包括所运输货物的安全、运输人员的安全以及公共安全。货物的特性以及对安全性的要求直接影响到运输工具的选择。对运输人员和公共安全的考虑也会影响到货物的安全措施,进而影响到运输方式的选择。如对于危险品运输要采取更加安全的措施,尤其是航空运输,因为航空运输安全与否造成的后果远比其他运输方式严重。

运输方式的选择除了受上述列举的因素影响外,还受法律环境、经济环境、社会环境等因素的影响。例如,随着物流量的增大,噪声、振动、大气污染、海洋污染、交通事故等问题日益严重,政府为解决这些问题所制定的法律、法规相继出台,对于公路运输超载货物、超速运行的现象,对于航空、水路、铁路、公路运输中特种货物的运输,分别做出了相应的规定等,这些都会影响托运人对运输方式的选择。

对于托运人和承运人来说,上述各种因素的影响是不同的,所以在具体的运输业务中,承运人可根据货主或托运人的要求,比较不同运输方式的不同运输特性进行最优选择。由于上述因素是相互关联、相互作用的,所以在选择运输方式时应综合考虑和协调各影响因素的关系。

二、运输方式的选择方法

在各种运输方式中,如何选择适当的运输方式是物流合理化的重要问题。一般来讲,应根据物流系统要求的服务水平和可以接受的物流成本来决定,采取定性分析与定量分析的方法进行考虑,可以选择一种运输方式,也可以选择使用联运的方式。

(一)定性分析法

定性分析法主要依据完成运输任务可用的各种运输方式的运营特点及主要功能、货物的特性以及货主的要求等因素,对运输方式进行直观选择。

1. 单一运输方式的选择

单一运输方式的选择，就是选择一种运输方式提供运输服务。在决定运输方式时，应以运输工具的服务特性作为判断的基准。一般要考虑以下因素。

运费——运输成本的高低。

运输时间——到货时间的长短。

频度——可以运、配送的次数。

运输能力——运量的大小。

货物的安全性——运输途中的破损及污染等。

时间的准确性——到货时间的准确性。

适用性——是否适合大型货物运输。

伸缩性——是否适合多种运输需要。

网络性——和其他运输工具的衔接。

信息——货物所在位置的信息交流和传递。

在这些因素中必须根据不同的运输需要来确定，一般认为，运费和运输时间是最为重要的选择因素，具体进行选择时应从运输需要的不同角度综合加以权衡。公路、铁路、水路、航空和管道五种基本运输方式各有自身的优点与不足，可以根据五种基本运输方式的优势、特点，结合运输需求进行恰当的选择。同时，在考虑运输的经济性时，不能只从运输费用本身来判断，还要考虑因运输速度加快缩短了货物的备运时间，使货物的必要库存减少，从而减少了货物保管费的因素，若要保证运输的安全、可靠、迅速，成本就会增多等。

2. 多式联运的选择

多式联运的选择，就是选择两种以上的运输方式联合起来提供运输服务。多式联运的主要特点是可以在不同运输方式间自由变换运输工具，以最合理、最有效的方式实现货物的运输。多式联运的组合方法很多，但在实际运输中，一般只有铁路与公路联运、公路或铁路与水路联运、航空与公路联运得到较为广泛的应用。

铁路与公路联运，即公铁联运，或称为驮背运输，是指在铁路平板车上载运卡车拖车进行的长距离运输。驮背运输综合了汽车运输灵活、方便以及铁路运输长距离、经济、准时的优势，运费通常比单纯的卡车运输要低。采用驮背运输，卡车运输公司可以延伸服务范围，而铁路部门也能够分享到长距离"门到门"货物运输的便捷。因此，驮背运输，即公铁联运成为目前最受欢迎的多式联运方式。

公路或铁路与水路联运，也称为鱼背运输，是指将卡车拖车、火车车厢或集装箱转载驳船上或大型船舶上进行的长距离运输。鱼背运输的最大优势是运量大、运费低，所以在国际多式联运中被广泛采用。

航空与公路联运也是被广泛采用的运输方式，这种将航空运输快捷、公路运输灵活方便的多种优势融合在一起提供的运输服务，能以最快的方式实现长距离"门到门"的货物运输。

(二)定量分析法

运输方式选择的定量分析法有综合评价法、成本比较法、考虑竞争因素的方法等多种方法，应用时可根据实际情况选择其中的一种进行定量分析。但由于运输问题影响因素复杂，很难用一种计算结果来决定一切，计算结果可以作为决策的重要参考依据。

第四节 运输组织与流程

一、铁路货运业务基本程序

铁路货运业务包括托运、承运、发运、运费结算和货物交付等。国际间的铁路运输还有国境站的交接环节，基本程序如图2-1所示。

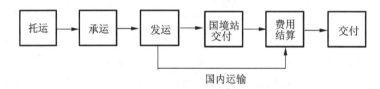

图2-1 铁路货物运输程序

（一）托运和承运

货物的托运是发货人组织货物运输的一个重要环节。发货人在托运货物时，应向车站提供货物运单，依次作为货物托运的书面申请。车站接到运单后，应针对具体情况认真审核整车货物办理托运，车站检查月度、旬度货运计划和要车计划，检查运单上的各项内容是否正确。如果确认可以承运，应予签证。车站在运单上签证，表示货物应进入车站日期或装车日期，表示铁路已授予托运。发货人应按签证指定的日期将货物搬入车站或指定的货位，铁路方应根据货位运单的记载查对实货。凡由国际铁路货物联运的货物，认为符合国际货协和有关规章制度的规定，车站方接收货物并担负保管责任。整车货物一般在装车完毕，发站在货物运单上加盖承运日期戳时，即为承运。

发运零担货物时，发货人不必向整车货物那样办理手续，如发货人在托运时，不需要编制月度、旬度要车计划，可凭运单直接向车站申请托运。车站受理托运后，发货人应按签证指定的日期将货物搬进货场，送到指定的货位上，经检验、过磅后，即交由铁路保管。当车站将发货人托运的货物，连同货物运单一同接受完毕，在货物运单上加盖承运日期戳时，即表示货物业已承运。铁路对承运后的货物负保管、装车和发运的责任。

（二）货物发运

办理完托运和承运手续后，接下来是装车发运。货物的装车应在保证货物和人身安全的前提下，做到快速进行，以缩短装车作业时间，加速车辆周转和货物运送。

按我国铁路的规定，在车站公共装卸场所内的装卸工作，由铁路负责组织；其他场所如专用线装卸场，则由发货人或收货人负责组织。但某些性质特殊的货物，如易腐货物、未装容器的活动物等，即使在车站的货场内，也均由发货人组织装车或卸车。

货物装车发运的主要步骤有货物进站、请车和拨车、货物装车、加固和施封、编制和使用运输标志、办理货物发出后的有关事项等,如图 2-2 所示。

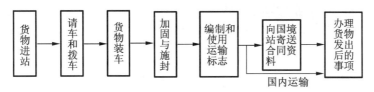

图 2-2　货物装车发运程序

1. 货物进站

货物应按铁路规定的时间进站。进站时,发货人应组织专人在车站接货,并会同铁路货运员对货物的包装状况、品名、件数、标记唛头与运单及随附单证等逐件进行检查。如发现问题或相互不符,要设法修复或更换,或者查明原因予以更正。货物全部搬入车站并经货运员验收完毕,符合运送要求,发货人即同货运员办理货物交接手续,并在运单上签字确认。零担货物经铁路货运员查验与过磅,发货人按运单交付运杂费用后,货物在车站内的保管和装车发运工作即由铁路负责。在专用线装车时,发货人应在货车调送前一日将货物搬至货位,并做好装车前一切准备工作。

2. 请车和拨车

由铁路负责装车的货物,有关请车和拨车均由铁路自行处理。由发货人负责装车时,无论在车站的货场内装车或是在专用线装车,发货人应按铁路批准的要车计划,根据货物的性质和数量,向车站请拨车辆。发货人要正确合理地选择车种和车辆吨位,尽量做到车种适合货种、车吨配合货吨,在保证安全的前提下充分利用车辆的载重量与容积,提高运输经济效益。铁路在货车调送到装货地点或车辆交接地点期间,应事先通知发货人;发货人根据送车通知按时接车,同时组织装车力量,在规定的时间内完成装货工作、按时交车,并将装车完毕时间通知车站。

3. 货物装车

货物装车应具备三个基本条件:第一,货物包装完整、清洁、牢固,货物标志和标记清晰完善;第二,车辆车体完整清洁,技术状况良好,具备装货条件;第三,单证齐全,内容完备、准确。由发货人装车的货物,发货人应对其装车的货物进行现场监装。对铁路负责装车的货物,一般由铁路方面监装,在必要时要求发货人在车站货场检查装载情况。现场监装工作的内容有以下几方面:

装车前,检查货位上的货物,是否符合装车条件。

货车调到时,伙同铁路货运员检查车辆是否符合装车要求。

合理装载,装车时对装载货物做到心中有数、计算准确、装载合理,保证货物全部装车。检查货物是否装载恰当,确保货物运输安全。

装车完毕,检查车辆是否封闭、加固、通风以及相应的安全措施。

记录车号,做好发运登记,并在出口货物明细单上填写车号、运单号和装车日期。如实际车数与原单记载有出入时,应及时做好修改和更正。

装车结束后,及时向车站交付运费,取回盖有发站承运戳记的运单副本和运单副本抄件。

4. 加固

对于敞车、平车及其他特种车辆装运超限货物,箱装车辆等货物,应在装车时放置稳妥,捆绑牢固,以防运送途中发生移动、坠落、倒塌及互相碰撞,保证安全运送。

5. 施封

施封是保证货物运输安全的重要措施之一,以便分清铁路与发、收货人之间,铁路内部之间的相互责任。一般来说,装运国际联运出口货物的棚车、冷藏车、罐车都必须施封。

货车施封后,应使用只在毁坏后才能启开的封印。

铁路装车时由铁路施封。发货人装车由发货人施封;或委托铁路施封,此时发货人应在运单"铅封"栏内注明"委托铁路施封"字样。

对出口货物和换装接运的进口货物,各发站和进口国境站必须用10号铁丝线将车门上部门扣和门鼻拧紧,在车门下部门扣处施封。

6. 编制和使用运输标志

运输标志又称唛头,一般印制在货物外包装上。按照我国规定,联运进口货物在订货工作开始前,由有关部门统一编制国外订货的代号,作为"收货人唛头",分别通知各订货单位使用,各进出口公司按照统一规定的收货人唛头对外签订合同。

收货人唛头按以下几部分顺序排列:

(1)订货年度代号;

(2)承办订货进出口公司代号;

(3)收货人代号;

(4)间隔代号;

(5)商品类别代号;

(6)合同编号;

(7)贸易国别地区代号。

以上内容分别依照国家经贸主管部门统一规定,使用者可依其发布的代号进行查询。

7. 向国境站寄送合同资料

当铁路运载的货物属于联运进出口货物时,向国境站寄送合同资料是必不可少的一步。合同资料是国境站核收货物的重要依据,各进出口公司在对外合同签妥后,要及时向货物经由国境站的外运分支机构寄送合同的中文抄本。对于由外运分支机构接受分拨的小额订货,必须在抄寄合同的同时,按合同内容添附货物分类表。

寄送的合同资料应包括合同中文抄本及其附件、补充协议书、变更申请书、更改书和有关函电、提前交货清单等。合同资料的内容应包括合同号、订货号、品名、规格、数量、单价以及经由国境站、到达路局、到站、收货人唛头、包装和运输条件等项目。向国外提出的合同变更资料,应同时寄送国境站外运分支机构参考。如改变货物的经由国境站,必须将变更后的中文合同抄本寄送新经由国境站外运分支机构,并通知原经由国境站外运分支机构注销合同资料。

8. 办理货物发出后的有关事项

1）登记

在发货后，发货人的运输人员要将发货经办人的姓名、货物名称、数量、件数、毛重、净重、发站、到站、经由口岸、运输方式、发货日期、运单号、车号及运费等项目，详细登记在发运货物登记表内，作为原始资料。

2）通知及上报

如合同有规定，在发货后发货人要通知收货人，则发货人要及时通知；如果规定要上报总公司和当地有关主管部门，要及时上报。

3）修改和变更

如果货物发出后，发现错误，要及时电告货物经由口岸的外运分支机构，要求代为修正；如发货后需要变更收货人、到站或其他事项的，及时按规定通知原发站办理更改。

（三）国际联运货物的国境站交接

在相邻国家铁路的终点，从一个国家铁路向另一个国家铁路办理移交或接收货物和车辆的车站称为国境站。根据《国际货约》和《国境铁路议定书》的规定，国际铁路联运进出口货物在国境站的交接由两国铁路负责进行，并负连带责任。

1. 接车及检查准备

国境站货运调度根据国内前方站和邻国国境站的货物列车到达预报和确报，通知交接主管处和海关做好列车的接车及检查准备工作。

2. 监管和检查

进出口货物列车到达进站后，铁路会同海关接车，并将列车随带的运送票据送交主管处处理，货物及列车接收海关的监管和检查。

3. 联合办公

交接主管处内部联合办公：由铁路、外运分公司、海关等单位按照业务分工进行流水线作业，密切协作，加速单证和车辆的周转。

铁路主要负责整理和翻译运送票据，编制货物和车辆交接单，并以此作为向邻国铁路办理货物和车辆交接的原始凭证。

外运分公司负责审核货运单证，纠正单证差错和错发错运事故，并将进出口货物报关单、运单及其他随附件单证交海关办理报关手续。

海关根据报关单查验货物，在单、证、货相符，合乎国家政策法规的条件下，即准予解除监督，验关放行。最后由双方铁路具体办理货物和车辆的交接手续，并签署交接证件。

4. 有关进出口货物交接中的几个问题

1）进出口货物单证资料的审核

审核进出口货物单证是国境站交接的一项重要工作，它对正确核放货物，纠正单证差错和错发、错运事故，保证出口货物顺利交接都具有重要意义。

出口货物运抵国境站后，交接时应将全部货运单证送外运公司进行审查，外运公司作为国境站的货运代理公司，审核单证时，要以运单内容为依据，审核出口货物报关单、装箱单、商检证书等记载的项目是否正确、齐全。如出口货物报关单项目遗漏或记载错误或份数不足,应按运单记载订正或补制;如运单、出口货物报关单、商检证三者所列项目不符时,有关运单项目的订正或更改,由国境站联系发站通知办理;需要更改、订正商检证、品质证明书或动植物检疫证书时,应由出证单位通知国境站商检或检疫部门办理;海关查验实货,如发现货物与单证不符,需根据合同和有关资料进行订正,必要时应联系发货人解决。总之,国境站外运公司在订正、补制单据时,只限于代发货人缮制单证,而对运单、商检证、品质证明书、检疫证等国家行政管理机关出具的证件,均不代理订正或补制。

出口货物单证经复核无误后,应将货物出口报关单、运单及其他随附单证送海关,作为向海关申报的主要依据。

2) 办理报关、报验等法定手续

铁路运输出口货物的报关,由发货人委托铁路在国境站办理。发货人应填制出口货物报关单,作为向海关申报的主要依据。

出口货物报关单格式由我国海关总署统一制定。发货人或其代理人须按海关规定逐项填写,要求内容准确、详细,并与货物、运单及其他单证记载相符,字迹端正、清晰,不可任意省略或简化。对于填报不清楚或不齐全的报关单,以及未按海关法的有关规定交验出口许可证等有关单证者,海关将不接受申报;对于申报不实者,海关将按违章案件处理。铁路车站在承运货物后,即在货物报关单上加盖站戳,并与运单一起随货同行,以便国境车站向海关办理申报。

3) 凭铅封交接与按实物交接

货物的交接可分为凭铅封交接与实物交接两种情况,如图2-3所示。

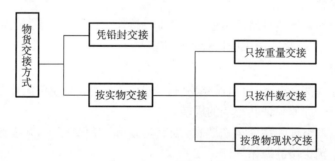

图 2-3 货物交接方式

凭铅封交接的货物,根据铅封的站名、号码或发货人简称进行交接。交接时应检查封印是否有效或丢失,印文内容、字迹是否清晰可辨,同交接单记载是否相符,车辆左右侧铅封是否一致等,然后由双方铁路凭完整铅封办理货物交接手续。

按实物交接的货物可分为只按货物重量、只按货物件数和按货物现状交接三种形式。只按货物重量交接的,如两国铁路间使用敞车、平车和砂石车散装煤、石膏、焦炭、矿石等货物;只按货物件数交接的,如两国铁路间使用敞车类货车装载每批不超过100件的整车货物;按货物现状交接的,一般是难点件数的货物。

在办理货物交接时交付双方必须编制"货物交接单"。没有编制交接单的,在过境站不得办理交接。

4）出口货运事故的处理

联运出口货物在国境站换装交接时，如发现货物短缺、残损、污染、湿损、被盗等事故，国境站外运公司应会同铁路查明原因，分清责任，分别加以处理。由于铁路原因造成的，要提请铁路编制商务记录，并由铁路负责整修，整修所需包装物料，由国境站外运公司根据需要与可能协助解决，但费用由铁路承担；由于发货人原因造成的事故，在国境站条件允许的情况下，由国境站外运公司组织加工整修，但须由发货人提供包装物料，负责所有的费用和损失；因技术条件限制，无法在国境站加工整修的货物，应由发货人到国境站指导，或将货物返回发货人处理。

（四）费用结算

1. 往参加国际货协铁路间运送货物时的运送费用

1）发送路运送费用

发送路运输费用，即我国国内铁路运送费用，按承运当日铁路运价规则计收，由发货人以人民币向车站支付。

2）过境路运送费用

过境路是指在国际铁路联运中，货物发运路和到达路以外的途经铁路。过境路运送费用按承运当日《国际铁路货物联运统一过境运价规程》（以下简称《统一货价》）规定计费，以瑞士法郎算出的货款，按支付当日规定的兑换率折成当地货币，由发货人向发站支付。当货物需要通过几个过境铁路运送时，准许由发货人支付一个或几个过境铁路的运送费用，其余铁路的运送费用由收货人支付。两个以上国家过境铁路的运送费用，按《统一货价》的规定以国境线为起止点分开计算。

3）到达路运送费用

到达路是指在国际铁路联运中，货物到达国家铁路的简称。到达路运送费用按承运当日（我国进口货物，进口国境站有关人员在运单上加盖日期戳当日）到达路国内规章规定，由收货人以到达国货币，向到站支付。

2. 往未参加国际货协的国家运送货物时的运送费用

1）我国的铁路运输费用

我国的铁路运送费用按我国国内规章规定的计算，在发站向发货人核收。

2）未参加国际货协的国家运送费用

往未参加国际货协的国家运送货物时，应该办理转发送国家铁路的运送费用，可以在发站向发货人核收，或者在最终到站时向收货人接收。

未参加国际货协的过境铁路和到达铁路的运送费用，按这些铁路所参加的国际联运协定计算，在到站时向收货人核收（相反方向运送时，在发站向发货人核收）。

3. 通过港口站运送货物时的运送费用

1）我国通过参加国际货协铁路的港口站往其他国家（和相反方向）运送费用

我国铁路的运送费用按我国国内规章规定的计算，在发站向发货人核收（相反方向运送时，在到站向收货人核收）。

2)参加国际货协铁路的国家通过我国铁路港口站往其他国家运送费用

过境我国的运送费用按《统一货价》规定计算,并且必须在发站向发货人核收;相反方向运送时,则必须在这些铁路的到站向收货人核收。只有在港口站发生的杂费和其他费用,可在该港口站向代理人核收。

3)国际铁路联运货物国内段运送费用

对于国内货物运输以及国际铁路联运货物国内段运送费用,按我国国内铁路运价的相应规定进行计算。

运费的计算公式如下:

$$运费 = 货物运价率 \times 计费重量$$

式中,货物运价率可根据运价里程和运价号在"货物运价率表"中查出。

运价里程是指货物从发站至到站的距离。一般按照最短路径计算。不包括专用线及货物支线的里程,但应将国境站至国境线的里程计算在内。

现行运价制度采用分号制,是根据货物的性质和运输要求,分成不同的运费计算等级,称为运价号。整车货物有7个运价号,为1~7号;冷藏车货物按车型分为冰冷藏和机保冷藏;零担货物有2个运价号,为21~22号;保装箱货物按箱型分为4个运价号。不同类型的货物对应不同的运价号。如规定特定运价时,则按特定运价的有关规定办理。

计费重量以吨为单位,吨以下四舍五入;零担货物以10千克为单位,不足10千克进为10千克。

除价规另有规定外,整车货物一般按货车标重计算,零担货物按货物重量计算。

运价率不同的货物在一个货车内作为一批整车货物运送,货运价率不同的零担货物在一个包装内或按总重量托运时,均按其中较高的运价率计费。

此外,国内段运送费用还包括有关杂费,如装卸费、暂存费、押运人乘车费、货车滞留费、换装费、验关费等。

(五)铁路货物交付

货物交接应遵循如下程序。

(1)货物调度根据前方列车到达预报、通知做好接车准备工作。

(2)货物列车进站后,铁路方面及时接车,并检查列车随车带交的运送票据。

(3)通知收货人接货。货物抵达到站后,铁路应通知运单所记载的实际收货人,发出货物到达通知,通知收货人提取货物。收货人收到到货通知后,必须向车站领取货物,并支付运送费。收货人领取货物时,应在运单"货物交付收货人"栏内填记货物领取日期,并加盖收货戳记,收货人只在货物因毁坏或腐坏而质量发生变化,以致部分货物或全部货物不能按原用途使用时,才可以拒绝执行领取货物。

(六)货场管理

车站货场是铁路办理货物运输的场所,应加强管理,建立必要的工作制度和良好的工作秩序,经常保持安全、文明、整洁、畅通。

(1)车站要应用现代化管理方法和新技术设备管理货场,提高工作质量和服务质量完成货物运送任务,保证货物安全,努力做到服务文明化、管理科学化、作业标准化,不断提高运输集装化和装卸机械化水平。

(2)车站应根据货运设备、装卸机具和办理货物种类等情况合理划分货区,确定货位分工,充分发挥货场的作业能力。

(3)车站应协调好货运、装卸、运转部门间的关系,明确分工,组织各部门密切配合,不断改进货物运输管理。

(4)货场内禁止闲杂人员进入,限制各种车辆进入货物仓库、站台、货棚,禁止托运人、收货人在货场内直接或变相买卖货物。未经铁路有关部门批准,货场内不允许其他单位设点办公。

(5)需要机械装卸汽车、马车或船舶的货物(包括集装箱),应由货场内设置的铁路装卸机械作业。货场允许收货人以自备交通工具进出货场。铁路有关部门规定有铁路负责零担货物出入库的车站,托运人、收货人不得进库取货、送货。

收货人领取整车货物时,车站应督促收货人将货位清扫干净,并将残留的货底、衬垫物等搬出货场。

(6)业务量大的货场应制定货场交通管理办法,防止车辆堵塞,保证货场畅通。

(7)货场应建立包区、包库或包线负责制,货场清扫分工负责制,运输票据、货物检查交接制,取送车作业制,站车交接检查制,保价运输管理制,门卫、巡守、消防制,衡器使用、维修、保管制,统计分析制等项作业制度。

(8)货运设备包括仓库货棚、站台、货物线、货区及通道、房屋、装卸机具、衡器、加固材料、防湿篷布,上水、加冰、洗刷除污以及用于货运业务的电子计算机等各项设施,车站要设专职或兼职人员管理货运货场设备。

二、公路货运业务运作基本程序

公路货物运输业务基本程序比较简单,包括受理托运、订立运输合同、费用结算和货物交接等环节,如图 2-4 所示。

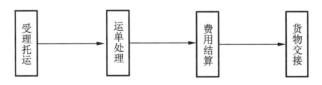

图 2-4 物流公路货运业务程序

(一)受理托运

受理托运包括受理装车和编制单据等工作。发货人(货主、货运代理)在托运货物时,应按承运人的要求填写货物托运单,以此作为货物托运的书面申请。货物托运单是发货人托运货物的原始依据,也是承运人承运货物的原始凭证,承运人接到托运单后,应进行认真审核,检查各项内容是否正确。如确认无误,则在运单上签章,表示接受托运。在公路汽车运输中,由于发货人与承运人一般具有长期的货运关系,托运人可利用电话等联络方式进行货物托运申请。在这种情况下,承运人必须了解所承运货物的重量、体积以及有关管理部门发放的进出口许可证(批文)、装卸货目的地、收发货人详细地址、联络人及其电话等项情况。由承运人按托运人提供的资料填制《承运凭证》，交给司机到托运人指定的地点装运货物。

(二)运单处理

在公路货运业务中，运单即是运输合同，运单的签发则是运输合同成立的体现。汽车货运合同可以采用书面形式、口头形式或其他形式，由承运人和托运人本着平等、自愿、诚实和信用的原则签订。

1. 运单内容

(1)运单的签发日期和地点。

(2)发货人的名称和地址。

(3)承运人的名称和地址。

(4)货物接管地点、日期以及指定的交货地点。

(5)收货人的名称和地址。

(6)货物的品名和包装方法，如属危险货物，应说明其基本性质。

(7)货物的件数、特征标志和号码。

(8)货物毛重或以其他方式表示的量化指标。

(9)与运输有关的费用(运费、附加费、关税和从签订合同到交货期间发生的其他费用)。

(10)办理海关手续和其他手续所必需的托运人的通知。

(11)是否转运的说明。

(12)发货人负责支付的费用。

(13)货物价值。

(14)发货人关于货物保险给予承运人的指示。

(15)交付承运人的单据清单。

(16)运输起止日期。

运单一式三份，第一份交给发货人，第二份随货转移，第三份由承运人保存。

发货人应对上述事项的准确性负责。运单原则上须经承运双方签字方能生效，但对于短途、小批量货物运输以及承运双方具有长期合作关系的货物运输，由于双方早已对运输过程中双方的权利、义务和责任商定了，所以往往只凭托运人做出口头说明、承运人做出口头认可即可。

2. 运单的填写与签订

对于一次性运输合同或定期运输合同，分别由承运人或托运人按以下要求填写运单。

(1)准确填写托运收货人的名称、地址、电话和邮政编码。

(2)明确标明货物的名称、性质、件数、重量、体积以及包装方式。

(3)明确标明运单中的其他有关事项。

(4)一张运单托运的货物，必须是同一个托运人和收货人。

(5)运单应使用钢笔或圆珠笔填写，字迹清楚，内容准确。需要更改时须在更改处签字盖章。承运人受理货物时，应根据运单记载的货物名称、数量等内容进行核对。核对无误，方可办理交接手续。

3. 运输合同的变更与解除

在承运人未将货物交付收货人之前，托运人可以要求承运人中止运输、返还货物、变更到达地或者将货物交付给其他收货人，但应当赔偿承运人因此而受到的损失。当发生以下情况时，允许变更或解除运输合同。

(1) 由于不可抗拒的原因使运输合同无法履行。

(2) 由于合同当事人一方的原因，在合同约定的期限内无法履行运输合同。

(3) 合同当事人违约，使合同的履行成为不可能或不必要。

(4) 经合同当事人双方协商同意解除或变更运输合同。但承运人提出解除运输合同的，应退还已收的运费。

(三) 费用结算

1. 计费方法

首先要确定所运输货物等级和计费重量；其次是核实货物的计费率；然后是计算计费里程；最后是核算其他杂费，这些费用包括装卸费、过渡费、保管费、手续费、延迟费、过桥费等。

以吨千米为计价单位的计算公式：

$$运费＝(货物计费重量×计费里程×运价率)＋(货物计费重量×计费里程×运价率×加成率)$$

以吨为计价单位的计算公式：

$$运费＝(货物计费重量×运价率)＋(货物计费重量×计费里程×运价率×加成率)$$

按时间计费公式：

$$运费＝车辆运行时间×单位时间运价$$

2. 特种货物计费

特种货物的计费要按特定运价进行计算。

(1) 对于托运易碎、超长(货物长度超过 7 米)、烈危货物，按重量计费。

(2) 对于超重(每件货物重量大于 250 千克)及轻泡货物，按整车计费。

(3) 对于同一托运人托运的双程运输货物，按其运价率的 85% 计费。

(4) 超重货物按运价加成 30% 计费，而烈危货物按运价加成 110% 计费。

(5) 过境公路运输采用全程包干计费，或者按合同条款规定办理。

(6) 对于特大型货物，则采用协商议价办法。

(7) 对于同一托运人以去程或返程运送所装货物包装的，按其运价的 50% 计费。

3. 收款办法

运杂费的收款办法主要有以下几种。

(1) 预收费用方式，是指托运人在货物运输之前将运杂费预付给承运人，在结算时多退少补。

(2) 采用现金结算方式，是指按每次实际发生的运杂费总额向托运人收取现金。

(3)托收结算方式,是指承运人先垫付运杂费,定期凭运单回执汇总所有费用总额,通过银行向托运人支付托运费用。

(4)预交转账支票方法。

(四)货物交接

货物的交接是公路运输合同的履行过程,在此过程中,运输部门应遵守如下要求,以确保货物及时、安全运输。

第一,车辆到达发货地点,发货人交付货物时,驾驶员应负责清点数目、监装,发现包装破损、异状,应提出更换或重新整理的建议。如发货人给予更换或整理,则应在发票上说明,并要在《承运货物清单签收单》上签字。

第二,承运货物时,要有发货人开具的与实物相符的票及随车移动的文件、单据。发货票与实物不符时要立即予以纠正。

第三,货物运抵目的地时,驾驶员应向收货人交清货物,由收货人开具作业证明(或交货单代替)。收货人应在《承运货物清单签收单》上签字并加盖收货单位公章。

第四,交货时,如发现货物短缺、丢失、损坏等情况,驾驶员应会同收货人和有关部门认真核实,并做出原始记录,分别由驾驶员或装卸人员开具证明文件。

第五,若是集装箱送到装货点装货,驾驶员仍要按上述要求办理货物交接;若是由发货人提供自备箱,并在驾驶员不在场的情况下装好货,驾驶员有权要求发货人掏箱,在驾驶员行使监装权力的情况下重新装箱。

第六,若是集装箱装运中转货物,驾驶员无法监装、监卸,只要集装箱上标志完好,集装箱内所装货物是否与单证相符以及箱内货物是否灭失、损坏则与驾驶员无关,货物的交接以集装箱标志是否完好为准。

交运物品清单见表 2-1。

表 2-1 交运物品清单

起运地点: 　　　　　　　　　　　　　　　　　　　　　　　运单号码:

编号	货物名称及规格	包装形式	件数	新旧程度	体积 (长×宽×高)	重量	保险价格
备注							

托运人签章: 　　　　　　　承运人签章: 　　　　　　　　　年　　月　　日

说明:凡不属于同品名、同规格、同包装的以及搬家货物,在一张货物运单上不能逐一填写的可填交本物品清单。

三、航空货运业务运作基本程序

航空货物运输程序,是指物流公司从发货人手中接货到将货物交给航空公司承运这一过程所通过的环节、所需办理的手续以及必备的单证。

航空出口货运的起点是从发货人手中接货,终点是把货交给航空公司。航空进口货运的起点是从航空公司手中接货,终点是把货交给收货人。

物流公司的航空货运的业务大致包括揽货、选择运输方式、订舱、接单接货、制单、报关、发运、费用结算、信息传递,如图 2-5 所示。

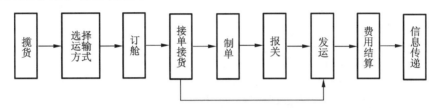

图 2-5　物流航空货运业务程序

(一)揽货

揽货是指物流公司为争取更多的业务,到有进出口业务的单位进行推销,揽取运输业务的活动。

(二)选择运输方式

根据货运的具体情况,选择合适的运输方式。

(三)订舱

订舱是指向航空公司申请运输并预订舱位的活动。订舱的具体做法是,接到发货人的发货预报后,向航空公司领取并填写订舱单,写明货物的名称、体积、重量、件数、目的港及要求出运的时间等。航空公司根据实际情况安排航班和舱位。

(四)接单接货

接单是指航空货运代理公司在订到舱位后,从发货人手中接过货物出口所需的一切单证,其中主要是报关单证。

接货是指航空货运代理公司把即将发运的货物从发货人手中接过来,并运送到机场。

1. 一般规定

(1)根据中国民航各有关航空公司的规定,托运人所交运的货物必须符合有关始发、中转和到达国家的法令和规定以及中国民航各有关航空公司的一切运输规章。

(2)凡中国及有关国际政府和空运企业规定禁运和不承运的货物,不得接受。

(3)托运人必须自行办妥始发海关、检疫等出境手续。中国民航各空运企业暂不办理"货到付款"(COD)业务。

(4)货物的包装、重量和体积必须符合空运条件。

2. 价值限制

每批货物(即每份货运单)的声明价值不得超过 10 万美元或其等值货币(未声明价值的,按毛重每千克 20 美元计算)。超过时,应分批交运(即分两份或多份货运单);如货物不宜分开,必须经有关航空公司批准后方可收运。

3. 付款要求

货物的运费可以预付,也可以到付,但需注意以下两点。

(1)货物的运费和声明价值费,必须全部预付或全部到付。

(2)在运输始发站发生的其他费用,必须全部预付或全部到付;在运输途中发生的费用应到付,但某些费用,如政府所规定的固定费用和机场当局的一些税收,也可以预付;在目的地发生的其他费用只能全部到付。

托运人可用人民币现金(或中国人民银行国内支票)向承运人或其代理人支付运费。

(五)制单

制单是指缮制航空货运单,包括总运单和分运单。

缮制航空货运单是空运出口业务中最重要的环节,运单填写正确与否,直接关系到货物能否及时、准确地运达目的地。因此,必须详细、准确地填写各项内容。

1. 航空运单的性质与作用

航空运单是航空运输中最重要的单据,它是由承运人或其代理人签发的一份运输合同。

1)承运合同

航空运单一旦签发,便成为签署承运合同的书面证据。因此,该合同必须由发货人或其代理人与承运人或其代理人签署后方能生效。

2)接受货物的证明

当发货人将其货物发运后,承运人或其代理人将一份航空运单正本交给发货人,作为已接受其货物的证明。

3)运费账单

航空运单上分别记载属于收货人与发货人应负担的费用和属于代理的费用,因此,航空公司将第二联正本运单留存作为运费账单和发票。同时,货运代理之间的费用结算也以航空运单作为凭证。

4)报关单据

当航空货物运达目的地后,应向当地海关报关。在报关所需各种单证中,航空运单通常是海关放行查验时的主要凭证。

5)保险证书

若承运人承办保险或者发货人要求承运人代办保险,则航空运单即可作为保险证书。

6)承运人内部业务交接的依据

承运人必须根据运单上记载的有关内容办理货物的发货、转运、交付等各项事宜。

2. 航空运单的种类

1）航空主运单

航空主运单是承运人办理该运单项下货物的发运和交付的依据,是承运人与托运人之间订立的运输契约。凡第一批由航空运输公司发运的货物都需具备主运单,通常它有 3 份正本和至少 6 份以上的副本。

2）航空分运单

航空分运单是航空货运代理人在办理集中托运业务时签发给每一发货人的运单。

航空主运单的当事人为航空公司与货运代理人,而航空分运单的当事人为航空货运代理公司与发货人。

货物的接收,一般是货物到达目的站后,由航空货运代理公司在该地的分公司或其代理人凭主运单向当地航空公司提取货物,然后按分运单分别拨交给各收货人。

（六）报关

进出口报关是指发货人或其代理人在发运货物之前,向出境地海关提出办理出口手续的过程。

1. 申报

申报是通关工作的正式开始,报关单位及其申报人必须承担相应的法律和经济责任。在申报工作中,首先由出入境货物收、发货人或其代理人、出入境运载工具的负责人,在通过海关监管的口岸时,按规定填写出入境货物报关单或采用电子数据传送向海关进行申报,并呈交海关要求的文件、单证与证明。海关接单,进行编号登录、签注申报日期,并对单证及内容进行审核（初审和复审）。通过审核,符合各项规定要求的,则接受报关。

2. 征税

征税是海关就单证货物进行审价,核定税率和计征关税的行为。若属于减免税货物,则依法予以减免。海关按规定计征关税并开出银行缴款书给申报人,申报人凭海关开出的缴款通知书及时到指定银行缴纳税款。

3. 查验

海关凭申报人的银行缴款书的回执进行验货,查验结果是海关放行的重要依据和条件。

4. 放行

海关按规定完成应办事项,在报关单、有关货运单证和文件、证明上加盖海关放行章,或通过电子方法予以确认,以示海关同意收货人提货或发货人出运货物。

（七）发运

发运就是向航空公司交单交货,由航空公司安排航空运输。

交单就是将随飞机的单据和应由承运人留存的单据交给民航。随机单据包括第三联航空运单正本、发票、装箱单、产地证明、品质鉴定书等。

交货就是把与单据相符的货物交给民航。交货之前必须粘贴或拴挂货物标签,核对清点货物,缮制货物交接清单,民航审单验货后,在交接清单上签收。至此即算办完了单货交接手续。

民航接单接货后,将货物存入出口仓库,单据交民航管控部门,以备配舱。

(八)费用结算

1. 计费重量

航空公司规定,在货物体积小、重量大时,按实际重量计算;在货物体积大、重量小时,按体积计算。在集中托运时,一批货物由几件不同的货物组成,有轻泡货也有重货。其计费重量则采用整批货物的总毛重或总的体积重量,按两者之中较高的一个计算。

2. 航空公司运价和费用的种类

1)航空运价

航空运价分为协议运价和国际航协运价。协议运价是航空公司与托运人通过签订协议而制定的。国际航空运输协会制定的运价刊登在运价手册中向世界公布,其中分为公布的直达运价和非公布的直达运价。

运价不包括承运人、代理人或机场收取的其他额外费用,如提货、报关、接交和仓储费用等。

2)国际航空运费

航空公司按国际航空运输协会所制定的三个区划费率收取国际航空运费。一区主要指南北美洲、格陵兰等;二区主要指欧洲、非洲、伊朗等;三区主要指亚洲、澳大利亚。

主要的航空货物运价有以下四类:

(1)一般货物运价(GCR);

(2)特种货物运价或指定商品运价(SCR);

(3)货物的等级运价(CCR);

(4)集装箱货物运价(UCR)。

起码运费是航空公司办理一批货物所能接受的最低运费,是不论货物的重量或体积大小,在两点之间运输一批货物应收取的最低金额。不同地区有不同的起码运费。

3)有关运价的其他规定

各种不同的航空运价是指从一机场到另一机场,而且只适用于单一方向,不包括其他额外费用,如提货、报关、接交和仓储费用等。运价通常使用当地货币公布,运价一般以千克或磅为计算单位。航空运单中的运价是按出具运单之日所适用的运价。

(九)信息传递

航空货运代理公司在发运货物后,应及时将发运信息传递给发货人,提供航班号、运单号和出运日期等,并随时提供货物在运输过程中的动态信息;与此同时,将由发货人留存的单据,包括盖有放行章和验讫章的出口货物报关单、出口收汇核销单、第一联航空运单正本以及用于出口产品退税的其他单据,寄送发货人。

对于集中托运货物,还应将发运信息预报收货人使其及时接货,及时查询,及时分拨处理。

四、海上货运业务基本程序

海上货运作业程序比较复杂，从揽货开始到交货完毕，要经过许多环节，主要作业环节如图2-6所示。

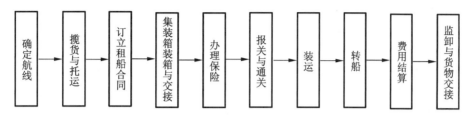

图2-6 海运业务程序

因为集装箱运输具有装卸效率高、车船周转快、劳动强度低、包装费用少、货损货差少和便于开展联运的优点，所以发展非常迅速，很快就遍及世界各主要航线。又因为各主要海运国家的船公司竞相扩大高速集装箱船队，所以世界集装箱船队的船舶数量和积载能力都有大幅度的增长。这里介绍的海运业务，主要是以集装箱班轮运输为对象。

（一）确定航线

船舶在两个或两个以上港口之间从事运输的具体线路称为航线。定港、定船、定期、定运价的航线称为班轮航线。

1. 设置航线考虑的因素

船公司在设置航线时常考虑以下因素。

（1）货源。船公司是否有保证船舶正常营运所需的充足且稳定的货源。

（2）自然条件。包括地理环境、气候条件、航道的水深以及沿途港口状况是否适合船舶安全航行。

（3）竞争因素。所拟定航线上各船公司的参与及其竞争力情况。

（4）政治因素。国家的外交、经贸政策及航线所在地区政局稳定情况。

2. 设置航线的步骤

由于航运市场变幻莫测，竞争激烈，为保证航线开辟后有良好的经济效益，降低投资风险，必须在设置航线时进行优化。确定航线的步骤如图2-7所示。

图2-7 确定航线程序

1）确定航线结构

在选择、确定航线时，必须考虑船舶装载率。如果航线发船密度大，而在发船间隔内每一始发港的发货量极其有限，不可能装满整艘船，必然会造成很大的浪费，并直接导致经营成本的上升。在实践中，船公司为提高船舶装载率，往往采取多港挂靠直达运输方式或干线/支线转运方式。多港挂靠方式可以提高船舶装载率,却增加了船舶的停港时间和费用,只适于一般散货类或非集装箱货物的运输。

由于集装箱船的吨位大、航速快、运输成本高,要求停港时间短、周转快、装载率高,为充分发挥集装箱船的优势,干线/支线转运方式应运而生,成为海运航线选择的主要方式。它在航线两端各选择一个货源多、水域条件好、集疏运便利、装卸效率高的转运港,在两个转运港之间的航线即为干线。为转运港送货物的集疏航线为支线,支线可能有多条。它充分发挥了干线航距长、转运港条件优越的优势,可以配备大吨位、高航速的船舶;而支线则因其港航条件差而配备小吨位、低航速船舶的特点,克服了多港挂靠的缺点。因此,在长距离航线上,尤其是在环球航线上,几乎全部采用这种航线结构。

2)选择挂靠港

船舶挂靠港口方案不同,即使是相同的挂靠港但其挂靠顺序不同,营运的经济效果也会有差异。因此,常以能够获得最大利润的挂靠港方案和挂靠顺序作为评价标准。

采取多港挂靠直达运输方式虽然可以减少中间环节,提高货运质量,但会使船舶停港时间和港口费用增加,而且受航线上港口水深条件的限制,从而造成运输成本上升。为了减少船舶挂靠次数,缩短停港时间,节约港口费用,通常根据港口货源的多少及其稳定程度对挂靠港进行取舍。对货流较大且稳定、需要船舶经常停靠的港口,选择为基本挂靠港;对于货源不足或不稳定、船舶不一定经常停靠的港口,可作为非基本挂靠港。当然,基本挂靠港只是相对固定的,应随着货源等情况的变化进行适当的调整。挂靠港确定后,还应根据货物的流量和流向、挂靠港的营运情况、船舶到港时间等确定挂靠港顺序。

3)航线配船

确定航线时,除重视航线、挂靠港的选择外,还要重视航线配船问题。不同类型的船舶的营运效果是不同的,即使是同一类型但吨位不同的船舶,其营运效果也不一样。只有合理、经济地进行配船作业,才能取得最佳的效果。

新开辟航线配船必须进行船型论证,主要内容有:①拟定船舶主尺度方案;②拟定船舶吨位方案;③拟定船舶航速方案;④拟定船舶动力装置方案。船型方案拟定后,对各种方案进行技术、营运和经济指标的计算分析。通过各方案的技术、经济指标比较,从中选出最优方案。然后编制船舶设计计划任务书,经主管部门审批后进行设计制造或购买。

在一般情况下,无论是重组航线还是新开辟航线,在配船时应遵循下列原则。

(1)船舶的结构、装卸性能应与所运货种、包装形式及港口装卸条件相适应,以缩短船舶在港停留时间,加快船舶的周转,保证货运质量。

(2)船舶航速应与航线上水流流速、风浪大小、船期表、所运货物价值的高低及船公司的竞争策略相适应。

(3)船舶的续航能力(加一次油后能行驶的最大里程)与航线上加油港位置相适应。

(4)船舶的尺度性能应与航道技术特征、碍航物所允许通行的船舶尺度、港口水深、泊位长度等相适应。

(5)船舶吨位应与发船间隔、平均昼夜发货量相适应。

(6) 根据实际情况的变化,及时对配船方案进行调整。

(二) 揽货与托运

揽货与托运作为海上运输业务的第一个环节,也是关键的环节。

揽货是指船公司从货主方面争取货源的业务行为,其目的是使自己所经营的货船能达到满载或接近满载,以取得较好的收益。

托运是指发货人委托货运代理或自己向承运人或其代理人代理海上货物运输的业务。

托运人或其代理人向承运人或其代理人申请货物运输,承运人对这种申请给予承诺,就是订舱。作为船公司,接受订舱之后,一般要注意以下几个问题。

1. 做好船舶舱位的分配

船公司要根据航线挂靠港的实际情况,对该航线上的船舶舱位进行分配,并定出限额,分支机构或代理机构则依据所分配的船舶舱位范围承揽货载,并及时根据行情的变化、舱位不足或过剩的情况以及船舶方的即时信息,或各装货港交给船公司的舱位报告,在各装货港之间进行调剂,使船舶舱位得到充分利用。

2. 注意订舱货物的性质、包装和重量

接受订舱时,必须注意货物的性质、包装和重量。如装运危险物品,在积载和保管方面有许多限制,必须加以注意;装运超长件货品时,要考虑舱口大小的限制;装运超重件货品时,要考虑船舶和装货港、卸货港设备能力等情况。

3. 关注杂货船班轮注意事项

对于杂货船班轮,要考虑港口的条件、船舶吃水、泊位长度、吊车或起重机负荷等,以保证船舶能够安全靠泊和正常装卸。

4. 考虑特殊货品的运输安全

要考虑特殊货品的运输安全,如超大件货物(超长、超宽、超重)能否装运,鲜活物品的冷藏条件、冷冻物品的冷冻条件等是否达到运输要求。

5. 注意装卸港及通过港的法规

对于国际贸易货物,其装卸港和通过港常分属不同的国家,所适用的法律或港口当局的规章制度和管理办法也常不相同。所以在接受订舱时,必须特别注意有关国家的法律和港口的规章制度,以免出现不必要的问题或纠纷。

6. 做到单证齐全、货物备妥

应检查订舱所需的托运单、装货单、收货单等单证是否齐全,货物是否已经备妥。

7. 根据船期表了解所需要的船舶能否按期到港,并注意营运船舶的截单期

所谓截单期,是指该船该航次接受订舱的最后日期。在此日期观察集装箱船的箱位是否尚有多余。若有多余,船公司或其代理再次同意订舱,称为"加载"。

截单期一般为装船期前若干天(一般 5～10 天前,特殊情况 3 天前),以利报关、制单、保险及货物集港、集装箱装箱等工作的进行。

(三) 订立租船合同

租船合同是指船东与租船人根据自愿原则达成的协议。租船合同的种类很多,当事人可选某一种作为协商的依据,对其中的条款可作增加、删除或修改。订立租船合同时应考虑与进出口合同的衔接问题,以便装运任务顺利完成。要了解合同中的有关规定,如船期、装运港和卸货港,货物的种类、包装和数量,装卸条件、运费的计算、支付的时间和地点、装卸期限及延滞费、速谴费等。租船市场运价变化大,成交大宗货物的单位应经常向外运部门了解租船市场的动态和运价趋势。

1. 当事人

双方当事人必须用全称,并写明详细地址。

2. 船名

除下列情况外,船东不得任意要求更改船名,或以其他类型的船来代替。

(1)船东因船舶转售过户需要更改船名。

(2)租约的船只在到港前灭失,履行合同受阻,且租约中订有可以使用代替船的规定。

(3)租约将船名订错,经租船人调查验证,该船确系原来约定的船舶,则租船人不得拒绝。

3. 船旗

租约订错船旗或船舶悬挂的不是约定中的船旗,都构成船东毁约行为,租船人有权撤约。

4. 船舶的适航性

船舶的适航性是履行运输契约的一项重要保证。海牙规则第四条对船的适航性有三条规定:①船方在开航前和开航时必须恪尽职责,使船舶适航;②船舶必须配备合格、足数的船员、装备和物料供应;③货舱、冷藏舱、冷气舱及其他装货的部分,适宜和安全地收受、运输和保存货物。

海牙规则第四条第一款规定,对于船舶因不适航所致的货物损害或灭失,船方如要免责,必须承担"恪尽职责"的举证。

5. 船期

船期即受载期,它是指从受载日(laydays date)至解约日(cancelling date)的连续日期,船期可由双方商定,通常为10～20天。

6. 装卸港口

在合同中一般明确规定装卸港口,租船人事后更改港口或增加港口,船方有权要求增加运费或拒绝更改。

7. 船舶到达

船舶到达通常是指船舶在解约日当天的24时前到达租约所指定港口的法定管辖区。如规定以递送"准备就绪通知书"作为到船,则应具备三个条件:

(1)船舶已到达所规定港口的商业区或指定的泊位;

(2)船舶已做好装货的准备;

(3)船长已将书面"准备就绪通知书"送交租船人。

8. 港口租约

港口租约一般是以船舶到达港口商业区为准。

我国是以船舶到达港口锚地或港池外泊位即算到达。

有的租约为了避免对船舶到港解释不一致,便具体订明"船舶过港口海关",或"过灯塔"作为到船的标志。

9. 泊位租约

根据泊位租约船舶必须到达指定的泊位才算到达,即船舶从等泊、过驳、等潮的停泊地点到指定的泊位的航行时间应由船东承担,不算装卸时间。

10. 准备就绪

准备就绪是指船舶抵达指定的港口或泊位并经过检疫办妥各项港口手续后完全适合立即装卸租约所规定的货物。

11. 安全港口

根据1980年波罗的海国际航运公会等四个组织联合发表的一份文件,安全港口是指一个港口在某一阶段时间内,船舶可以到达、驶入、停留或离开,在没有特殊情况下,没有遭遇一个具有良好航海和船舶驾驶技术所不能避免的危险。所谓特殊情况,大致有:①战争、社会暴乱等;②船舶方面的航道吃水浅,港池小,大船无回转的余地;③港口方面的港口潮汐、航道标志、港口安全设施等问题;④气候方面的问题(如大风暴、冰冻等)。

12. 就近条款

就近条款是指在合同中,在装卸港之后加上"或该港附近可以安全到达并经常保持起浮的地点"。如订有此条款,当船方认为指定的港口不安全,船舶可开到一个附近的安全港口装卸货物。此条款对租船方不利。

此外,租船合同中应写明货物、实载、装卸时间以及运费计算等条款。

(四)集装箱装箱与交接

集装箱运输与传统的货物运输有很多不同。集装箱货物装箱方式一般有两种:整箱和拼箱。

整箱是指货主自行将货物装满箱以后,以箱为单位托运的集装箱。拼箱是指承运人或代理人在接受货主托运数量不足满箱货物的情况下,按性质和目的地进行分类,把同一目的地、性质相同的货物拼装进同一个集装箱进行运输。

对于拼箱,在货物交接中,往往以提单上货物最后一件由承运人接受待运的日期作为单证上的货物接受日期。

托运人将货物交与承运人托运时,应提供每批货物的详尽资料。

(1)货物名称、装港、卸港、交货地点、标记、毛重(千克)、体积(立方米)、件数、包装、离岸价格、运费支付方式、特种货性能、冷藏货温度要求、重件(每件超过5吨)的每件重量及尺寸、超标准货物的尺寸等。

(2)集装箱箱型、箱类、箱量、封志号、箱内件数、包装、重量、体积、空箱重量、整箱毛重、运输方式等。

对于货物名称、重量/尺寸,承运人有权开启集装箱进行检查。在证实托运人有不正当行为的情况下,检查费用和由于检查直接产生的任何货损均由托运人承担。

(五)办理保险

在货物集港之前,货主即向保险公司办理货物海洋运输保险事宜。办理运输保险首先要选择保险的险别,海上货物运输保险的主要险别有平安险、水渍险和一切险三种,可根据货运情况和需要进行选择。其次要选择保险公司,应选择经济实力雄厚,经营稳定性好,价格合理,处理索赔公平、及时,服务周到的保险公司。

办理投保手续比较简单,向保险公司索取投保书空白表格,填好后交给保险公司,保险公司就可制作并签发保险单。

(六)报关与通关

大多数海运都涉及进出口贸易,因此,海关申报工作是必不可少的。在进出口贸易最为普遍的集装箱海运中,承载进出口集装箱货物的运输工具负责人或代理人,应按规定向海关申报,并在交验的进出口载货清单(舱单)或者装载清单、交接单、运单上,列明所载集装箱件数、箱号、尺码,货物的品名、数量,收、发货人,提单或装货单号等有关内容,并同时附交每一个集装箱的装货清单。

进出口集装箱货物的收、发货人要求在进口到达地或出口起运地海关办理进口或出口报关手续的,应具备海关监管和转运条件,报经入境地或起运地海关同意后,海关认为必要时,可对有关集装箱施加海关封志,按海关对转关运输货物的规定办理手续。

通关作业包括物流监控、报关单电子数据申报、集中审单、按单审核/征收税费、查验、放行等各项作业环节。其基本程序为:电报→查验→征税→放行。

(七)装运

在船公司通知的时间内,出口单位或货代将货物发运到港区内指定的仓库或货场。在条件许可的情况下,也可以在装船时直送港区船边现装,以减少进仓的手续和费用。对于危险品、重大件、冷冻鲜活物品、散油等,以及需要特殊运输工具、装卸设备的货物,应事先联系安排。发货前要逐票核对货名、数量、标记、配载船名、装货单号码,应做到单货相符、船货相符。发货时,如发现包装破损或残缺,应及时修复或调换。

在货物装运过程中,数量较大的货物,可以分为若干批次不同的航次、车次、班次进行装运。合同中往往都规定分批装运的条款。出现分批装运的原因很多,如运输工具的限制、港口卸货条件的限制、船源紧张、货主备货困难、货物需逐批生产等。

关于分批装运,一般在合同中明确规定。对于分批装运一般有三种规定方法:①只规定"允许分批装运",不加任何限制;②订明分若干批次装运,而不规定每批装运的数量;③订明每批装运的时间和数量,即定期、定量分批装运。

(八)转船

货物装运后允许在中途港换装其他船运至目的港,称为转船。转船的原因有多种,例如到目的港无直达船或无合适的船;目的港不在装载货物的班轮航线上;货物零星分散,班轮不愿停泊目的港;属于联运货物等。对于转船,在合同中做出规定时,相关合同条款称为允许转船条款。

在我国出口业务中,如果到目的港无直达船时,必须在合同中订有"允许转船"的条款。对"允许转船"的货物,按国际航运习惯,转船港口转船事宜应由第一承运人根据具体情况办理,无须事先征得货主的同意。

(九)费用结算

海上货物运输费用的计算包括班轮运价、计算标准(办法)、集装箱运费等部分。

1. 班轮运价

运费是承运人为承运货物而收取的报酬,而计算运费的单价(或费率)则称为班轮运价。班轮运价是按照班轮运价表的规定计算的。

班轮运价由航运成本和利润两部分组成。班轮公司制定运价表时,除根据上述成本费用外,还考虑以下几个主要因素:①货物价值和商品特性;②运量大小和港口装卸效率的高低;③航程的远近;④航运市场的供求变化和同业竞争的程度。以上可作为承运人收取运费和托运人估算运费的依据。

运价表又称运价本和费率本。它不仅包括商品、单位费率、计算标准、收费的币别、计算运费和附加费的方法,而且还包括适用范围、基本港口、港口规则、船货双方的责任和权利,以及直航、转船、回运、选择或变更卸货港口的方法等内容。

不同的班轮公司有不同的运价表,但它们都是按各种商品的不同积载系数,不同的性质和不同的价值结合不同的航线加以确定的。班轮运价表一般包含下列内容。

(1)说明及有关规定。说明运价表的适用范围、计价货币、计价单位及其他有关规定。

(2)港口规定及条款。如对某些国家或地区的港口在签发提单时须按该港口习惯加盖印章。

(3)货物分级表。列明各种货物所属的运价等级和计费标准,以利托运人查找托运货物所属的等级。

(4)航线费率表。列明不同航线不同等级货物的基本运费率。

(5)附加费率表。列明各种附加费及其计收标准。

(6)冷藏货费率表及活牲畜费率表。列明各种不同货物计费标准。

2. 计价标准(办法)

不同的商品有不同的计价标准,常见的班轮运费计价标准有:

(1)按货物毛重计收运费,在运价表中以"W"字母表示;

(2)按货物体积计收运费,在运价表中以"M"字母表示;

(3)按货物毛重或体积较高者计收运费,在运价表中,以"W/M"字母表示;

(4)按货物的价值计收运费,在运价表中以"A. V"或"AD. VAL"字母表示;

(5)按货物重量或体积或价值三者中较高者计收运费,在运价表中以"W/M or AD. VAL"字母表示;

(6)按货物件数计收运费,如汽车、牲畜等货物;

(7)大宗低值货物按议价计收运费,如粮食、煤炭、沙石等。

收费标准还规定了起码费率,每一提单上所列的重量或体积所计算出的运费,尚未达到运价表中规定的最低运费额时,则按最低运费计收。

除收取运价表中规定的基本运费外,还要根据不同情况增加不同的附加费。附加费包括超重附加费、超长附加费、转船附加费、燃油附加费、直航附加费和港口附加费等。

3. 集装箱运费及其计费

集装箱基本运费的计算,通常分为两类方法。

1)常用件杂货运费的计算方法

根据商品的等级不同规定不同的费率,它主要适用于拼箱交货方式。

2)以每个集装箱为计费单位的计算方法

以每个集装箱为计费单位,即仓箱费率(box rate),而不计实际装货量,这种费率常用于整箱交货方式。

(十)监卸与货物交接

船舶到港前,一般由船方申请理货公司进行理货,理货公司代表船方将进口货物按提单、标记、唛头点清件数,查看包装后,拨交给收货人。

监卸人是收货人的代表,应在现场与理货人密切配合,把好质量、数量关。应要求港方卸货人员按票卸货,防止混卸和不规范操作。已卸的货物要按提单、标记分别码垛,堆放在仓库或货场内。

注意,在货物交付过程中,由于采用的贸易术语不同,对双方的交货时间的解释也不完全一样,因而可能造成承担责任问题上的矛盾。贸易术语如 FOB、CFR、CIY 属于装运交货方面的术语,监卸人应查清含义,避免出现责任纠纷。

五、成组运输

成组运输是将各类集装单元(箱)货物作为一个运输单元(箱),采用机械装卸和搬运,进行规格化运输的一种运输自动化的方式。它是采用一定的办法,把分散的单件货物组合在一起,成为一个规格化、标准化的大的运输单位进行运输。成组运输适于机械化、自动化操作,便于大量编组运输。成组运输加快了货物周转,提高了运输效率,减少了货损货差,节省了人力物力,降低了运费成本。因此,成组运输已成为现代交通运输中普遍采用的方式之一。

(一)成组运输概述

我们通常说的成组运输包括捆扎件运输、托盘运输和集装箱运输。它的发展经过了一条漫长的道路。最初的成组方式是利用一个箱子将零碎的物品装起来,或使用网、绳索、铁皮把几件货物捆扎在一起成为一个运输单位,这是成组运输的雏形。后来,把若干件货物堆装在一块垫板上作为一个运输单位。随后,在垫板运输的基础上发展到托盘运输。托盘运输比垫板运输前进了一大步,不仅运输单位增大,而且更便利、更适合机械操作。因此,我们把托盘运输称为成组运输的初级阶段。此后,因汽车运输货物需要换装而发明了集装箱。集装箱运输的产生被称为运输的革命,它为标准化的成组运输方式提供了极为有利的条件,使自动化大生产开始适用于运输领域,因此集装箱运输是目前成组运输的最高形态。将货物经由集装器具进行集装,改善了货物原有的存放状态,提高了货物的装卸搬运活性。将各类集装单元(箱)货物作为一个运输单元(箱),采用机械装卸和搬运,进行规格化运输,就形成了集装箱运输。

随着物流业的发展,托盘运输迅速地在仓储运输配送中发展起来,而集装箱运输则大量地应用于国际贸易和国际多式联运中。成组运输能大大提高运输效率,降低运输成本,具有安全、迅速、节省成本等优点。特别是集装箱运输的开展,可以在各种运输方式之间自动顺利地转换,因而有利于大陆桥运输和多式联合运输的开展。

成组运输必须具备两个前提,一是机械化和自动化;二是产品的标准化和规格化。这两个条件互为前提。要实现机械化和自动化,首先必须使产品标准化和规格化,这样才能充分发挥机械化和自动化的作用。当机械化和自动化的程度提高以后,才可能生产出标准化和规格化的产品,以机械代替人力操作。在运输领域里,大宗货物的运输自动化生产已获得较快的发展。例如,石油及其制品运输早已采用机械化和自动化,使用大型油轮在海上运输,港口使用高性能的自动油泵装卸,陆上使用由管道输送等手段组成的具有高组织化的连贯运输系统。粮食、煤炭、矿砂等大宗货物也已采用自动化和机械化成组运输,大大提高了装卸和运输效率,降低了运输成本。大宗货物的成组运输之所以得到较快的发展,一是使用了现代化、高性能的运输设备,实现了机械化和自动化;二是货物性质和规格相同,符合产品标准化和规格化的要求。

(二)托盘运输

1. 托盘运输的概念和种类

托盘运输是指货物按一定要求成组装在一个标准托盘上组合成为一个运输单位,使用铲车或托盘升降机进行装卸、搬运和堆放的一种运输方式,它是成组运输的一种形式。托盘是按照一定的规格制成的单层或双层平板载货工具。在平板上集中装载一定数量的单件货物,并按要求捆扎加固,组成一个运输单位,以便在运输过程中使用机械进行装卸、搬运和堆放。同时,托盘又是一种随货同行的载货工具。

目前国际上对托盘的提供有两种来源:一是由承运人提供,在装货地将货物集装在托盘上,然后货物与托盘一起装上运输工具,在卸货地收货人提货时,如果连同托盘提走,就必须在规定时间内将空托盘送回,这种托盘结构比较坚固耐用;二是由收货方自备简易托盘,这种托盘随同货物一起交给收货人,不予退回。托盘以木制为主,但也有用塑料、玻璃纤维或金属材料制成的。常见的托盘有平板托盘、箱形托盘和柱形托盘等。

2. 托盘运输的特点

1)优点

托盘运输是以一个托盘为一个运输单位,运输单位增大,便于机械操作,因而可以成倍地提高运输效率。这种运输方式具有以下优点。

(1)提高运输效率。由于托盘运输是以托盘为运输单位,搬运和出入仓库都以机械操作,因此有利于提高运输效率,缩短货运时间,降低运输成本,同时还可以降低劳动强度。

(2)便于理货,减少货损货差。以托盘为运输单位,货物件数变小,体积重量变大,而且每个托盘所装数量相等,既便于点数、理货交接,又可以减少货损货差事故。

(3)投资比较小,收效比较快。与集装箱相比,托盘的投资相对较小,所用时间也较短,因而收效较快。

2)缺点

(1)托盘承运的货物范围有限。最适合托盘运输的货物是集装箱罐头食品、硬纸盒装的消费品等比较小的包装商品。大的、形状不一的家具、机械以及散装冷冻等货物不适于托盘运输方式。

(2)增加了托盘费用和重量。托盘运输虽然设备费用减少,但要增加托盘的费用。同时,由于增加了托盘的重量和体积,因此相应地减少了运输工具的载量。

3. 托盘运输的发展现状

目前世界上许多国家,特别是尚未具备条件开展集装箱运输的国家都在大力推广托盘运输,甚至有些国家的港口当局只允许货物托盘化和成组化的船舶装卸或优先给予泊位。有些承运人为鼓励货主采用托盘运输,除对托盘本身免收运费外,还给货主一定的托盘津贴;有些承运人对去往某些国家的货物,若没有采用托盘运输,则须加收托盘费,而许多进口商也愿意采取托盘运输并负担托盘费。由于托盘运输的上述优点,采取托盘运输不仅对港方和船方有利,而且对买卖双方也十分有利。然而,托盘运输并不是最理想的运输方式。虽然托盘运输向成组运输前进了一步,但其效果还不足以从根本上改变传统的运输方式,不能完全适应国际多式联运方式。例如,它不能像集装箱那样,可以密封地越过国境和快速转换各种运输方式。因此,这种运输方式有待于向更高级的运输方式——集装箱运输方向发展。

(三)集装箱运输

1. 集装箱运输概述

集装箱运输是以集装箱作为运输单位进行货物运输的一种现代化的运输方式。它适用于海洋运输、铁路运输及国际多式联运等。

1)集装箱的含义

集装箱又称"货柜""货箱",原义是一种容器,现指具有一定的强度和刚度,专供周转使用并便于机械操作和运输的大型货物容器。因其外形像一个箱子,又可以集装成组货物,故称"集装箱"。

根据集装箱在装卸、堆放和运输过程中的安全需要,国际标准化组织(International Organization for Standardization,ISO)把集装箱定义为:"集装箱是一种供货物运输的设备,应满足以下要求:具有耐久性,其坚固强度足以反复使用;便于商品运送而专门设计的,在一种或多种运输方式中运输时无须中途换装;设有便于装卸和搬运的装置,特别是便于从一种运输方式转移到另一种运输方式;设计时应注意到便于货物装满或卸空;内容积为1立方米或1立方米以上。"除了ISO的定义外,还有《集装箱海关公约》(Customs Convention on Containers,CCC)、《国际集装箱安全公约》(Convention for Safe Containers,CSC)、英国国家标准和北美太平洋班轮公会等对集装箱下的定义,内容基本上大同小异。我国国家标准《集装箱术语》(GB/T 1992—2006)规定了集装箱的定义。

2）集装箱的分类

随着集装箱运输的发展，为适应装载不同种类货物的需要，出现了不同种类的集装箱。这些集装箱不仅外观不同，而且结构、强度、尺寸等也不相同。根据集装箱用途的不同可以将集装箱分为以下几种。

(1) 干货集装箱。干货集装箱也称杂货集装箱，是一种通用集装箱，用以装载除液体货物、需要调节温度的货物及特种货物以外的一般杂货。这种集装箱使用范围极广，其结构特点是常为封闭式，一般在一端或侧面设有箱门。

(2) 开顶集装箱。开顶集装箱也称敞顶集装箱，是一种没有刚性箱顶的集装箱，但有可折式顶梁支撑的帆布、塑料布或涂塑布制成的顶篷，其他构件与干货集装箱类似。开顶集装箱适于装载较高的大型货物和需要吊装的重货。

(3) 台架式及平台式集装箱。台架式集装箱是没有箱顶和侧壁，甚至有的连端壁也去掉而只有底板和4个角柱的集装箱。台架式集装箱有很多类型，包括敞侧台架式、全骨架台架式等，其主要特点是：为了保持其纵向强度，箱底较厚；箱底的强度比普通集装箱大，其内部高度则比一般集装箱低；在下侧梁和角柱上设有系环，可以把装载的货物系紧；台架式集装箱没有水密性，怕水湿的货物不能装运，适合装载形状不一的货物。平台式集装箱是仅有底板而无上部结构的一种集装箱。该集装箱装卸作业方便，适于装载长、重大件货物。

(4) 通风集装箱。通风集装箱一般在侧壁或端壁上设有通风孔，适于装载不需要冷冻而需要通风、防止汗湿的货物，如水果、蔬菜等。如果将通风孔关闭，那么可作为杂货集装箱使用。

(5) 冷藏集装箱。冷藏集装箱是专为运输要求保持一定温度的冷冻货或低温货而设计的集装箱，可分为带有冷冻机的内藏式机械冷藏集装箱和没有冷冻机的外置式机械冷藏集装箱，适用装载肉类、水果等货物。冷藏集装箱造价较高，营运费用较高，使用中应注意冷冻装置的技术状态及箱内货物所需的温度。

(6) 散货集装箱。散货集装箱除了有箱门外，在箱顶部还设有2～3个装货口，适用于装载粉状或粒状货物。使用时要注意保持箱内清洁干净，两侧保持光滑，便于货物从箱门卸出。

(7) 牲畜集装箱。牲畜集装箱是一种专供装运牲畜的集装箱。为了实现良好的通风，箱壁用金属丝网制造，侧壁下方设有清扫口和排水口，并设有喂食装置。

(8) 罐式集装箱。罐式集装箱是一种专供装运液体货物而设置的集装箱，如酒类、油类及液状化工品等货物。它由罐体和箱体框架两部分组成，装货时货物由罐的顶部装货孔进入；卸货时，则由排货孔流出或从顶部装货孔吸出。

(9) 汽车集装箱。汽车集装箱是专为装运小型轿车而设计制造的集装箱。其结构特点是无侧壁，仅设有框架和箱底，可装载一层或两层小轿车。

由于集装箱在运输途中常受各种力的作用和环境的影响，因此集装箱的制造材料要有足够的刚度和强度，应尽量采用重量轻、强度高、耐用、维修保养费用低的材料，并且材料既要价格低廉，又要便于取得。

3)常见集装箱的规格

国际贸易货物运输中常见集装箱的规格如表 2-2 所示。

表 2-2 常见集装箱的规格

规格	内径	容积
20 英尺集装箱	5.89 米×2.35 米×2.38 米	约 27 立方米
40 英尺集装箱	11.9 米×2.35 米×2.38 米	约 58 立方米
40 英尺高柜	11.9 米×2.35 米×2.69 米	约 67 立方米
45 英尺高柜	13.35 米×2.35 米×2.68 米	约 72～75 立方米

注：1 英尺等于 0.3048 米。

2. 集装箱运输的特点

与传统的货物运输相比，集装箱运输具有以下特点。

1)效益好

集装箱运输经济效益高主要体现在以下几个方面。

(1)简化包装，节约包装费用。为避免货物在运输途中受到损坏，必须有坚固的包装，而集装箱具有坚固、密封的特点，其本身就是一种极好的包装。使用集装箱可以简化包装，有的甚至无须包装，实现无包装运输，可大大节约包装费用。

(2)减少货损货差，提高货运质量。由于集装箱是一个坚固密封的箱体，因此集装箱本身就是一个坚固的包装。货物装箱并铅封后，途中无须拆箱倒载，即使经过长途运输或多次换装，也不易损坏箱内货物。集装箱运输可降低被盗的风险，减少潮湿、污损等引起的货损和货差，深受货主和船舶公司的欢迎。同时，集装箱运输由于货损货差率的降低，减少了社会财富的浪费，具有很好的社会效益。

(3)减少营运费用，降低运输成本。由于集装箱的装卸基本上不受恶劣气候的影响，船舶非生产性停泊时间缩短，又由于装卸效率高，装卸时间缩短，因此对船舶公司而言，可提高航行率，降低船舶运输成本。对港口而言，集装箱运输可以提高泊位通过能力，从而提高吞吐量，增加收入。

2)效率高

传统的运输方式具有装卸环节多、劳动强度大、装卸效率低、船舶周转慢等缺点，而集装箱运输完全改变了这种状况。

(1)装卸效率高。普通货船装卸每小时约为 35 吨，而集装箱装卸每小时可达 400 吨左右，装卸效率大幅度提高。同时，由于集装箱装卸机械化程度很高，因此每班组所需装卸工人数很少，平均每个工人的劳动生产率大大提高。

(2)航行效率高。由于集装箱装卸效率很高，受气候影响较小，船舶在港停留时间大大缩短，因此船舶周转加快，航行效率提高，船舶生产效率也随之提高，从而提高了船舶运输能力，在不增加船舶数量的情况下，可以完成更多的运量。

3)投资大

集装箱运输虽然是一种高效率的运输方式，但是集装箱运输行业属于典型的资本密集型行业。

（1）船舶和集装箱的投资大。根据有关资料表明，集装箱船每立方英尺的造价约为普通货船的3.7～4倍。同时，集装箱的投资也相当大。开展集装箱运输所需的高额投资，使得船舶公司总成本中的固定成本占有相当大的比例，高达2/3以上。

（2）港口的投资大。专用集装箱泊位的码头设施包括码头岸线和前沿、货场、货运站、维修车间、控制塔、门房以及集装箱装卸机械等，耗资巨大。

（3）配套设施的投资大。为开展集装箱多式联运，需要相应的设施及货运站等，还需要兴建、扩建、改造、更新现有的公路、铁路、桥梁、涵洞等，这方面的投资更是惊人，没有足够的资金进行集装箱运输是困难的。必须根据国力量力而行，不可盲目推进。

4）协作难

集装箱运输涉及面广、环节多、影响大，是一个复杂的运输系统工程。集装箱运输系统包括海运、陆运、空运、港口、货运站以及与集装箱运输有关的海关、商检、船舶代理公司、货运代理公司等单位和部门，这就增加了运输中协作的难度。如果配合不当，就会影响整个运输系统功能的发挥；如果某一个环节出现故障，就会影响全局，甚至导致运输生产停顿和中断。因此，要搞好整个运输系统中各环节、各部门之间的高度协作，只有这样，才能保证集装箱运输系统高效率地运转。

总的来说，集装箱运输大大解决了传统运输中存在久已而又不易解决的问题，如货物装卸操作重复劳动多、劳动强度大、装卸效率低、货损货差多、包装要求高、运输手段烦琐、运输工具周转迟缓、货运时间长等。这也使集装箱运输适合不同运输方式之间的转换，有利于国际多式联运的开展。

六、冷链运输

（一）冷链物流

冷链，即冷链物流，是一种特殊的供应链系统。2017年5月9日实施的《冷链物流从业人员能力要求》中，定义了冷链物流是"根据冷冻工艺和制冷技术作为物流活动的手段，目的在于使商品从生产到销售的全部环节都能够处在规定的温度控制下，以保证物品的质量，并减少损耗"。

冷链物流是一个复杂的连锁供应链，一般由冷冻加工、冷冻仓储、冷冻运输和冷冻销售等四个部分组成。冷链物流贯穿从原料供应商到最终消费者的整个供应链，它是随着科学技术的进步和制冷技术的发展而建立的，是以制冷技术为基础的低温物流过程。

随着我国生鲜食品冷链物流业的快速发展，国家必须尽快制定和实施科学有效的宏观政策。冷链物流的要求相对较高，相应的管理和资金投入也比普通常温物流大。

（二）冷链物流特点

冷链物流的对象大多数都是容易腐烂的生鲜类产品。如果在冷链各个环节中，没有达到适宜的温度，就会导致产品出现损坏。同样，如果忽略了对温度的掌握，生鲜产品表面的微生物会不断繁殖，从而导致大量的货物腐烂。除此之外，时效性也十分关键，这是消费者十分注重的一个方面。如果产品未在最佳配送时间内到达消费者手中，生鲜产品的新鲜度就会下降，还可能因为消费者的满意度的下降而使企业品牌价值下降。传统常温下保存的产品没有容易腐烂的特点,并没有在时效性等方面有较为明确的规定。冷链物流与一般物流相比具有如下特点。

1. 货物容易变质

在冷链产品的配送过程中,冷链产品很容易发生腐烂现象,所以在冷链流程中的每一个步骤都要严格控制温度。冷链物流业务过程包括仓储、运输等几个环节,在这些环节中极易导致冷链产品的腐烂损耗。除此之外,在冷链物流过程中可能会由于某些不可抗力导致冷链货物的质量受损。

2. 配送具有复杂性

由于冷链物流配送对象具有容易腐烂的特点,所以在配送过程中为了确保生鲜产品的新鲜程度,需要提出解决方案以减少货物损失的成本。还需要确保在运输过程中信息的流通,使企业各项物资、装备合理分配。另外,在运输途中生鲜产品还应注意储存时间、流通时间等。而传统物流配送服务对象不需要考虑容易腐烂的特点,与传统物流相比,冷链物流在配送过程中要注意冷链货物配送的复杂性。

3. 配送时效性要求更高

如果传统物流配送的产品超过了客户要求到达的时间,只需支付一部分费用进行赔偿,并没有影响产品自身。但是,冷链物流配送对象大多数是生鲜食品,自身特点决定了配送时间必须及时。一旦生鲜产品配送时间超过了消费者所规定的时间,就会导致产品滞销。如果实际送货时间提前,企业为了确保生鲜产品的质量,就需要进行低温保存。因此,不论是提前还是推迟,都没有保证配送的时效性,有时还会影响到企业的品牌价值。因此,冷链货物对配送时效性有更高的要求。

4. 配送成本较高

冷链物流从运输、储存等环节都必须使用专门的冷藏设备、设施来提供生鲜产品需要的温度和湿度等环境,比如运输冷藏车、湿度转换设备等。冷链物流过程中需要更加专业的设备、设施,冷链配送环节需要较高的条件,所以就增加了成本,其中先进的温度控制装置、专业的冷链人才和专门的冷链设施、设备都增加了冷链产品的成本。除此之外,我国冷链物流技术的发展对比其他国家发展较晚,技术有待完善,所以造成了相对较高的冷链配送成本。

5. 对温度变化敏感

生物学上的呼吸作用、酶的催化作用、化学作用以及物理作用都可能引起冷链货物的变质。当温度不断升高时,冷链货物中的生鲜产品呼吸作用加强,就会加剧食品的腐烂速度;如果温度不断降低,生鲜产品自身酶的活性降低,更严重的,活性被彻底损坏,也会影响运输货物的质量。所以温度的变化对货物影响很大,冷链物流服务对温度的变化很敏感。

(三)冷链物流现状及发展趋势

改革开放以后,我国人均收入水平持续增长,人们对生活品质的要求越来越高。为了改善生活水平、调整饮食搭配,人们在选购商品时更加挑剔,也给相关货物的配送提出了更高的要求。为了应对新形势,政府层面对冷链物流的发展高度重视,近年来支持力度不断加大,在多个文件中提出了健全农产品冷链物流体系,支持冷链物流基础设施建设等要求,督导冷链物流行业的快速完善。例如,2017年4月,国务院办公厅正式公布了《关于加快发展冷链物流保障食品安全促进消费升级的意见》,提出要加快完善冷链物流标准和服务规范体系,制定一批冷链物流强制性标准。2017年8月,交通运输部印发《加快发展冷链物流保障食品安全促进消费升级的实施意见》,提出着力提升设施设备技术水平、健全全程温控体系、优化运输组织模式、强化企业运营监管。2018年4月,商务部办公厅、国家标准化管理委员会联合印发《关于复制推广农产品冷链流通标准化示范典型经验模式的通知》,确定了31个试点城市和285家试点企业参与农产品冷链流通标准化示范。2020年9月,国家卫生健康委员会、国家市场监督管理总局联合发布《食品冷链物流卫生规范》,该规范已于2021年3月实施。

同时,电商平台的崛起无疑成为冷链物流发展的绝佳契机。2016年11月,国务院办公厅印发《关于推动实体零售创新转型的意见》(国办发〔2016〕78号),明确了推动我国实体零售创新转型的指导思想和基本原则。2020年3月,发展改革委员会发布《关于开展首批国家骨干冷链物流基地建设的通知》;同年4月,农业农村部发布《关于加快农产品仓储保鲜冷链设施建设的实施意见》。这些政策的出台,说明了国家对冷链物流发展的支持。近年来,企业以互联网为依托,通过运用大数据、人工智能等先进技术手段,对商品的生产、流通与销售过程进行升级改造,进而重塑业态结构与生态圈,并且线上服务、线下体验以及现代物流进行深度融合的零售新模式——"新零售"得到快速发展。在这种背景下,一方面,互联网有效降低了信息获取的成本,平台商业模式为供需双方提供了直接接触的渠道,降低了企业的销售成本;另一方面,电商交易额的爆发式增长,尤其是生鲜电商逐渐成气候,为冷链物流企业带来了大量订单。当然,随着电商国际化以及"新零售"在生鲜食品行业的快速发展,对物流综合服务能力提出了更高的要求,冷链物流行业也将跟随"新零售"所带来的需求和渠道不断变革演进,包括与互联网大数据结合实现运营升级、与上下游结合实现整个产业链条的整合,以及供应链与其他产业跨界结合衍生新的消费场景等,具有一体化贸易执行能力的冷链供应链企业将快速崛起。

 复习思考题

一、简答题

1. 按运输设备及运输工具分类,现代物流运输方式有哪几种?简述各运输方式的技术经济特征。

2. 运输方式选择的影响因素有哪些?

3. 简述水路运输的组织与流程。

4. 什么是成组运输?成组运输的主要类型有哪些?

5. 什么是冷链运输?它具备哪些特点?

二、填空题

下表五种货物从起点运到终点,选择什么运输方式最合适,请在表中相应的空格内打"√"。

货物	起点至终点	铁路	公路	河运	海运	航空
2箱急救药品	北京—乌鲁木齐					
2吨活虾	郊区—市区					
5000吨大米	武汉—上海					
10万吨原油	科威特—日本					
20万吨煤炭	太原—长沙					

第三章 运输决策分析

> **学习要点**
>
> 掌握运输规划决策分析理论,重点掌握运输合理化决策分析、运输自营与外包决策分析、设备配置及更新策略的分析,了解运输决策定量的其他分析方法。

第一节 运输合理化决策

运输通过转移物品的空间位置,创造了空间效用,是最重要的物流活动之一。运输合理化是人们广泛关注的问题,是实现物流系统优化的关键问题。因此,在进行物流系统设计和管理时,实现运输合理化是一项最基本的任务。

一、合理运输的标志

从物流系统的观点来看,有三个因素对运输合理化来讲是十分重要的,即运输成本、运输速度和运输的一致性。它们被看作是分析运输合理化的重要标志。

(一) 运输成本

运输成本是指为两个地理位置间的运输所支付的款项以及与行政管理和维持运输中的存货有关的费用。物流系统的设计应该利用能把系统总成本降到最低程度的运输,这意味着最低费用的运输并不总是导致最低运输的运输总成本。

(二) 运输速度

运输速度是指完成特定的运输所需要的时间。运输速度和成本的关系,主要表现在以下两个方面:首先,能够提供更快速服务的运输商实际要收取更高的运费;其次,运输服务越快,运输中的存货越少,无法利用的运输间隔时间就越短。因此,选择期望的运输方式时,至关重要的问题就是如何平衡运输服务的速度和成本。

(三) 运输的一致性

运输的一致性是指在若干次装运中履行某一特定的运次所需要的时间与原定时间

或与前几次运输所需要的时间的一致性。它是运输可靠性的反映。多年来,人们已把一致性看作是高质量运输的最重要的特征。如果给定的一项运输服务第一次花费了一天、第二次花费了三天,这种意想不到的变化就会产生严重的物流作业问题。如果运输缺乏一致性,就需要安全储备存货,以防预料不到的服务故障。运输一致性会影响买卖双方承担的存货义务和有关风险。随着控制和报告装运状况的信息新技术的应用,物流经理们可以找到既快捷、又能保持一致性的方法,而速度和一致性相结合则是创造运输质量的必要条件。这是因为时间的价值是非常重要的。

运输管理的目标是使最终的总运输成本达到最低,因此不能只考虑单独一个因素,要根据实际情况,综合考虑多个因素,才能取得好的效果。在物流系统的设计中,必须精确地维持运输成本和服务质量之间的平衡。在某些情况下,低成本和慢运输是令人满意、可以接受的;而在另外一些情况下,快速服务也许是实现作业目标的关键所在。发掘并管理所期望的低成本、高质量的运输,是物流的一项最基本的责任。

二、不合理运输的表现形式

不合理运输是在现有条件下可以达到的运输而未达到,从而造成了运力浪费、运输时间增加、运费超支等问题的运输形式。目前我国存在的主要的不合理运输形式有以下几种。

(一)返程或起程空驶

空车无货载行驶,可以说是不合理运输的最严重形式。在实际运输组织中,有时候必须调运空车,从管理上不能将其看成不合理运输。但是,因调运不当、货源计划不周、不采用社会化运输而形成的空驶,就是不合理运输的表现。造成空驶的不合理运输主要有以下几种原因:

(1)能利用社会化的运输体系而不利用,却依靠自备车送货提货,这往往出现单程重车、单程空驶的不合理运输;

(2)由于工作失误或计划不周,造成货源不实,车辆空去空回,形成双程空驶;

(3)由于车辆过分专用,无法搭运回程货,只能单程实车、单程空回周转。

(二)对流运输

对流运输亦称相向运输、交错运输。同一种货物,或彼此间可以互相代用而又不影响管理、技术及效益的货物,在同一线路上或平行线路上作相对方向的运送,而与对方运程的全部或一部分发生重叠交错的运输称对流运输。已经制定了合理流向图的产品,一般必须按合理流向的方向运输,如果与合理流向图指定的方向相反,也属对流运输。

在判断对流运输时需注意,有的对流运输是不很明显的隐蔽对流。例如不同时间的相向运输,从发生运输的那个时间看,并未出现对流,可能作出错误的判断,所以要注意隐蔽的对流运输。

(三)迂回运输

迂回运输是指可以选取短距离进行运输而不选,却选择路程较长的路线进行运输。

迂回运输有一定复杂性,不能简单处之。只有当计划不周、地理不熟、组织不当而发生的迂回,才属于不合理运输。如果最短距离有交通阻塞、道路情况不好或有对噪音、排气等特殊限制而不能使用时发生的迂回,就不能称为不合理运输。

(四)重复运输

本来可以直接将货物运到目的地,但是在未达目的地之处,或目的地之外的其他场所时就将货卸下,再重复装运送达目的地,这是重复运输的一种形式。另一种形式是,同品种货物在同一地点在运进的同时又向外运出。重复运输的最大弊端是增加了非必要的中间环节,这就延缓了流通速度,增加了费用,增大了货损。

(五)倒流运输

倒流运输是指货物从销地或中转地向产地或起运地回流的一种运输现象。其不合理程度要甚于对流运输,因为往返两程的运输都是不必要的,形成了双程的浪费。倒流运输也可以看成是隐蔽对流的一种特殊形式。

(六)过远运输

过远运输是指调运物资舍近求远,近处有货源不调而从远处调,这就造成可采取近程运输而未采取,拉长了货物运距的浪费现象。过远运输占用运力时间长、运输工具周转慢、物资占压资金时间长,远距离自然条件相差大,又易出现货损,增加了费用支出。

(七)运力选择不当

未利用各种运输工具优势而不正确地选择运输工具造成的不合理现象称为运力选择不当,常见有以下形式。

1. 弃水走陆

在同时可以利用水运及陆运时,不利用成本较低的水运或水陆联运,而选择成本较高的铁路运输或汽车运输,使水运优势不能发挥。

2. 铁路、大型船舶的过近运输

不是铁路及大型船舶的经济运行里程却利用这些运力进行运输是不合理的做法。主要不合理之处在于火车及大型船舶起运及到达目的地的准备、装卸时间长,且机动灵活性不足,在过近距离中利用,发挥不了其运速快的优势。相反,由于装卸时间长,反而会延长运输时间。另外,和小型运输设备比较,火车及大型船舶装卸难度大、费用也较高。

3. 运输工具承载能力选择不当

不根据运程货物数量及重量选择,而盲目决定运输工具,造成过分超载、损坏车辆或货物不满载、浪费运力的现象。尤其是"大马拉小车"现象发生较多,由于装货量小,单位货物运输成本必然增加。

(八)运送方式选择不当

对于货主而言,在可以选择最好运输方式时而未选择,造成运力浪费及费用支出加大,这是一种不合理运输。

例如,应选择整车而未选择反而采取零担托运,应当直达而选择了中转运输等,都属于这一类型的不合理运输。

上述的各种不合理运输形式都是在特定条件下表现出来的,在进行判断时必须注意其不合理的前提条件,否则就容易出现判断的失误。例如,如果同一种产品,商标不同、价格不同,所发生的对流,不能绝对地看成不合理。因为其中存在着市场机制引导的竞争,优胜劣汰,如果强调因为表面的对流而不允许运输,就会引起保护落后、阻碍竞争甚至助长地区封锁的作用。类似的例子,在各种不合理运输形式中都可以举出一些。

以上对不合理运输的描述,主要就形式本身而言,是从微观观察得出的结论。在实践中,必须将其放在物流系统中做综合判断。在不做系统分析和综合判断时,很可能出现"效益背反"的现象,单从一种情况来看,避免了不合理,做到了合理,但这个合理却使其他部分出现不合理。只有从系统角度,综合进行判断才能有效避免"效益背反"现象,从而优化全系统。

三、影响运输合理化的要素

由于运输是物流中最重要的功能要素之一,物流合理化在很大程度上依赖于运输合理化。运输合理化的影响因素很多,起决定性作用的有五方面的因素,称作合理化运输的"五要素"。

(一)运输距离

在运输时,运输时间、运输货损、运费、车辆和船舶周转等运输的若干技术经济指标,都与运距有一定比例关系,运距长短是运输是否合理的一个最基本因素。缩短运输距离无论是从宏观还是从微观角度看都会带来好处。

(二)运输环节

每增加一次运输,不但会增加起运的费用和总运费,而且必然要增加运输的附属活动,装卸、包装等物流活动的各项技术经济指标也会因此下降,所以,减少运输环节,尤其是同类运输工具环节的减少,对合理化运输有促进作用。

(三)运输工具

各种运输工具都有其使用的优势领域,对运输工具进行优化选择,按照运输工具特点进行装卸运输作业,最大限度发挥所用运输工具的作用,是运输合理化的重要一环。

(四)运输时间

运输在物流过程中需要花费较多的时间环节,尤其是远程运输。在全部物流实践中,运输时间占绝大部分,所以,运输时间的缩短对整个流通时间的缩短起到决定性的作用。此外,运输时间缩短,有利于运输工具的加速周转,充分发挥运力的作用;有利于货主资金的周转;有利于运输路线通过能力的提高,对运输合理化有很大贡献。

(五)运输费用

前面已提及运输费用在全部物流费用中占很大比例,运费高低在很大程度上决定整个物流系统的竞争能力。实际上,运输费用的降低,无论对货主企业来讲还是对物流经

第三章 运输决策分析

营企业来讲,都是运输合理化的一个重要目标。运费的判断,也是各种合理化实施是否行之有效的最终判断依据之一。

从上述五要素考虑运输合理化,就能取得良好的效果。

四、运输合理化的措施

长期以来我国劳动人民在生产实际中探索和创立了不少运输合理化的途径,在一定时期内、一定条件下取得了明显的效果。

(一)提高运输工具实载率

实载率有两个含义:一是单车实际载重与运距之乘积和标定载重与行驶里程之乘积的比率,这在安排单车、单船运输时,是作为判断装载合理与否的重要指标的;二是车船的统计指标,即一定时期内车船实际完成货物周转量(以吨千米计)占车船载重吨位行驶千米之乘积的百分比。在计算时,车船行驶的千米数不仅包括载货行驶,也包括空驶的千米数。

提高实载率的意义在于:充分利用运输工具的额定能力,减少车船空驶和不满载行驶的时间,减少浪费,从而求得运输的合理化。

在铁路运输中,采用整车运输、合装整车、整车分卸及整车零卸等具体措施,都是提高实载率的有效措施。

(二)减少动力投入,增加运输能力

这种合理化的要点是,少投入,多产出,走高效之路。运输的投入主要是能耗和基础设施的建设,在基础设施建设已定型和完成的情况下,尽量减少能源投入,是少投入的核心。做到了这一点就能大大节约运费,降低单位货物的运输成本,达到合理化的目的。国内外在这方面的有效措施有以下几条。

1. 多加挂车皮

在铁路机车能力允许的情况下,多加挂车皮。我国在客运紧张时,也采取加长列车、多加挂车皮等办法,在不增加机车的情况下可以增加运输量。

2. 水运拖排和拖带法

竹、木等物资的运输,利用竹、木本身的浮力,不用运输工具载运,采取拖带法运输,可省去运输工具本身的动力消耗从而求得合理;将无动力驳船编成一定队形(一般是纵列),用拖轮拖带行驶,可具有比船舶承载运输量大的优点,求得合理化。

3. 顶推法

顶推法是将内河驳船编成一定队形,由机动船顶推前进的航行方法,其优点是航行阻力小,顶推量大,速度较快,运输成本很低。我国内河货运常采取这种有效方法。

4. 汽车挂车法

汽车挂车的原理和船舶拖带、火车加挂车皮基本相同,都是在充分利用动力能力的基础上,增加运输能力。

(三) 发展社会化的运输体系

运输社会化的含义是发展运输的大生产优势,实行专业分工,打破一家一户自成运输体系的状况。

一家一户的小生产运输方式,车辆自有,自我服务,不能形成规模,且一家一户运量需求有限,难于自我调剂因而经常出现运力选择不当(因为运输工具有限,选择范围太窄)、空驶、不能满载等浪费现象,且配套的接货设施、发货设施、装卸搬运设施也很难有效地运行,所以浪费很大。实行运输社会化,可以统一安排运输工具,避免对流、倒流、空驶、运力不当等多种不合理形式,不但可以追求组织效益,还可以追求规模效益,所以发展社会化的运输体系是运输合理化的非常重要措施。

当前铁路运输的社会化运输体系较为完善,而在公路运输中小生产运输方式非常普遍,是建立社会化运输体系的重点。

社会化运输体系中,各种联运体系是其中水平较高的方式。联运方式充分利用面向社会的各种运输体系,通过协议进行一票到底的运输,有效地打破了一家一户的小生产运输方式,受到了广泛的欢迎。

我国在利用联运这种社会化运输体系时,创造一条龙货运方式。对产、销地及产、销量都较稳定的产品,事先通过与社会运输部门签订协议,规定专门收站和发站、专门航线及运输路线、专门船舶和泊位等,有效保证了许多工业产品的稳定运输,取得了很大成绩。

(四) 开展中短距离铁路公路分流,以公代铁的运输

这一措施的要点,是在公路运输经济里程范围内,或者经过论证,超出通常平均经济里程范围的,也尽量利用公路。这种运输合理化的表现主要有两点:一是对于比较紧张的铁路运输,用公路分流后,可以得到一定程度的缓解,从而加大这一区段的运输通过能力;二是充分利用公路从门到门和在中、短途运输中速度快且灵活机动的优势,实现铁路运输服务难以达到的水平。

(五) 尽量发展直达运输

直达运输是追求运输合理化的重要形式,其对合理化的追求要求是通过减少中转过载换载,从而提高运输速度,省却装卸费用,降低中转货损。直达的优势,尤其是在一次运输批量和用户一次需求量达到了一整车时表现最为突出。此外,在生产资料、生活资料运输中,通过直达,建立稳定的产销关系和运输系统,也有利于提高运输的计划水平,考虑用最有效的技术来实现这种稳定运输,从而可以大大提高运输效率。

特别需要一提的是,如同其他合理化措施一样,直达运输的合理性也是在一定条件下才会有所表现,不能绝对认为直达一定优于中转。这要根据用户的要求,从物流总体出发做综合判断。如果从用户需求量看,批量大到一定程度,直达是合理的;批量较小时,中转是合理的。

(六) 配载运输

这是充分利用运输工具载重量和容积,合理安排装载的货物及载运方法以求得合理

化的一种运输方式。配载运输也是提高运输工具实载率的一种有效形式。

配载运输往往是轻重商品的混合配载,在以重质货物运输为主的情况下,同时搭载一些轻泡货物,如海运矿石、黄沙等重质货物,在上面捎运木材、毛竹等,铁路运矿石、钢材等重物上面搭运轻泡农、副产品等,在不增加运力投入的情况下,在基本不减少重质货物运输的情况下,解决了轻泡货的搭运,因而效果显著。

(七)"四就"直拨运输

"四就"直拨是减少中转运输环节,力求以最少的中转次数完成运输任务的一种形式。一般批量到站或到港的货物,首先要进分配部门或批发部门的仓库,然后再按程序分拨或销售给用户。这样一来,往往出现不合理运输。

"四就"直拨,首先是由机构预先筹划,然后就厂或就站(码头)、就库、就车(船)将货物分送给用户,而无须再入库了。

(八)发展特殊运输技术和运输工具

依靠科技进步是运输合理化的重要途径。例如,专用散装罐车,解决了粉状、液状物运输损耗大、安全性差等问题;袋鼠式车皮、大型半挂车解决了大型设备整体运输问题;"滚装船"解决了车载货的运输问题,集装箱船比一般船能容纳更多的箱体,集装箱高速直达车船加快了运输速度等,这些都是通过用先进的科学技术实现运输合理化的。

(九)通过流通加工提高装载量

有不少产品,由于产品本身形态及特性问题很难实现运输的合理化,如果进行适当加工,就能够有效解决合理化运输问题。例如,将造纸材料在产地预先加工成干纸浆,然后压缩体积运输,就能解决造纸材料运输不满载的问题;轻泡产品预先捆紧包装成规定尺寸,就容易提高装载量;水产品及肉类预先冷冻,就可提高车辆装载率并降低运输损耗,等等。

第二节 运输自营与外包决策

如前所述,运输是生产过程在流通领域的继续,企业的生产过程应包括加工过程和运输过程。那么,随着生产的发展和社会分工的细化,加工过程和运输过程的工作就不一定由一个企业来承担,企业可能把运输业务全部或部分地交给别的企业承担。有三种可供选择的物流方案:运输自营、运输外包和两者结合形式。

一、物流运输外包

(一)物流运输外包的含义

在当前这样一个竞争激烈的世界中,企业要获得竞争优势,必须从企业与环境特点出发,培育自己的核心竞争力。现代管理强调的是把主要精力放在企业的关键业务(核心竞争力)上,充分发挥其优势,同时与全球范围内的合作企业建立战略合作关系,企业中非核心业务由合作企业完成,即业务外包。

一般来说,生产企业的关键业务并不是物流业务,而且物流业务也不是他们的专长。将物流作为核心业务的物流企业,具有丰富的物流运作经验,管理水平也比较高。而新兴的第三方物流企业由于其从事多项物流项目的运作,可以整合各项物流资源,使得物流的运作成本相对较低,物流作业更加高效。生产企业将物流运输业务剥离出来交给物流企业来做,就可以集中精力开展主流业务,发挥竞争优势,这就是所谓的"物流运输外包"。

(二)物流运输外包的意义

1. 业务优势

生产企业可以获得自己本身不能提供的物流服务。生产企业内部的物流系统有时并不能满足其所有的物流服务要求,在许多情况下,它们的顾客所需要的物流服务往往要求具有特别的专业知识和技能,而这方面的要求如果由厂商内部组织来满足往往是十分不经济的,而专业化的第三方物流服务业恰好能提供上述的服务。特别是对于中小企业来说,物流外包可以突破企业资源限制。

2. 成本优势

一方面,物流外包可降低生产企业运作成本。这是因为第三方物流服务业在经营规模、经营范围上的经济性,使其提供的包括劳动力要素在内的物流运作成本降低。此外,由于企业使用外协物流作业,可以避免盲目投资,并可将资金用于更急需的方面。

3. 客户服务优势

由于第三方物流企业在信息网络和配送节点上具有资源优势,这使得它们在提高顾客满意度上具有独到的优势。它们可以利用强大便捷的信息网络来加大订单的处理能力,缩短对客户需求的反应时间,进行直接到户的点对点的配送,实现商品的快速交付,提高顾客的满意度。而且,第三方物流企业具有服务方面的专业能力和优势,可以为顾客提供更多、更周到的服务,加强企业的市场感召力。另外,设施先进的第三方物流企业具有对物流全程监控的能力,通过其先进的信息技术和通信技术加强对在途货物的监控,及时发现、处理配送过程中出现的意外事故,保证订货及时、安全送到目的地,这有助于保证货主货物的安全,同时也能尽量实现企业对顾客的安全、准时送货的承诺。

2002 年,国内知名家电生产企业科龙和小天鹅与中远联手组建了广州安泰达物流有限公司。科龙把物流业务交给安泰达来做,取得了较好的成绩。首先,通过联合招标将科龙旗下冰箱、空调、冷柜及小家电四类产品的干线运输进行整合,与 2001 年同期相比,运输价格整体下降了 9.6 个百分点,仅此一项,每年为科龙节省运输费用支出上千万元。同时,合并各物流公司,人员由原来的 90 多人降低到 60 人;简化工厂运作流程,降低了科龙公司物流运作的管理成本开支,每年节约 700 多万元人民币。其次,在三洋仓库建立冰箱、空调、冷柜及小家电四类产品的配货中心,提高了发货速度和效率,进一步满足了科龙生产及销售的需求。此外,还制定了物流管理标准和仓库安全管理制度,以确保科龙产品的安全,满足物流运作要求。可见,科龙的物流外包实践是比较成功的,外包优势也得以充分体现。

（三）企业运输外包的风险

虽然外包物流的机制是先进的，但是国内生产企业在使用这种模式时，仍然要承担一定风险，这是由生产企业的内外环境决定的。

1. 物流企业素质问题

目前我国物流公司的数目不少，但是良莠不齐。许多物流公司的业务水平、人员素质和经营规模都不高。而就社会生产总体而言，实现供应链管理的生产企业还为数不多，物流并没有渗入到社会生产中去。如果生产企业把运输完全外包给专业的物流运输企业，不一定能达到预期的效果。

2. 企业物流资源处理问题

企业在退出某一行业时，会受到许多因素的阻碍，这些因素被称为退出障碍，沉没成本就是其中之一。所谓沉没成本，就是企业在退出某一行业时，其投资形成的固定资产不能被转卖或只能以低价转卖，造成的不可收回的资本损失。由于各企业都从自身角度出发经营物流活动，因此，从全社会物流资源优化配置的角度看，生产企业建设的物流设施存在着总量过剩、结构失调等问题。有的甚至具有极强的专用性，如企业专用铁路线。当生产企业打算退出物流领域而采取物流外包时，这些物流设施很难或只能以低价转让，给企业带来巨大的沉没成本，形成较高退出障碍。此外，企业退出物流领域时，需要解雇相关的物流部门从业人员。国有企业解雇职工时，需要支付退职金、解雇工资等，在国有企业不景气的情况下，这些费用也构成了生产企业退出物流领域的障碍。

3. 信用风险问题

新制度经济学派的交易成本理论认为，物流活动的外购属于服务贸易，形成市场交易成本的主要原因是信息不对称而导致的信用风险。第三方物流是通过契约形式来规范物流供应商和企业之间关系的。物流服务的行为实际上是一系列委托与被委托、代理与被代理的关系，是完全以信用体系为基础的。生产企业以合同方式将物流活动委托给第三方，第三方为能及时响应顾客要求，又以合同方式汇集了众多仓储、运输合作伙伴。交易和结算主体往往涉及多方面的物流参与者，其中任何一个物流提供者出现信用问题，都将会影响物流服务的效率。在美国，物流企业要对供应商、工厂提供银行出具的信誉程度评估报告，这样在物流委托方出货后，银行就会为其做信用担保，等于物流企业为货品购买了保险，厂家和零售商就都有责任感。而在我国现阶段，一方面，企业普遍存在信用问题；另一方面，缺少一个良好的信用保障体系。信用危机导致送货延迟、错误投递等行为的发生以及生产企业控制物流企业的短期行为，增加了物流服务交易成本。这种成本的增加可能以两种形式表现出来，即物流外包支出增加和企业信誉度下降。

（四）企业运输外包的条件

企业是否将物流业务外包，关键看物流业务对其核心能力的影响程度。如果企业物流业务对其整个核心业务的开展具有决定性的影响，那么即使从成本上分析企业在物流领域没有竞争优势，也不能把物流业务外包出去。沃尔玛公司就是为了控制物流业务而没有把物流业务外包出去。

二、自营物流运输

(一)自营物流的含义

美国物流管理协会(CLM)1985年对物流的定义就是以生产制造企业为对象的,物流是生产企业与生俱来的组织功能,要求企业通过自有物流设备或网络将原材料、产品、半成品送达相应的目的地。生产企业的自营物流有以下两个层次。

(1)传统的自营物流主要源于生产经营的纵向一体化生产企业自备仓库、车队等物流设施,内部设立综合管理部门统一企业物流运作或者是各部门各司其职、自行安排物流活动。在自我运输服务需求满足的情况下,生产企业会把闲置的物流资源提供给原材料供应商、其他生产企业或者消费者服务机构。这种自营物流服务还停留在简单的生产管理环节,对生产企业来说物流活动完全是一种附属产物,而且物流沟通产销、降低成本和改进服务的重要作用没有充分发挥出来。这种传统的自营物流不能带来产品增值效应。

(2)现代自营物流概念是基于生产企业供应链管理思想而提出的,它把企业的物流管理职能提升到战略地位,即通过科学、有效的物流管理实现产品增值,夺取竞争优势。一般是在企业内部设立物流运作的综合管理部门,通过资源和功能的整合,专设企业物流部或物流公司来统一管理企业的物流运作。我国的生产企业基本上还处于第一种情况。但也有不少大型生产企业,如美的公司和海尔集团,拥有企业自己的物流部或将有关物流运作的职能部门通过整合成立了直属的物流公司。

(二)自营物流运输的优点

1. 掌握控制权

通过自营物流运输,企业可以对物流运输系统运作的全过程进行有效的控制。对于企业内部的采购、制造和销售活动的环节,原材料和产成品的性能、规格,供应商以及销售商的经营能力,企业自身可以掌握最详尽的资料。企业自营物流,可以运用自身掌握的资料有效协调物流活动的各个环节,能以较快的速度解决物流活动管理过程中出现的任何问题,获得供应商、销售商以及最终顾客的第一手信息,以便随时调整自己的经营战略。

2. 盘活企业原有资产

我国目前生产企业中73%的企业拥有汽车车队,73%的企业拥有仓库,33%的企业拥有机械化装卸设备,3%的企业拥有铁路专用线。企业选择自营物流的模式,可以在改造企业经营管理结构和机制的基础上盘活原有物流资源,带动资金流转,为企业创造利润空间。

3. 降低交易成本

选择物流外包,由于信息的不对称性,企业无法完全掌握物流服务商完整、真实的资料。而企业选择自营物流,通过内部行政权力控制原材料的采购和产成品的销售,可不必就相关的运输、仓储、配送和售后服务的佣金问题进行谈判,避免多次交易费用以及交易结果的不确定性,降低交易风险,减少交易成本。

4. 避免泄露商业秘密

对于任何一个企业来说,其内部的运营情况都是处于相对封闭的环境下,这不仅是外界对于企业运营了解渠道匮乏的原因,更重要的是企业为了保持正常的运营,特别是对于某些特殊运营环节如原材料的构成、生产工艺等,不得不采取的保密手段。当企业将运营中的物流要素外包,特别是引入第三方来经营其生产环节中的内部物流时,其基本的运营情况就不可避免地向第三方公开。而在某一行业专业化程度高、占有较高市场份额的第三方会拥有该行业的诸多客户,它们正是企业的竞争对手,企业物流外包就可能会通过第三方将企业经营中的商业秘密泄露给竞争对手,动摇企业的竞争力。

5. 提高企业品牌价值

企业自建物流系统,就能够自主控制营销活动,一方面可以亲自为顾客服务到家,使顾客以最近的距离了解企业、熟悉产品,提高企业在顾客群体中的亲和力,提升企业形象,让顾客切身体会到企业的人文关怀;另一方面,企业可以掌握最新的顾客信息和市场信息,从而根据顾客需求和市场发展动向调整战略方案,提高企业的竞争力。

海尔物流是国内成功的自营物流运输的范例。

(三) 自营物流运输的缺点

1. 资源配置不合理

物流活动最主要的环节就是运输和仓储,因此,企业自营物流必须具备与生产能力相符的运输能力和仓储容量。鉴于市场的供需存在着不可预期的波动性,则为企业经营带来一系列的风险。同时,现代物流正在向标准化的方向发展,企业为了保证与供应链上下游的有效链接,必须要改进物流设备,这将加大企业固定资产的投入。如果处于销售旺季,企业运力不足,可能导致企业失去商机,不仅影响销售额的提高,而且还可能在下一波的销售淡季到来时由于产品未及时售出而造成产品积压;如果处于销售淡季,企业的运力和仓储空间就会出现闲置,导致企业资金无法有效利用,在计算固定成本的情况下没有收益。

2. 管理机制约束

物流活动涉及企业生产的方方面面,由于各部门都存在着独立的利益,都追求自身效益的最大化,这给物流活动的有效开展带来麻烦。在我国企业现有经营管理机制下,如何协调各方面的利益,甚至要求某些部门牺牲自身利益以达到企业整体效益的最大化是一件困难的事。如果将物流管理权力提高到各事业部门之上,可能导致原本分布于各环节的物流活动被互相推诿,责任承担不明确;如果把物流管理权力分散在各事业部门,则无法避免个体利益的最大化和整体利益的弱化;如果把物流管理权力放在与各事业部门平行的位置上,则可能导致物流管理要求无法得到有效的执行。

以安泰达物流公司和小天鹅集团的操作实践为例。小天鹅集团下属原运输单位,一直掌握集团的物流业务。2002年,集团出资20%与其他公司合作共同成立安泰达物流公司,打算将企业的物流业务剥离出去,交给安泰达公司来做。但是,接管工作受到运输单位的阻挠,企业内部利益发生冲突,高层领导内部也有诸多分歧。最后经过协商,提出了解决办法:按照"老人老办法,新人新办法"的原则,将某些局部业务留给原下属运输单位继续经营,主要负责原材料采购、省内短途运输和配送,允许对外承接物流活动;由安泰达公司接管所有产品的干线运输业务以及地方仓储和配送业务。2003年,直接运输成本就降低了2000多万元,这还不包括人力成本和效率提高带来的间接成本的减少。这种做法实际上就是企业结合内外环境,采用外包物流和自营物流的混合模式,充分发挥各自的优势,而且随着市场运作不断完善,股份会弱化,企业物流外包将走向成熟。

三、物流外包与自营比较分析及运作

生产企业的物流活动很复杂,它由供应物流、生产物流、销售物流以及废弃物回收利用物流共同构成,是一个环环相扣、运行有序的链条,每个环节都有它的自身价值和特殊性。哪个环节可以自营,哪个环节需要外包完全取决于企业自身的物流处理能力和社会的物流服务能力。目前,中国现代意义上的物流还处于由传统物流向现代物流转型的初级阶段,仍以企业物流为主,企业以自我服务为主。因此,国内生产企业的物流在相当长的时间内还需依靠自己的力量,改善其内部的物流状况,提高自我服务能力。企业物流自营或外包不是静止的,随着外部环境和内部资源条件的发展,物流地位、物流功能发生变化后,其策略亦发生相应的变化。生产企业的物流管理方式可以有多种选择,这取决于企业的生产经营特点和规模。对于物流自理能力不足、规模经济不明显并且物流业务对其核心竞争力影响甚小的中小型生产企业,应该鼓励物流业务外包。在实际操作时,企业可以视自身的具体情况来采购第三方物流服务,既可以是逐步外包也可以是彻底外包。

(一)彻底外包

对于物流资产不多、物流业务较少、物流部门人员少的生产企业,可以将物流业务完全外包,即彻底关闭自己的物流系统,将所有的物流职能转给第三方物流。也可以采用系统接管的方式,即第三方物流公司将企业的物流系统全部买下、接管并拥有企业的物流资产、人员。接管后物流系统依然为企业服务,也可与其他企业共享,以提高效率并分摊管理成本。此外,企业为了控制某些物流业务,可以在其被接管的物流系统中参股或控股这些业务或资产。

(二)逐步外包

对于物流资产较多、人员较多、物流业务较多的企业,一般宜采用逐步过渡的方式,按物流业务与产品或地理区域分步实施。比如,保留仓储将配送外包,或保留配送、仓储将运输外包;或者把企业物流的信息系统外包。此外,企业还可以保留物流资产、人员、业务,只把物流的管理职能外包给专业化的第三方物流公司。总体上讲,物流运输外包与自营的决策要考虑运输外包是否符合企业的发展战略,是否会影响企业核心竞争力和企业物流经济效益。在这三个因素之间的关系上,企业发展战略是企业业务活动的根本性指导方针,在很长一段时间内对物流是否外包具有决定性的影响。同时,企业发展战略还决定着企业核心竞争力的培植和发展。企业核心竞争力是企业生存和发展的基础,物流必须服从、服务于企业核心竞争力。物流经济效益目标则直接取决于企业内外部效

率,有足够实力的物流企业,只要外部市场发育健康、成熟,在比较经济效益的基础上,就可以外包。企业发展战略、企业核心竞争力和企业物流经济效益目标,分别从可能性、服务性和可行性的角度制约物流运输外包。

四、自营与外包的定量分析

从微观角度考虑,可以对运输的自营与外包问题进行定量分析,以便为运输决策提供帮助。如果定量分析模型所考虑的因素比较全面,那么分析结果还是很有价值的。

(一)可以定量化的因素

影响运输自营外包决策的主要因素有企业生产规模、现有运输资源数量、自营运输成本,以及社会专业运输企业的实力等。这里大部分因素都可以量化。

1. 企业的生产规模

企业的生产规模是可以用数字表示的,例如生产多少种产品,每种产品的产量是多少,都可以从生产计划或通过统计和预测的方法得到。

2. 自营运输成本

如果企业要进行自营运输,必须自备或购买运输设备,企业就有了这批固定资产,这就需要开支一笔固定成本;另外,自运还要付出相应的变动成本。设备购置费和这些变动成本数据都可以通过财务核算得到。

3. 专业运输公司的实力

运输外包的对象是专业运输公司,专业运输公司的设备类型和数量、作业人员数量和运输报价,通过调查研究便可得到。

(二)不确定因素

无论是商品市场,还是物流运输市场,都存在许多不确定因素,上述定量因素随市场而发生变化,企业的生产规模、各项成本和运输价格都可能发生变化。

有些数据可以通过对历史资料的统计分析,求出它们的概率分布,这对决策分析有很大帮助。

对于运输问题的不确定性问题,可以采取如下措施:

第一,制定备用和可选方案,一旦运输出现问题,立即启动备选方案;

第二,注意收集、更新有关数据,如燃料价格、承运商的经营状况等,通过对这些数据进行分析,提高对运输问题的预见性;

第三,选择承运商,应进行全面严格的考查分析,不能仅仅基于运输价格进行选择。

(三)定量分析举例

1. 成本分析模型

运输的各项成本费用,可以划分为固定成本和变动成本。所谓固定成本,是指与业务量的多少无关的成本费用。例如企业管理人员的薪金、厂房及机器设备的折旧等,无论经营量多少,这些成本开支往往是固定发生的。所谓变动成本,是指随业务量的多少而增减的成本开支。例如汽车运输中油料费用与运输量的多少有关,则属于变动成本。

所有经营成本都是开支项,如果经营总收入大于总成本,则企业盈利;如果总收入小于总成本,则企业亏损;如果总收入等于总成本,则企业是保本经营。

总成本采用如下公式计算:

$$C=F+VX$$

式中:C——总成本;

F——固定成本;

V——单位变动成本;

X——经营数量。

2. 自运与外运决策问题实例

为了简便起见,这里以单一产品为例说明自运与外运问题决策分析(见例3.1)。如果有多种产品,可综合考虑。

【例3-1】 某工厂的产品要运输,有两种方案可供选择,即自运和外运。如果自己运输,需要添置运输装卸设备,每年将增加设备固定成本12万元;此外,运输每件产品的直接成本为40元。如果外运,即委托社会专业运输公司运输,每件要支付100元。试分析两种方案的选择原则,以及企业应选何种运输方案。

设每年产品运输量为 X,则外运(方案1)的总成本为

$$C_1=100X$$

自运(方案2)的总成本为

$$C_2=40X+120000$$

令两者之差为零,求平衡点:

$$X_0=\frac{120000}{100-40}=2000$$

选择原则:当运输量 X 大于2000件时,宜采用方案2;当运输量 X 小于2000件时,宜采用方案1。

通过对历史资料和企业生产能力的分析预测,该产品运输量的分布如表3-1所示。

表3-1 产品运输量的概率分布

产品运输量 X	1000	1500	2000	2500	3000
概率	0.2	0.25	0.3	0.15	0.1

根据数理统计的原理,产品运输量的期望值为

$$\overline{X}=1000\times0.2+1500\times0.25+2000\times0.3+2500\times0.15+3000\times0.1$$
$$=200+375+600+375+300$$
$$=1850$$

产品运输量的期望值小于2000件,根据前面的选择原则,该企业应当采用运输方案1,即运输外包。

第三节　设备配置与更新策略

生产企业的运输自营或第三方物流企业,都需要配备运输设备及相关设备设施。这就需要分析设备的配备数量和更新时机的问题,本节将介绍排队论中有关设备配置的分析方法。

一、设备配置问题

任何随机服务系统都包括顾客输入、排队和服务三个过程。根据这个共性,产生了处理这些问题的理论——随机服务系统理论,即排队论。如果服务机构大,顾客就方便。如,公共汽车多,乘客就方便;售货员多,顾客购货就方便;修理工人多,机器利用率就高;机场跑道多,飞机起落就方便;装卸工人和设备多,客户装卸就方便……如果服务机构过小,便不能满足顾客需要,并使服务质量降低,影响服务机构的信誉,可能导致失去顾客或经营亏损。然而,如果机构过大,又会造成浪费。如何合理地设计和控制随机服务系统,使它既能满足顾客需要,又能使机构的花费最为经济,这是我们关心的主要问题。

下面通过实例,介绍利用概率分布函数方法求解设备配置问题的步骤。

【例3-2】　某企业的统计数字表明,必要车辆的数量有一定分布,如表3-2所示。

表3-2　必要车辆分布情况

车辆	10 辆以下	10～15 辆	16～20 辆	21～25 辆	26～30 辆	31～35 辆	36～40 辆
频率/(%)	10	20	25	20	15	5	5
频率累计/(%)	10	30	55	75	90	95	100

自备车辆每台每日使用费用为 $C_1=500$ 元,自备车辆每台每日闲置费用为 $C_2=300$ 元,租用车辆每台每日费用为 $C_3=1000$ 元。

设企业配备车辆数为 X 辆,而必要车辆数为 Y 辆。问 X 为多少时,才能使车辆费用达到最小?

当 $Y<X$,即必要车辆数比配置的车辆数少的情况下,所需费用等于运行费与闲置费之和,即

$$C=YC_1+(X-Y)C_2$$

当 $Y \geqslant X$ 时,即必要车辆数比配置车辆数多的情况下,所需费用等于运行费与租车费之和,即

$$C=XC_1+(Y-X)C_3$$

设 $P(Y)$ 为必要车辆数对应的概率,则目标费用为

$$F(X)=\sum_{Y=X+1}^{\infty} P(Y)[XC_1+(Y-X)C_3]$$

可运用微积分求极值方法,并利用等式:

$$\sum_{Y=X+1}^{\infty} P(Y) = 1 - \sum_{Y=1}^{X} P(Y)$$

可以证明,当 $C_1 < C_3$ 时,选取 X 值,使下式成立:

$$\sum_{Y=1}^{X} P(Y) = \frac{C_3 - C_1}{C_2 + C_3 - C_1} \tag{3.1}$$

这时 $F(X)$ 达到极小。注意,只有当 $C_1 < C_3$ 时,即自备车费用比租车费用低时,上面结论才成立。如果租车费用比自备车费用低,即 $C_1 \geq C_3$ 时,则应该尽量多用租车。

把本例的数据代入得最佳配置数 X 对应的概率:

$$\sum_{Y=1}^{X} P(Y) = \frac{C_3 - C_1}{C_2 + C_3 - C_1} \times 100\% = 62.5\%$$

按频率累计数 62.5% 与表 3-2 对照,可知 X 的取值范围在 21 与 25 之间。可进一步用插值方法取 $X=22$(台)。

二、设备更新策略

研究设备更新问题,必须考虑投资的利息或货币成本。考虑这个因素,计算出不同年限的年平均成本,进行比较分析,年平均成本最低的年份就是最佳更新时间。年平均成本的计算公式见式(3.2)。

$$A_n = \left(C - \frac{S_n}{(1+r)^n} + \sum_{k=1}^{n} \frac{C_k}{(1+r)^k} \right) \cdot \frac{r(1+r)^n}{(1+r)^n - 1} \tag{3.2}$$

式中:A_n——第 n 年平均成本;

C——期初购置费;

S_n——n 年后的残值(市场价值);

C_k——第 k 年的操作费用;

r——年利率;

n——设备使用年限。

【例 3-3】 某企业以 14 万元购买一台运输设备,各年度的操作成本及设备残值(即当年该设备的市场价值)如表 3-3 所示。又知资金年利率为 8%,试分析设备更新策略。

表 3-3 运输设备各年度的操作成本及残值

年限(n)	1	2	3	4	5	6	7	8
设备残值(S_n)	10.0	7.6	6.0	4.6	3.4	2.4	1.6	1.0
操作成本(C_k)	2.0	2.2	2.5	2.9	3.4	4.0	4.8	5.5

利用式(3.2)可以计算出第一年的年平均成本:

$$A_1 = \left(C - \frac{S_1}{(1+r)^1} + \sum_{1} \frac{C_k}{(1+r)^k} \right) \cdot \frac{r(1+r)^1}{(1+r)^1 - 1}$$

$$= \left(14 - \frac{10.0}{1+0.08} + \frac{2.0}{(1+0.08)^1} \right) \times \frac{0.08(1+0.08)^1}{(1+0.08)^1 - 1}$$

$$= (14 - 9.2592 + 1.8518) \times 1.08$$

$$= 7.12$$

依此类推,可以计算出各年度的年平均成本,见表 3-4。

表 3-4 年平均成本计算结果

年限(n)	1	2	3	4	5	6	7	8
年平均成本(A_n)	7.12	6.29	5.81	5.58	5.47	5.44	5.48	5.56

计算结果表明,第 6 年的年平均成本最低,因此更新设备最佳时间为第 6 年年底。

第四节 运输问题与线性规划

运输问题是线性规划理论的一个典型应用,本节先介绍线性规划的基本模型和求解方法,然后介绍运输问题的求解。这里所说的运输问题是指面向货物的运输调配问题。

一、线性规划模型及求解方法

(一)线性规划问题的数学表达式

线性规划问题一般可以表示成如下形式:

$$\min. f(x) = \sum_{s=1}^{n} C_s X_s$$

Subject to:

$$\sum_{s=1}^{n} A_{rs} X_s = Q_r \quad (r = 1,2,\cdots,m; X_s \geqslant 0)$$

上述形式可以看作是线性规划的一般表达形式。其中符号"min."表达求极小值,"Subject to:"后面的表达式(等式或不等式)是约束条件。如果线性规划问题求最大值,可取目标函数的负值,使之变成最小问题。事实上目标 $\max. f(x) = \sum C_s X_s$ 与目标 $\min. g(x) = -\sum C_s X_s$ 是完全一致的。

如果约束条件含有不等式,则可加入惰性变量,使之成为等式约束。例如对于约束条件:

$$\sum R_s X_s \leqslant Q_1 \text{ 和 } \sum T_s X_s \geqslant Q_2$$

引进惰性变量 Y_1 和 Y_2,可以把约束条件变为

$$\sum R_s X_s + Y_1 = Q_1 \text{ 和 } \sum T_s X_s - Y_2 = Q_2$$

为了对线性规划问题求解,需要找出一组初始基向量。为此,我们引进 m 个人工变量,$X_{n+1}, X_{n+2}, \cdots, X_{n+m}$,线性规划问题变为

$$\min. f(x) = \sum_{s=1}^{n} C_s X_s + \sum_{s=n+1}^{n+m} M X_s$$

Subject to:

$$\sum_{s=1}^{n} A_{rs}X_s + X_{n+r} = Q_r (r=1,2,\cdots,m; X_s \geqslant 0) \tag{3.3}$$

式(3.3)中 M 是一个很大的正数,它是人工变量对应的价值系数,满足条件:
$$M > \max.\{C_r\}$$

由于人工变量对应的价值系数远比其他变量所对应的价值系数大,所以在求解过程中,人工变量最终取值都为零。

为了使用单纯形法求解线性规划问题,式(3.3)可以列成表格形式,称之为单纯形表(见表3-5)。

表 3-5 单纯形表

C(i) \ P(i)	P \ C	P_1	...	P_n	P_{n+1}	...	P_{n+m}	P_0
		C_1	...	C_n	C_{n+1}	...	C_{n+m}	
$C(1)$	$P(1)$	A_{11}	...	A_{1n}	1	...	0	Q_1
$C(2)$	$P(2)$	A_{21}	...	A_{2n}	0	...	0	Q_2
⋮	⋮	⋮	⋮	⋮	⋮	⋮	⋮	⋮
$C(m)$	$P(m)$	A_{m1}	...	A_{mn}	0	...	1	Q_m
$Z_r - C_r$		Z_1-C_1	...	Z_n-C_n	0	0	...	0	f

表中 $P_1, P_2, \cdots, P_{n+m}$ 表示 $n+m$ 个列向量,它们实际上只是一些符号标志;在变换中,P_s 对应于变量 X_s。$P(1), \cdots, P(m)$ 表示 m 个基向量,它们也只是一些符号标志;$C(1), C(2), \cdots, C(m)$ 表示基向量对应的价值系数。

在初始单纯形表中,基向量 $P(1), \cdots, P(m)$ 为人工变量对应的列向量,即
$$P(r) = P_{n+r} \quad (r=1,2,\cdots,m) \tag{3.4}$$
它们所对应的价值系数均为 M,即
$$C(r) = M \quad (r=1,2,\cdots,m) \tag{3.5}$$
评审因子按如下公式计算:
$$Z_s - C_s = \sum_{r=1}^{m} C(r) A_{rs} - C_s \tag{3.6}$$
不难看出,当 $s \geqslant n+1$ 时,
$$Z_s - C_s = 0 \tag{3.7}$$

(二)单纯形法的求解步骤

对于线性规划问题求解,单纯形法是一种有效的方法。然而针对不同的情况,单纯形法的求解过程也不尽相同。这里介绍一种常用的方法。

单纯形法的求解过程就是对单纯形表的变换过程,基本步骤如下。

(1)检查评审因子 $Z_s - C_s$,如果评审因子有正值,则选最大者所对应的列向量为入基向量,令其为 P_k,即第 k 列向量为入基向量,转入步骤(2)。

如果所有的评审因子为负或零,则停止变换,最优解为
$$X(r) = Q_r \quad (r=1,2,\cdots,m) \tag{3.8}$$

其他 $\qquad X(r)=0$

其中，$Q_1,Q_2,\ldots,Q_m$ 是变换后的 P_0 向量的对应分量，$X(r)$ 为基向量 $P(r)$ 对应的变量。

(2)检查单纯形表的第 k 列，若无正值，则属解无界。如果有大于零的元素，则按最小比值法则确定出基向量，令其为 $P(t)$。最小比值法则就是选择 t，使

$$Q_t/A_{tk}=\min_{A_{rk}>0}\{Q_r/A_{rk}\} \qquad (3.9)$$

(3)用对角顶点法对单纯形表进行变换，变换范围是从单纯形表的第 3 行第 3 列开始，一直至尾端。

为书写方便，我们统一用 Y_{rs} 表示表中的这些元素，下标编号为：$s=1,2,\ldots,n+m+1$；$r=1,2,\ldots,m+1$。

图 3-1 中的矩形有 4 个顶点，对应的 4 个元素 D_1、D_2、D_3、D_4。D_1 为计算元素，它的对角元素是交叉元素 D_3，另两个对角元素为 D_2 和 D_4，所谓对角顶点法，就是第 i 行第 j 列的元素的新值 D_1' 等于其旧值 D_1 减去两个对角元素 D_2、D_4 乘积除以交叉元素 D_3 所得的差值，即

$$D_1'=D_1-D_2D_4/D_3 \qquad (3.10)$$

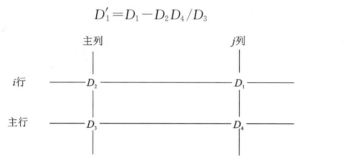

图 3-1　对角顶点元素

首先，将 t 行的元素除以交叉元素，即

$$Y_{ts}'=Y_{ts}/Y_{tk} \qquad (s=1,2,\ldots,n+m+1) \qquad (3.11)$$

变换后的交叉元素

$$Y_{tk}=1$$

然后，其他行的元素(除 k 列外)按对角顶点法进行变换：

$$Y_{rs}'=Y_{rs}-Y_{ts}Y_{rk} \qquad (r\neq t,s\neq k) \qquad (3.12)$$

最后，把 k 列(不含交叉)元素变为零，即

$$Y_{rk}=0 \qquad (r\neq t) \qquad (3.13)$$

变换后，再返回步骤(1)进行迭代。

下面通过例 3-4，说明单纯形法的求解过程。

【例 3-4】　$\min. f(X)=-X_1-2X_2-3X_3$
Subject to：

$$X_1+2X_2+X_3=10$$
$$X_1+2X_2+3X_3=15$$
$$2X_1+X_2+5X_3=20$$

$$X_s \geq 0 \quad (s=1,2,3)$$

引入人工变量 X_4、X_5 和 X_6，线性规划问题变为

$$\min. f(X) = -X_1 - 2X_2 - 3X_3 + MX_4 + MX_5 + MX_6$$

Subject to：

$$X_1 + 2X_2 + X_3 + X_4 = 10$$
$$X_1 + 2X_2 + 3X_3 + X_5 = 15$$
$$2X_1 + X_2 + 5X_3 + X_6 = 20$$
$$X_s \geq 0 \quad (s=1,2,\cdots,6)$$

按前面介绍的方法列出单纯形表(见表3-6)。

表3-6 例3-4的单纯形表

价值系数	价值系数 列向量	-1	-2	-3	M	M	M	P_0
列向量		P_1	P_2	P_3	P_4	P_5	P_6	
M	P_4	1	2	1	1	0	0	10
M	P_5	1	2	3	0	1	0	15
M	P_6	2	1	5*	0	0	1	20
$Z_s - C_s$		$4M+1$	$5M+2$	$9M+3$	0	0	0	$45M$

由表达式(3.4)和(3.5)确定初始基向量和对应的价值系数，即人工变量 X_4、X_5、X_6 对应的列向量 P_4、P_5、P_6 初始基向量，它们对应的价值系数为 M。评审因子 $Z_s - C_s$ 按式(3.6)计算。

检查评审因子，选正值最大者对应的列向量 P_3 为入基向量。在此列中按最小比值法则确定 $P(3)=P_6$ 为出基向量。交叉元素位于第三行第三列，即 $t=3, k=3$，交叉元素 $Y_{tk}=5$。然后按对角顶点法对单纯形表进行变换，变换结果于表3-7中。注意，应用这种变换方法，人工变量将逐次被建立。

表3-7 变换表(1)

		-1	-2	-3	M	M	M	P_0
		P_1	P_2	P_3	P_4	P_5	P_6	
M	P_4	3/5	9/5	0	1	0	0	6
M	P_5	$-1/5$	7/5*	0	0	1	0	3
M	P_6	2/5	1/5	1	0	0	0	4
$Z_s - C_s$		$2M/5 - 1/5$	$16M/5 + 7/5$	0	0	0	0	$9M - 12$

再检查评审因子，选 P_2 为入基向量，$P(2)=P_5$ 为出基向量，然后进行变换。变换结果见表3-8。

表 3-8 变换表（2）

		−1	−2	−3	M	M	M	P_0
		P_1	P_2	P_3	P_4	P_5	P_6	
M	P_4	6/7*	0	0	1			15/7
M	P_5	−1/7	1	0	0			15/7
M	P_6	3/7	0	1	0			25/7
Z_s-C_s		6M/7	0	0	0			15M/7−15

再进行一次变换，以 P_1 为入基向量，$P(1)=P_4$ 为出基向量，变换结果见表 3-9。
因评审因子均为零，故得最优解：

$$X_1 = X_2 = X_3 = 5/2$$

目标函数：

$$f(x) = -15$$

表 3-9 最优解

价值系数	基向量	价值系数 −1	−2	−3	P_0
		P_1	P_2	P_3	
−1	P_1	1	0	0	5/2
−2	P_2	0	1	0	5/2
−3	P_3	0	0	1	5/2
Z_s-C_s		0	0	0	−15

上面我们介绍的方法是以人工变量对应的列向量作为初始基向量，在某些情况下也可以以惰性变量求初始基向量。

【例 3-5】 min. $f(X) = X_1 - 2X_2 + X_3$

Subject to：

$$3X_1 - X_2 + 2X_3 \leqslant 10$$
$$-X_1 + 2X_2 \leqslant 7$$
$$-4X_1 + 3X_2 + 8X_3 \leqslant 12$$
$$X_s \geqslant 0 \quad (s=1,2,3)$$

加入惰性变量 X_4、X_5、X_6，它们对应的价值系数为零，线性规划问题变为
min. $f(X) = X_1 - 2X_2 + X_3 + 0X_4 + 0X_5 + 0X_6$

Subject to：

$$3X_1 - X_2 + 2X_3 + X_4 = 10$$
$$-X_1 + 2X_2 + X_5 = 15$$
$$-4X_1 + 3X_2 + 8X_3 + X_6 = 12$$

$$X_s \geq 0 \quad (s=1,2,\cdots,6)$$

可按前面的方法列出单纯形表,选惰性变量对应的列向量 P_4、P_5、P_6 作为初始基向量,然后进行变换求解。求得最优解为 $X_1=0,X_2=3.5,X_3=0$,函数最小值为 -7。

二、运输问题的最优解

运输问题求解方法有多种,例如线性规划方法、表上作业法(长挠法)和图上作业法(统筹方法)等。在计算机应用已经普及的今天,运用线性规划解运输问题是最简单易行的办法,至于其他两种方法,在实际中采用较少。

(一)运输模型

运输问题是将物品由 m 个起运站运到 n 个目的地。已知由 i 站运到 j 地的单位运费是 C_{ij},并假定运费与两地之间的运量成正比。设 a_i 表示 i 站的供应量,b_j 表示 j 地的需求量。引进变量 X_{ij},它表示从 i 站到 j 地的运量。运输问题可表述为

$$\min. f(X) = \sum_{i=1}^{m} \sum_{j=1}^{n} C_{ij} X_{ij}$$

Subject to:

$$\sum_{j=1}^{n} X_{ij} = a_i \quad (i=1,2,\cdots,m)$$

$$\sum_{i=1}^{m} X_{ij} = b_j \quad (j=1,2,\cdots,n)$$

$$X_{ij} \geq 0$$

如果 $\sum a_i = \sum b_j$,即总供应量等于总需求量,则称为平衡运输问题,否则称为不平衡运输问题。对于不平衡运输问题,可通过一定处理后,使之变为平衡运输问题。

如果 $\sum a_i > \sum b_j$,即总供应量大于总需求量,则可另外增加一个"虚构目的地",令其需求量 $b_{n+1} = \sum a_i - \sum b_j$,并令各起运站到虚构目的地的运费为零。解出后,在最优解中,各站的供应量应减去运往虚构目的地的数值。

如果 $\sum a_i < \sum b_j$,即总供应量小于总需求量,则可另外增加一个"虚构起运站",令其供应量 $a_{m+1} = \sum b_j - \sum a_i$,并令其运至各目的地的运费为零。解出后,在最优解中,各目的地的供应量应减去虚构起运站运达的数值。

(二)求解方法

对于运输问题,一般采用单纯形法求解,具体方法和步骤已在前面介绍过,这里不再列述,下面举例说明。

【例3-6】 有3个起运站、4个目的地,供应量分别为50、50、75,需求量分别为40、55、60、20,各起运站到达目的地的单位运费分别为

$$C_{11}=3, C_{12}=1, C_{13}=4, C_{14}=5;$$

$C_{21}=7, C_{22}=3, C_{23}=8, C_{24}=6;$
$C_{31}=2, C_{32}=3, C_{33}=9, C_{34}=2$

运输问题的原始条件可以用"运输表"表示,运输表有一定的格式,如表3-10所示。可以把运输表作为运输问题的应用模型,应用时只需掌握运输表的格式和内容,至于数学表达式和求解方法,可以作一般性了解即可。

表3-10 运输表

运输成本 起点\终点	1	2	3	4	供应量
1	3	1	4	5	50
2	7	3	8	6	50
3	2	3	9	2	75
需求量	40	55	60	20	

运输问题表述为线性规划形式:

$$\min f(x) = 3X_{11} + X_{12} + 4X_{13} + 5X_{14} + 7X_{21} + 3X_{22} + 8X_{23} + 6X_{24} + 2X_{31} + 3X_{32} + 9X_{33} + 2X_{34}$$

Subject to:

$$X_{11} + X_{12} + X_{13} + X_{14} = 50$$
$$X_{21} + X_{22} + X_{23} + X_{24} = 50$$
$$X_{31} + X_{32} + X_{33} + X_{34} = 75$$
$$X_{11} + X_{21} + X_{31} = 40$$
$$X_{12} + X_{22} + X_{32} = 55$$
$$X_{13} + X_{23} + X_{33} = 60$$
$$X_{14} + X_{24} + X_{34} = 20$$

所有

$$X_{ij} \geq 0$$

用单纯形法解得:

$$X_{13}=50, X_{22}=40, X_{23}=10,$$
$$X_{31}=40, X_{32}=15, X_{34}=20$$

总运费为

$$f(x) = 50 \times 4 + 40 \times 3 + 10 \times 8 + 40 \times 2 + 15 \times 3 + 20 \times 2 = 565$$

案例

某年广东省建材公司运用线性规划安排水泥分配计划,取得了较好的经济效益。与上年相比水泥的运输成本大幅度减少。

表3-11是某年广东省水泥调运的数量和水泥厂到各地、市的单位运输成本,也就是

线性规划问题中的价值系数。对于专业运输部门,如铁路、公路运输部门等,可以用"吨千米"数表示运输成本;而对于物资部门,特别对运输工具不同、中转次数较多物资调运问题,一般用实际运杂费表示运输成本。

表3-11 水泥调运的单位运输成本和供需量

水泥厂 用户	A	B	C	D	E	F	需求量/吨
梅县	59.0			120.0	62.0		7290
汕头	47.1			79.7	49.5		36940
潮州	53.4			86.0	53.9		1090
惠阳	21.8		30.0	62.3	22.2		13140
深圳	21.2	22.0	21.3	50.0	21.6		6080
韶关	30.3	12.6			30.3		12780
肇庆	25.2	43.0	46.0	60.1	29.2		13680
佛山	12.3		21.0	51.0	28.0		16460
江门	21.2		37.0	51.1	28.0		1130
珠海	21.2		37.5	49.0	29.0		3800
湛江	47.1			12.6	47.5	21.0	12720
茂名	59.6			12.5	60.0		335
海口	50.2			50.8	50.2	25.0	10830
三亚	54.3			70.0	54.7	40.0	5950
广州	12.6		12.6	52.1	25.0		22655
供应量/吨	61520	15680	18870	5650	27560	35600	164880

运杂费＝运费＋装卸费＋中途储存费＋损耗

如果水泥厂至某地的运输明显不合理或者不可能的,则这条线路上的运杂费被视为无穷大,表明此路不通,表3-11中的空格就是表明这种情况,计算时可以取一个相当大的正数。

另外,对于某些实际要求,例如某些用户的使用习惯或某些工程的特殊要求,可以通过对运杂费的人为变动加以实现。

运用线性规划中的单纯形法对水泥调运问题进行求解,最优解见表3-12所示。按照这个方案调运,总的运输成本达到最低,等于410.8万元。

表 3-12　水泥调运的最优方案

水泥厂 用户	A	B	C	D	E	F	需求量/吨
梅县	7290	0	0	0	0	0	7290
汕头	1340	0	0	0	0	35600	36940
潮州	1090	0	0	0	0	0	1090
惠阳	0	0	0	0	13140	0	13140
深圳	0	2900	0	0	3180	0	6080
韶关	0	12780	0	0	0	0	12780
肇庆	13680	0	0	0	0	0	13680
佛山	16460	0	0	0	0	0	16460
江门	1130	0	0	0	0	0	1130
珠海	3800	0	0	0	0	0	3800
湛江	6995	0	0	5315	410	0	12720
茂名	0	0	0	335	0	0	335
海口	0	0	0	0	10830	0	10830
三亚	5950	0	0	0	0	0	5950
广州	3785	0	18870	0	0	0	22655
供应量/吨	61520	15680	18870	5650	27560	35600	164880

复习思考题

一、简答题

1. 简述运输合理化的影响因素。
2. 不合理运输主要形式有哪些？
3. 运输合理化的有效措施有哪些？
4. 企业运输外包要考虑哪些因素？
5. 物流自营的含义是什么？运输自营有哪些优点和缺点？

二、计算分析题

1. 某工厂的产品要运往销售地，有两种方案可供选择，即自运和外运。如果自己运输，需要添置运输装卸设备，每年将增加设备固定成本 50 万元；此外，运输每件产品的直接成本为 40 元。如果外运，即委托专业运输公司运输，每件要支付 1000 元。试分析两种方案的选择原则。

2. 某企业的统计数字表明，必要车辆的数量有一定分布，如题表 3-1 所示。

题表 3-1 必要车辆分布情况

车辆	5 辆以下	5～10 辆	11～15 辆	16～20 辆	21～25 辆	26～30 辆
频率/(%)	10	15	20	25	20	10
频率累计/(%)	10	25	45	70	90	100

每台自备车辆每日使用费用为 $C_1=1000$ 元，每台自备车辆每日闲置费用为 $C_2=500$ 元，每台租用车辆每日费用为 $C_3=3000$ 元。

试分析配备车辆数量，使车辆费用达到最小。

3. 某企业以 44 万元购买一台运输设备，各年度的操作成本及设备残值（即当年该设备的市场价值）见题表 3-2 所示。又知资金年利率为 8%，试分析设备更新策略。

题表 3-2 运输设备各年度的操作成本及残值

年限(n)	1	2	3	4	5	6	7	8
设备残值(S_n)	30.0	26.6	20.0	14.0	12.0	9.0	5.0	3.0
操作成本(C_k)	12.0	14.2	16.5	18.9	20.4	24.0	28.0	32.0

案例讨论

百胜餐饮的合理化运输

百胜餐饮集团是全球大型的餐饮集团，在全球 110 多个国家和地区拥有超过 35000 家连锁餐厅和 100 多万名员工。在物流运营过程中，尽可能地降低成本是其经营的策略。对连锁餐饮这个锱铢必较的行业来说，靠物流手段节省成本并不容易，然而，作为肯德基、必胜客等业内巨头指定的物流提供商，百胜餐饮抓住了运输环节大做文章，通过合理地安排运输、降低配送频率、实施歇业时间送货等优化管理方法，有效地使物流成本"缩水"，给业内管理者指出了一条细致而周密的降低物流成本之路。

对于连锁餐饮业来说，由于原料价格相差不大，物流成本始终是企业成本竞争的焦点。有关资料显示，在一家连锁餐饮企业的总体配送成本中，运输成本占 60% 左右，而运输成本中的 55%～60% 又是可以控制的。因此，降低物流成本应当紧密围绕运输这个核心环节。百胜餐饮在运输环节上控制物流成本的措施是围绕以下几个方面展开的。

一、配送任务部分外包

尽管中国百胜餐饮已有 100 多辆车，但是仍然无法满足其所有的配送需求，所以将一部分配送任务外包。百胜餐饮的外包业务遵循如下原则。

(1) 将路程特别远而致车辆无法在一天内返回的任务外包出去。因为百胜餐饮的车辆回程不能载其他公司的货，若配送所花费的时间过长，会提高成本。

(2) 将一些特殊的路线外包出去。例如，百胜餐饮的司机一般不擅长走山路，路线中有山路的部分可以交给别的公司来做。

(3) 对于长途运输，百胜餐饮有时会雇用更熟悉路况的当地运输企业。这种方法能够使公司节省成本，因为它在市场低迷时无须支付卡车及司机方面的成本，而一旦市场反弹,与这类当地企业的长期合作关系则有助于确保有足够的车辆满足公司产品的运输,有助于降低成本。

二、合理进行运输排程

运输排程的意义在于:在满足载重量要求的前提条件下,应尽量做出调整,使得车辆满载,以减少总行驶里程。

由于连锁餐饮业餐厅的进货时间是事先约定好的,这就需要配送中心就餐厅的要求,制订一个类似列车时刻表的排程表,此表是针对连锁餐饮业餐厅的进货时间和路线而详细规划制订的。众所周知,餐厅的销售存在着季节波动性,因此排程表至少有旺季和淡季两套方案。有必要的话,应该在每次营业季节转换时重新审核运输排程表。安排排程表的基本思路是:计算每家餐厅的平均订货量,设计出若干条送货路线,使之能覆盖所有的连锁餐厅,最终达到总行驶里程最短、所需司机人数和车辆数最少的目的。

三、案例点评

运输合理化的影响因素很多。综合来说:第一,企业应尽可能就近运输,避免舍近求远;第二,物流部门应尽量减少装卸、搬运和转运等中间环节,使货物不进入中转仓库,而由产地直达运销地或客户,减少运输环节;第三,要根据不同货物的特点,分别利用铁路、水运或汽车运输,选择最佳的运输路线,并积极改进车船的装载方法、提高技术装载量、使用最少的运力来运输更多的货物,提高运输生产效率;第四,尽量减少客户等待时间使物流工作满足客户需要,让其成为赢得客户满意度的一个重要因素,企业要想方设法加快货物运输,尽量压缩待运期,避免大批货物长期徘徊或停留在运输过程中的现象;第五,积极节约运输成本,提高运输效益。

在日常工作决策中,运输的成本、速度和一致性是最有可能影响运输合理化的三个因素。因为最低的运输费用并不意味着最低的运输成本,最低的运输总成本也并不意味着合理化的运输。运输的合理化关系着其他物流环节设计的合理化。因此,应首先站在整个物流系统一体化的高度,综观全局,再对运输的各个具体环节进行优化,最终实现运输合理化。

讨论:

1. 百胜餐饮物流运作的成功经验给我们带来了什么启发?
2. 通过上面的案例,总结出哪些合理化运输的方法?

第四章　国际货运管理

了解国际货物运输的对象和组织方式,掌握国际货物运输方式的组织流程,掌握国际多式联运的基本条件,了解国际多式联运的主要方式,了解国际多式联运实务。

第一节　概　　述

习近平总书记二十大报告指出:"——我们实行更加积极主动的开放战略,构建面向全球的高标准自由贸易区网络,加快推进自由贸易试验区、海南自由贸易港建设,共建'一带一路'成为深受欢迎的国际公共产品和国际合作平台。我国成为一百四十多个国家和地区的主要贸易伙伴,货物贸易总额居世界第一,吸引外资和对外投资居世界前列,形成更大范围、更宽领域、更深层次对外开放格局。"这对国际贸易和国际货物运输行业提出了全新的要求。

一、国际货物运输的性质和特点

国际货物运输是指在国家与国家、国家与地区之间的货物运输,包括国际贸易货物运输和国际非贸易物品(如展览品、援外物资、个人行李、办公用品等)运输。由于国际货物运输主要是国际贸易货物运输,非贸易物资的运输往往只是贸易物资运输部门的附带业务,所以,国际货物运输通常又被称为国际贸易运输,对国家来说就是对外贸易运输,简称外贸运输。国际货物运输由于运输距离较长,涉及面广,中间环节多,情况复杂多变,加之时间性又很强,所以风险比国内运输要大。为了转嫁运输风险、减少损失,一般进出口货物和工具都要办理运输保险。国际货物运输涉及国际关系问题,在组织国际货物运输过程中,需要经常同国外发生广泛的联系,这不仅仅是经济上的问题,也会牵涉国际政治问题。对于各种运输业务的处理,常常会涉及国际关系问题,是一项政策性很强的工作。因此,从事国际货物运输的人不仅要有经济观念,而且要有国家政策观念。

二、国际货物运输的意义

(1)国际货物运输是国际贸易中不可缺少的重要环节。在国际贸易中,进出口商品在空间上的流通范围极为广阔,没有运输,要进行国际间的商品交换是不可能的。商品成交以后,只有通过运输,按照约定的时间、地点和条件把商品交给对方,贸易的全过程才算最后完成。

(2)国际货物运输是交通运输的重要分支。交通运输可按运输的对象和运送的范围分为国内旅客运输、国际旅客运输、国内货物运输和国际货物运输四类。从世界范围来说,海上运输的绝大部分货运量属于国际货物运输;航空运输中的国际货运量也占有较大的比例;国际货运量在铁路运输中所占比例较小一些,但由于时间紧、运输要求高,常常是优先运送的对象;此外,国际货运量在公路运输中也占有一定的比例,尤其是在国际贸易高度发达、国土面积较小、公路发达的欧洲,国际公路货运占有重要的地位。

(3)国际货物运输能够促进国际贸易的发展。国际货物运输工具不断改进,运输体系结构、经营管理工作逐步完善和日趋现代化:一方面使得开拓越来越多的国际市场成为可能;另一方面,由于交货更为迅速、准时,运输质量更高,运输费用更节省,可以大大提高对外贸易的经济效益,进而使得国际间的经济联系日益加强,国际分工日趋深化,国际贸易愈加发展。

(4)国际货物运输能够促进交通运输的发展。竞争激烈的国际贸易市场,迫使各国的外贸运输部门不断地根据新形势的要求,及时采用和引进国外先进的运输组织技术,开辟新的运输渠道,这就大大加速了交通运输部门对国外先进技术的推广与应用。

(5)国际货物运输是平衡国家外汇收入的重要手段。如前所述,国际货物运输是一种无形的国际贸易,它用于交换的是一种特殊的商品——运输能力。所以,就一个国家来说,投入国际货运的力量越大,效益越高;投入国际市场的商品越多,外汇收入越多。

三、国际货物运输类型

(一)按货物装运方式分类

1. 散装货物

散装货物简称散货,以重量承运,是无标志、无包装、不易计算件数的货物。以散装方式进行运输,一般批量较大,种类较少。

2. 件装货物

件装货物以件数和重量承运,一般批量较少,票数较多,称为件杂货。货物有标志,包装形式不一,性质各异。

3. 成组装货物

成组装货物是指用托盘、网格、集装袋和集装箱等将件杂货或散货组成一个大单元进行运输的货物。

(二)按货物形态的角度分类

1. 包装货物

为了保证货物在装卸运输中的安全,必须使用一些材料对它们进行适当的包装,这种货物就称为包装货物。按货物包装的形式和材料,通常可分为箱装货物、桶装货物、袋装货物、捆装货物和其他形态的包装货物。

2. 裸装货物

不加包装而成件的货物称为裸装货物,如钢材、生铁、有色金属、车辆及一些设备等。它们在运输过程中需要采取防止水湿锈损的安全措施。

3. 散装货物

散装货物指某些大批量的低值货物,不加任何包装,采取散装方式,以利于使用机械装卸作业进行大规模运输,把运费降到最低。散装货物包括干质散装货物和液体散装货物。

(三)按货物重量和体积比例的大小分类

按照货物的重量和体积比例的大小来分,可分为重量货物和体积货物两种。如海运货物根据国际上统一的划分标准,凡1吨重的货物,体积小于1立方米,则称重量货物;凡1吨重的货物,体积大于1立方米时,这种货物就是体积货物,也称为轻泡货物。

此外,还有从货物价值的角度来分,分为低值货物、高值货物和贵重货物。还有从货物运输工具与载量关系来分,分为整箱货物、拼箱货物和零担货物。

四、国际货物运输组织

(一)一般组织机构

世界上国际货物运输的组织机构五花八门、数不胜数,但基本上可以归纳为三个部分,即承运人、货主(也称托运人或收货人)。这两部分的业务组成国际货物运输工作的主体结构。它们之间在工作性质上有区别,在业务上则有着密不可分的关系。

1. 承运人(carrier)

承运人是指专门经营水上、铁路、公路、航空等客货运输业务的交通运输部门,如轮船公司、铁路或公路运输公司、航空公司等。它们一般都拥有大量的运输工具为社会提供运输服务。世界著名航运公司有中远(COSCO)、中外运(SINOTRANS)、海陆-马士基(SEALAND-MAERSK)、日本邮船(NYK)、东方海外(OOCL)等。

2. 货主(cargo owner)

货主是指专门经营进出口商品业务的外贸部门或进出口商。它们为履行贸易合同,必须组织办理进出口商品的运输,是国际货物运输工作中的托运人(shipper)或收货人(consignee)。

(二)运输代理人

运输代理人在国际运输中起着非常重要的作用。由于国际货物运输的业务范围遍布国内外广大地区,涉及面广,头绪多,而且情况复杂,任何一个运输承运人或货主都不可能亲自处理每一项业务,有些工作需要委托货运代理行或运输代理人。运输代理人是指根据委托人的要求,代办货物运输业务的机构。其中有的代理承运人向货主揽取货物,有的代理货主向承运人办理托运,有的兼营这两方面的代理业务。它们属于运输中间人性质,在承运人和托运人之间起着桥梁作用。此外,国际货物运输工作与海关、商检、保险、银行以及包装、仓储等部门也有着较为密切的关系。按照代理业务的性质和范围的不同,可将运输代理分为租船代理、船务代理、货运代理和咨询代理四大类。

1. 租船代理(ship broker)

租船代理又称租船经纪人,它是以船舶为商业活动对象而进行船舶租赁业务的人,它的业务活动是在市场上为租船人(charter)寻找合适运输船舶或为船东(ship owner)寻找货运对象,它以中间人身份使租船人和船东双方达成租赁交易,从中赚取佣金。因此,根据它所代表的委托人身份的不同又分为船东代理人(owners agent)和租船代理人(charters agent)。

2. 船务代理(shipping agent)

船务代理是指接受承运人的委托,代办与船舶有关的一切业务的人。船务代理的业务范围很广,主要包括船舶进出港业务、货运业务、船舶供应业务以及其他业务等。

3. 货运代理(freight agent)

货运代理是指接受货主的委托,代表货主办理有关货物报关、交接、仓储、调拨、检验、包装、转运、订船业务的人。它与货主的关系是委托和被委托关系,在办理代理业务中,它是以货主的代理人身份对货主负责,并按代理业务项目和提供的劳务向货主收取代理费。

4. 咨询代理(consulting agent)

咨询代理是专门从事咨询工作,按委托人的需要,以提供有关咨询情况、情报、资料、信息而收取一定报酬的人。

第二节 国际货物运输方式

一、国际海洋货物运输

海洋运输按航行的区域划分,有沿海运输、近洋运输和远洋运输。通常情况下国际海洋运输主要指远洋运输。

(一)海洋运输的特点

海洋运输之所以被如此广泛运用,是因为它与其他国际货物运输方式相比,有下列明显的优点。

1. 通过能力大

海洋运输不像火车、汽车一样受道路限制,可以利用天然航道,通过能力很大。

2. 运量大

海洋运输船舶的运载能力,远远大于铁路和公路运输车辆。如一艘万吨船舶的载重量相当于250~300个火车车皮的载重量。

3. 运费低

随着海洋运输船舶日趋大型化,规模经济性日益突出,分摊于每货运吨的运输成本很少。在货运成本上,海洋运输只相当于铁路运输的3%或汽车运输的1%。

4. 专业化

为适应货运需要、提高装载能力、加速船舶周转、降低运输成本,现代的船舶发展日趋专业化。如矿砂船、液化天然气船、油船、滚装船、散装船、载驳船和集装箱船发展迅速,它们在专业运输中舱位利用率高,每载重吨经营成本不断下降,经济效益也好。

5. 高速化和自动化

船舶的运行速度不断提高,大大加速了船舶的周转。自动化程度的提高通过驾驶、机舱和装卸等得以展现,降低了航运风险,提高了海运效率。

科学技术将进一步推动运输技术的发展,海洋运输的发展又促进了国际贸易的发展。由于海洋运输技术水平及效率的提高,现代国际贸易更注重交货时间、质量和价格。海运已成为国际贸易的一个重要组成部分。随着分工的细化,货运代理、船舶代理、理货等行业应需而生,作用日益显现。海洋运输虽然有许多优点,也存在不足之处。例如,海洋运输受气候和自然条件的影响大;海洋运输的速度也较慢;行期不易确定;运输风险较大。

(二)进出口货物海运实务

1. 出口海运业务程序

我国的出口贸易合同,多数以 CIF 或 CFR 价格条件成交并采用信用证支付方式。执行这类出口合同的运输业务,涉及的工作环节较多,涉及的面也较广,办理的手续也较复杂。因此,出口企业应根据签订的合同内容,结合货源准备和运输能力两方面的情况,分清轻重缓急,力求做到证、货、船三方面的衔接和综合平衡。

1)落实货证齐备

根据合同及信用证的规定,对应交货物进行清点、加工整理、刷制运输标志及办理申报检验和领证等工作。外贸企业应在检验证书规定的有效期内将货物出运。如需超过有效期装运出口,应向检验检疫局申请延期,并由检验检疫局进行复检合格后才能出口。

常见的检验证书有:

(1)检验证明书(inspection certificate);

(2)品质证明书(quality certificate);

(3)重量证明书(weight certificate);

(4)卫生证明书(sanitary certificate);

(5)兽医证明书(veterinary certificate);

(6)植物检疫证明书(plant quarantine certificate);

(7)价值证明书(value certificate);

(8)产地证明书(origin certificate);

(9)证明其他检验、鉴定工作的"检验证书",如验舱证书、货载衡量检验证书等。

2)托运订舱

托运指出口企业委托货运代理人向承运人或其代理人办理出口运输业务。货主与货运代理人商定装货数量、装运时间、装卸港口、所需舱位、运费、杂费和其他条件以后,向货运代理人出具出口运输代理委托书。

3)准备相关单据

托运时出口企业应准备托运单据,托运单据分成两类:一类为基本单据,即通常每批托运货物都必须具备的单据,主要有托运单、出口收汇核销单、出口货物报关单、商业发票、装箱单以及合同等;另一类为托运其他单据,即基本单据以外根据国家规定,按不同商品、不同业务性质、不同国别地区向海关交验的各类单据。

4)装运

安排工厂(仓库)将货物运往指定区域集港后,配齐报关资料,填上箱号、港区,向海关办理报关手续,在海关验货放行后即可装船。在装船时,应及时了解装船情况,处理意外事故,保证装船质量。

5)制单结汇

货主在货物装船后应按照信用证和合同的规定,制作有关结汇单据,并在信用证有效期内,连同取得的提单一起向所在地外汇银行办理议付结汇手续。

6)通知收货人提货

国外银行收到单据后,一般会通知进口人前来付款赎单,进口人到当地银行付款后,即从银行取得提单和其他单证。船舶到港后,凭正本提单向船东或代理公司换取货物提货单,向海关申办进口手续后,即可到港区提货。

2. 进口海运业务程序

我国的进口货物,一般都按 FOB 价格、即期信用证支付条件成交。进口海运的履行程序一般包括下述步骤。

1)落实货证齐备

进口合同签订后,应按约定期限向银行办理信用证开证手续,并与出口方联系,落实货物是否按合同规定的品质、规格、数量、包装等备齐。

2)准备相关单证

海运进口货物单据一般分为商务单据和船务单据两种。商务单据指买卖双方办理货物交接和货款结算所需的单据,主要有合同、发票、提单、装箱单、重量单、品质证书和保险单等。船务单据指箱单、产地证、商检通关单、许可证等进出口单据以及运输单据。

3)委托租船

订舱进口企业按照承运商品的性质、规格及其他要求与国内港口货运代理及船公司谈妥运价、装运、付款和代理佣金等条件,签订代理运输协议,并在交货期前的 30 天左右将进口订舱联系单交给货运代理,由货运代理向船公司订舱。

4)督促装货

催促出口方按合同规定的时间和所配船只及时装运货物。对数量较大或很重要的进口物资,可派人就地监装或请驻外机构协助监装。如国外出口方要求延期装船,应根据对方提出的理由是否充分,酌情做出适当的处理。

5)保险

按 FOB 或 CFR 条件进口的货物,应由我方办理保险手续。国外装船后,卖方应按合同规定的内容通知我方,俗称装船通知,以便我方及时办理保险和接货等手续。

案例

为了简化投保手续,多年来国内进出口企业与中国人民保险公司均签有预约保险合同。凡海运进口货物由我方在国内保险的,都包括在预约保险范围之内,对于各种商品应保的险别及费率等,在预约保险合同中均有具体规定。进出口企业在收到国外装船通知后,只需将船名、提单号、商品名称、数量、装运港及起运日期等项内容通知保险公司,或直接填写《国际运输预约保险起运通知书》后交保险公司,即作为已办妥投保手续。

6)付款赎单

在我国进口业务中,我方开出的信用证多采取审单后付款的办法,国外出口方在装运后将整套装运单据提交开证银行。开证银行审核单据份数、金额,和信用证规定相符后,再转交进口公司做进一步审核。进口公司审核无误,即应在 3 天内通知银行对外付款;若有不符,则应立即酌情做适当的处理,如拒付全部或部分货款,或要求国外修改单据等。

7)货物交接及报关报验

进口货物到港后,由货运代理负责港口的交接工作。由当地货运代理根据进口单据填写"进口货物报关单",并随附合同副本、发票、提单、装箱单、品质证书、进口许可证及有关减免税文件等单据,在船舶抵达目的港后 14 天内向当地海关办理报关手续。

8)审核账单,正确结算滞期/速遣费

进口企业应认真审核账单和班轮运费清单,并及时支付运费。对我方派船进口的大宗货在国外港口发生的滞期/速遣费,应根据合同(附件)的规定,及时与出口方办理结算,并根据租约规定,与船方办理结算。对在国内港口发生的滞期/速遣费,可通过当地的船务代理公司根据租约或合同规定及时向船方或出口方结算。

9)索赔

进口商品常因品质、数量、包装等不符合合同的规定而需向有关方面提出索赔。根据所造成损失原因的不同,进口索赔的对象主要有三个:出口方、船公司和保险公司。

(三)海运提单(Ocean Bill of Lading,Ocean B/L)

1. 提单的内容

海运提单包括班轮提单和租船合同项下的提单两种。这两种提单的格式不同,其内容也有很大差别。前者除提单正面列有托运人和承运人分别填写的有关货物与运费等记载事项外,背面还印有涉及承运人与货方之间的权利、义务与责任豁免的条款;后者仅在提单正面列有简单的记载事项,并标明"所有其他条款、条件和例外事项按某年某月某日租船合同办理",提单背面无印就的条款。

2. 提单的分类

1)按签发提单时货物是否装船分

按签发提单时货物是否装船来分,有已装船提单(Shipped or On Board B/L)和备运提单(Received for Shipment B/L)。

已装船提单是指货物装船后,由承运人签发给托运人的提单。提单上必须载明装货舱名和装船日期。已装船提单在国际贸易中被广泛使用。

备运提单是指承运人在收到托运货物等待装船期间,向托运人签发的提单。这种提单没有肯定的装货日期,往往不注明装运船舶的名称,因而买方和银行一般不接受备运提单。备运提单如经承运人加注"已装船"字样,并注明所装船的名称、装船日期并签字证明,也可转为已装船提单。

2)按提单有无不良批注分

按提单有无不良批注,可分为清洁提单(Clean B/L)和不清洁提单(Unclean/Foul B/L)。

清洁提单是指货物交运时外表状况良好,承运人未加有关货损或包装不良或其他有碍结汇批注的提单。清洁提单是国际贸易中被广泛采用的提单。

不清洁提单是指承运人加注货物外表状况不良或存有缺陷等批注的提单,如"包装不全""破包"等。

3)按提单收货人抬头分

按提单收货人抬头分类,有记名提单(Straight B/L)、不记名提单(Open B/L)和指示提单(Order B/L)。

记名提单是指在收货人栏内,具体填明收货人名称的提单。它只能由提单上所指定的收货人提货,不能转让,又称为"不可转让提单"。记名提单一般只用于运输贵重物品或有特殊用途的货物。

不记名提单又称"空白提单",是指收货人一栏内不填写收货人名称而留空的提单,提单持有人可不做任何背书即可转让或提取货物。由于这种提单风险大,国际贸易中很少使用。

指示提单是指在"收货人"栏内填写"凭指示"(To order)或"凭××指示"(To order of××)字样,承运人依照该指示交付货物的提单。

 案例

背书是指持票人在票据的背面签字或做出一定的批注,表示对票据做出转让的行为。背书分为以下几种。

(1)空白背书:背书人只签名,不加注。

(2)记名背书:背书人签名后并加注该票转让给指定的人。

(3)限制背书:背书人签名后并加注该票的限制性条件。

提单的背书是仅对于指示提单来说的,其他提单,像记名提单、不记名提单都不用背书。

4)按运输方式分

按运输方式分,有直达提单(Direct B/L)、转船提单(Transshipment/Through B/L)和联运提单(Multimodal Transport B/L)。

直达提单是指货物从装运港装船后,中途不换船而直接运到目的港使用的提单。直达提单上仅列有装运港和目的港的港口名称。

转船提单是指货物须经中途转船才能到达目的港口,由承运人在装运港签发的全程提单。

联运提单是指须经两种或两种以上运输方式(海陆、海河、海空、海海等)联运的货物,由第一承运人收取全程运费后,在起运地签发到目的港的全程运输提单。联运提单虽然包括全程运输,但签发提单的承运人只对自己运输的一段航程中所发生的货损负责,这种提单与转船提单性质相同。

5)按提单的签发日期分

按提单的签发日期可以分为预借提单(Advanced B/L)、倒签提单(Ante-dated B/L)、顺签提单(Postdate B/L)和过期提单(Stale B/L)。

预借提单是指承运人在货物未装船或未装船完毕时签发的提单。在托运人需要提前取得运输单据办理贷款结算手续或派作其他用途时,通常会要求承运人签发预借提单。

倒签提单是指承运人在提单上签注的货物装船完毕的日期早于货物实际装船完毕的日期。这种提单与预借提单一样,通常被认为是非法的和欺诈性的,应禁止使用。

顺签提单指在货物装船完毕后,承运人或其代理人应托运人的要求,以晚于该票货物实际装船完毕的日期作为提单签发日期的提单。如果货物实际装船完毕的日期早于有关合同中装船期限的规定,按实际装船日期签发提单会影响合同的履行时,托运人就可能要求承运人按有关合同装船期限的规定"顺填日期"签发提单。

过期提单指晚于货物到达目的港时间的提单,由于航线较短或银行单据流转速度太慢都会出现这种情况。过期提单影响买方及时提货、转售并可能造成其他损失,因而为防止买方以此为借口而拒付货款,银行一般都拒收过期提单。

6)按提单内容的繁、简分

根据提单内容的繁、简,可分为全式提单(Long Form B/L)和简式提单(Short Form B/L)。

全式提单又称繁式提单,是在提单的背面详细注明承运人和托运人之间各自的权利、义务的提单。

简式提单是只注明承运货物的基本情况和托运人的名称、地址、收货人等基本情况的提单。

7)其他海运提单

集装箱提单(Container Bill of Lading)是指用集装箱装运货物,由承运人签发给托运人的提单。

舱面提单(On Deck Bill of Lading)是指货物装在船舶甲板上运输时所签发的提单,故又称甲板提单。

交换提单(Switch Bill of Lading)是指起运港签发的提单。凭起运港签发的提单,在中途港由承运人的有关代理换取另一套提单用于提货。换发的提单,或将装货人更改为他人,或以中途港作为装运港。

 案例

交换提单的这种做法主要是为了适应贸易上的需要。例如,信用证开证人为防止供货人与收货人直接发生关系,不愿意将实际供货人泄露给其买家而更改装货人,或者因进口国家对起运地国家的货物限制进口而须以中途港作为货物的装运港。

电子提单(Electronic Bill of Lading)是为适应电子商务中的电子信息传递技术(EDI)需要而设计的非书面化提单,承运人在接收发货人货物后给予发货人一个收到货物的电子信息通知,通知内容中还包括一个日后传输电子信息的安全信息,如密码。

二、国际铁路货物运输

国际铁路货物运输是指在两个或两个以上国家铁路运输中,使用一份运送单据,并以连带责任办理货物的全程运送,在由一国铁路向另一国铁路移交货物时,无须发、收货人参加。通过国际上有关国家之间的协商,订立国际铁路货物联运协定或协议,使得相关国家的铁路在货物运输组织上相互衔接,为国际贸易货物的交流提供了一种经济便捷而又安全的运输方式。自新中国成立以来,我国与欧亚有关国家开展的国际铁路货物联运,在我国对外政治、经济和文化交流中发挥着重要的作用。

(一)国际铁路货物联运的优点

1. 简化手续,方便收、发货人

虽然货物在全程运送中要经过多个国家,涉及多次交接甚至多次换装等作业,但作为发货人只需在始发站办理一次性托运手续,即可将货物运抵另一个国家的铁路到站,发货人或收货人无须在国境站重复办理托运的繁杂手续。

2. 便于在国际贸易中充分利用铁路运输的优势

铁路运输具有成本较低,运输连续性强,运输风险小和不易受天气、季节变化的影响等优势。实行国际铁路联运后,参加联运的铁路连成一体,形成国际铁路运输网络,便于发货人根据货物的运输要求,充分利用铁路运输优势和选择运输路径,既可加快其送达速度,又能节省有关费用支出。

3. 可及早结汇

发货人利用国际联运办理完出口货物的托运手续后,即可凭车站承运后开具的有关联运凭证和其他商务单证办理结汇,而无须等到货物到达目的地后才能办理。这样既能保证发货人收取货款,又加速了资金的周转,便于国际贸易的开展,对贸易双方均有利。

4. 促进铁路沿线外向型经济及铁路运输企业的发展

通过开展国际联运,为铁路沿线的外向型经济的发展提供了有利的条件,特别是亚欧第二大陆桥的贯通,为沿线的我国东部地区及中亚国家的经济发展又提供了一次良好的机遇。

(二)国际铁路运输出口货物流程

国际铁路运输出口货物运输组织工作,主要包括计划的编制以及货物的托运、承运、装车、运送和交付。货物的托运与承运的过程即为承运方(铁路)与托运方(发货人)缔结运输合同的过程。发货人按车站指定日期将货物搬入车站或指定货位,经车站根据运单的记载事项查核实货,并确认符合国际联运的有关规定后即予以接收。在发货人付清一切应付运送费用后,车站在所提交运单上加盖车站日期戳。运单在加盖车站日期戳后,即标志承托双方以运单为凭证的运输合同开始生效,参加联运的铁路承运人对货物负有从始运地运送至运单上指定的目的地的一切责任。

(三)国际铁路运输进口货物流程

通过国际铁路运输进口货物,均需办理报关、报检、铁路货物单证的交接等工作。

1. 进口合同资料工作

合同资料是国境站核放货物的重要依据,也是向各有关部门报关、报检的凭证。各进出口公司在对外合同签字后,要及时将一份合同中文抄本寄给货物进口口岸的分支机构。对于由外运公司分支机构接收的分拨小额订货,必须在抄寄合同的同时,按合同内容填附货物分类表单。

2. 进口货物的现场核放工作

进口货物的交接首先是票据的交接,对方交接所将进口货物票据交中方交接后,我方工作人员主动到中方铁路办公处索取我方公司所代理单位的进口货物票据。然后抄制进口货物明细单,查验合同所附带有关进货的材料是否齐全。接着按海关要求填报进口货物报关单,并连同合同及有关证明批件向海关申报放行货物。

3. 进口货物的交付

联运进口货物到站后,铁路根据运单或随附运单的进口货物通知单所记载的实际收货人发出货物到达通知,通知收货人提取货物。收货人接到通知后,必须向车站领取货物并附运送费用。在收货人付清一切应付运送费用后,铁路必须将货物连同运单一起交付收货人。

(四)铁路运输单据(Railway B,B/L)

铁路运单是铁路承运人收到货物后所签发的铁路运输单据。铁路运输分为国际铁路联运和通往港澳地区的国内铁路运输,分别使用国际铁路货物联运单和承运货物收据。

1. 国际铁路货物联运单(International Cargo Agreement Transportation)

该运单为发送国铁路和发货人之间缔结的运输合同,运单签发即表示承运人已收到货物并受理托运;装车后加盖承运日戳,即为承运。运单正本随同货物送至终点站交收货人,是铁路同收货人交接货物、核收运杂费用的依据。运单副本加盖日戳后是卖方办理银行结算的凭证之一。

第四章 国际货运管理

2. 承运货物收据(Cargo Receipt)

内地通过国内铁路运往港澳地区出口货物,一般都委托外贸运输公司承办。货物装车发运后,由外运公司签发一份承运货物收据给托运人,托运人以此作为结汇凭证。承运货物收据既是承运人出具的货物收据,也是承运人与托运人签署的运输契约。

三、国际公路货物运输

(一)国际公路货物运输概述

国际公路货物运输(International Road Freight Transport)是指国际货物借助一定的运载工具,沿着公路跨越两个或两个以上国家或地区的移动过程。目前,世界各国的国际货物运输一般以汽车作为运输工具,所以它实际上也就是国际汽车货物运输。国际公路货物运输有以下几方面的特点:

(1)运量少,机动灵活;

(2)直达性能好,可以实现"门到门"的运输;

(3)适应性较强,受地理、气候条件影响小且运行范围广,可以穿街巷、进山区、到工厂,直接把物资运到仓库、商店、工矿企业等地点;

(4)它既是一个独立的运输体系,也可以广泛地参与到与其他运输方式的联运中,是港口、机场、铁路、车站物资集散的必要手段。

为了统一国际公路货物运输所使用的运输单证和承托双方的责任和权利,联合国所属欧洲经济委员会负责起草了《国际公路货物运输合同公约》,并于1956年5月19日在日内瓦由英国、法国等17个国家参加的会议上一致通过,1961年7月2日生效。该公约共有8章51条,就公约的适用范围、承运人和托运人责任、合同的签订与履行、索赔与诉讼以及连续承运人履行合同等做了较详细的规定。

(二)"浮动公路"运输

"浮动公路"运输是利用一段水运衔接两端陆运,衔接方式采用将车辆开上船舶,以整车货载完成这一段水运,到达另一港口后,车辆开下船舶继续利用陆运的联合运输方式。"浮动公路"运输又称车辆渡船方式,这种联合运输的特点是在陆运水运之间,不需要将货物从一种运输工具上卸下再转换到另一种运输工具上,而仍利用原来的车辆作为货物的载体。这是一种现代运输方式,其优点是两种运输之间有效衔接,运输方式转换速度快,而且在转换时不触碰货物,因而有利于减少和防止货损。受地理环境结构的影响,公路运输在国际贸易运输中的地位不及海运,也不及铁运。但在边境贸易中,公路运输占有重要地位。在国际公路干线网络密集的欧洲国家间,公路运输在国际贸易货运中的地位尤为突出。

(三)大陆桥运输

大陆桥运输(Land Bridge Transport)是指利用横贯大陆的铁路或公路运输系统,作为中间桥梁,把大陆两端的海洋连接起来的集装箱连贯运输方式。一般是以集装箱为运输单位,所以也可以叫作"大陆集装箱运输"。这种运输方式以集装箱为核心,采用水运、铁运/汽运相结合的联合运输方式，它有以下几个优点。

(1) 简化作业手续。大陆桥运输手续简便，可以一次托运，一票到底，一次结汇。货物委托给一个货物运输代理人，该代理人即可帮其办理国际集装箱运输的全程手续。可采用"门到门"的方式，货主一旦委托后，便由承运人负责全程运输，因而对货主来讲大大简便了操作手续，这是货主乐于采用这种方式的重要原因。

(2) 物流速度快。"大陆桥"与海运相比，不仅运输里程大大缩短，而且装卸集装箱的时间也大大减少，再加上铁路运输速度本身就快于海运，因而物流速度大大加快，时间显著缩短。

(3) 物流风险小，时间保证程度高。采用大陆桥运输，受气候、季节的影响较小，而海运常由于气候等自然因素形成的风险延迟船期。

(4) 资金周转速度快、成本低。由于"大陆桥"运输系统健全，结汇速度快，可比海运提前10～15天结汇，有利于资金周转。从成本看，可降低3％～5％。"大陆桥"运输同时极大地减少了行程的迂回，简化了中间环节和包装作业，降低了运输费用。

(5) 运输质量好。由于采用集装箱货物运输，在装卸搬运过程中，只需换装集装箱，而不需搬动箱内的货物，从而大大保证了货物的运输安全，并为简化货物包装、节约包装材料和费用创造了条件。目前，世界上主要有西伯利亚大陆桥运输路线、新亚欧大陆桥运输路线、北美大陆桥运输路线、美国小陆桥运输路线、美国微型陆桥运输路线等，这些都是国际贸易运输的重要渠道。

1. 西伯利亚大陆桥（Siberian Land Bridge，SLB）

西伯利亚大陆桥又称第一亚欧大陆桥，是运用国际标准化组织规格的国际大型集装箱，经过西伯利亚铁路进行的日本—欧洲间的国际多式联运的运输路线。这是当今世界上最长的一条大陆桥运输线，由俄罗斯方面担任总经营人，签发货物过境许可证，签发统一的全程联运提单，承担全部联运责任，以用户委托、承运的接力方式实行联运。这条大陆桥东起纳霍德卡港、东方港等港口，西至荷兰鹿特丹，全长1.3万千米。通过这条路线，比经过好望角和苏伊士运河的海上运输线缩短运距1/3，运费节约20％～25％，运期节省35天左右，这对货主的吸引力很大。

2. 新亚欧大陆桥（New Eurasian Land Bridge）

新亚欧大陆桥又称第二亚欧大陆桥，是在亚欧大陆上的第二条大陆桥，该大陆桥的中国和哈萨克斯坦区段于1992年12月1日正式开通。亚欧第二大陆桥连接大西洋和太平洋两大经济中心带，给中亚地区的振兴与发展创造了新的契机，并已逐步成为我国中西部地区与中亚、中东和欧洲地区之间的新的经济带。东起我国连云港，经陇海铁路到新疆，出阿拉山口至鹿特丹，横贯西亚各国，以及波兰、俄罗斯、德国、荷兰等30多个国家和地区，全线1.08万千米。

案例

与西伯利亚大陆桥相比,新亚欧大陆桥具有以下明显的优势。

(1)地理位置和气候条件优越。整个陆桥避开了高寒地区,港口无封冻期,自然条件好,吞吐能力大,可以长年作业。

(2)运输距离短。新亚欧大陆桥比西伯利亚大陆桥缩短陆上运距 2000 至 2500 千米,到中亚、西亚各国,优势更为突出。一般情况下,陆桥运输比海上运输运费节省 20%~25%,而时间缩短一个月左右。

(3)辐射面广。新亚欧大陆桥辐射亚欧大陆 30 多个国家和地区,总面积达 5071 万平方千米,居住人口占世界总人口的 75%左右。

(4)对亚太地区吸引力大。除我国(大陆)外,日本、韩国、东南亚各国、一些大洋洲国家和我国的台湾、港澳地区,均可利用此线开展集装箱运输。

3. 北美大陆桥(North American Land Bridge)

北美大陆桥是远东至欧洲运输途经北美的大陆桥,包括美国大陆桥和加拿大大陆桥。美国大陆桥运输始于 1967 年,它包括两条路线:一条是连接太平洋与大西洋的路线;另一条是连接太平洋与墨西哥湾的路线。加拿大大陆桥运输于 1979 年开通使用,与美国大陆桥平行,是连接太平洋与大西洋的大陆通道。

4. 美国小陆桥(American Mini-land Bridge)

所谓小陆桥运输,也就是比大陆桥的海—陆—海运输缩短一段海上运输,成为陆—海或海—陆联运方式的运输。美国小陆桥是在 1972 年由美国的船公司和铁路公司联合创办的,它是将日本或远东至美国东部大西洋口岸或美国南部墨西哥湾口岸的货运,由原来的全程海运改为由日本或远东装船至美国西部太平洋口岸或南部墨西哥湾口岸,以陆上铁路或公路作为桥梁把美国东海岸和西海岸与墨西哥湾连接起来。小陆桥运输避免绕道巴拿马运河,可以享受铁路集装箱专用优惠价,降低了运输成本,缩短了运输时间。

5. 美国微型陆桥(American Micro-land Bridge)

所谓微型陆桥运输,就是没有通过整条陆桥,而只利用了部分陆桥区段,是比小陆桥更短的海陆运输方式,又称为半陆桥运输。美国微型陆桥运输是指从日本或远东至美国中西部地区的货运,由日本或远东运至太平洋港口后,再换装铁路或公路续运至美国中西部地区。微型陆桥运输由于在时间、费用等方面优越性更大,因而近几年来发展迅速。

6. 内陆公共点运输(Overland Common Point,O.C.P.运输)

目前,从远东运往美国中部、南部以及墨西哥湾各个港口的集装箱货物一般都经美国内陆运输,因此,远东—美国太平洋岸的集装箱运输实际上已发展到可经由美国太平洋沿岸港口,将集装箱货物运至美国内陆城市,特别是美国中、西部的集装箱均使用多式联运方式。此种运输方式替代原来由收货人、发货人安排的货物从港口经由铁路中转至内陆城市的运输。对货主来说,不仅可节省运输时间,提前交付、接收货物,而且手续简便,在货运量集中时,铁路还可给予货主一定的优惠。这种运输就是 O.C.P. 运输。

 案例

O.C.P. 运输只适用于美国或加拿大内陆区域,所以,货物的最终目的地必须属于 O.C.P. 地区范围。签订贸易合同时应在运输条款中予以明确,同时也要明确是集装箱运输。O.C.P. 运输方式必须经由美国西海岸港口中转,以 CFR/CIF 美国西岸港口作为价格条款。为方便制单结汇,信用证也要做出相应规定:自×××(装运港)至××(美国西部港口)O.C.P.×××(内陆地点)。在 O.C.P. 运输单据中必须注明 O.C.P. 字样。

四、国际航空货物运输

(一)国际航空货物运输概述

国际航空运输是一种新兴的运输方式。一般来讲,国际航空货物运输指一国的提供者向他国消费者提供航空飞行器运输货物并获取收入的活动。航空运输(Air Transport)与海洋运输、铁路运输相比,有运输速度快、运输路程短的特点,适合鲜活易腐和季节性商品的运输;因运输条件好,货物很少产生损伤、变质,适合贵重物品的运输;可简化包装,节省包装费用;航空运输迅速准时,在商品买卖中,有利于巩固现有市场和提高信誉。但航空运输运量小,运输费用高。由于新技术的发展和深化,产品生命周期日益缩短,产品由厚、重、长、大向薄、轻、短、小方向发展。因此,今后适用航空运输的商品将会越来越多,航空运输的作用也会日益重要。

航空货物运输需要基本条件支持,设施设备等主要硬件有以下几个。

(1)航空港站,供航空器停放、起飞、降落、维修,以及确保空港、航空器安全的设施与设备。

(2)供货物进出空港、接收、保管、安排运输、保税、装拆箱、分拨、检验、交付等用途的航空货运站、货物仓库和作业设备。

(3)航空器,包括符合适航条件的客货两用飞机和货运飞机。

(4)航线,即按规定运行的空中交通线,包括飞行的方向、航路的高度和宽度、经停地点和两端港站。跨越国境通达其他国家的航线称为国际航线。

(5)航班,指飞机按预先拟定的时间由始发港站起飞并按照规定的航线经过经停站至终点港站做运输生产飞行的时间编排。航班分为出港和进港航班,或去程和回程航班。

(6)装货器具,包括航空载货托盘、航空集装箱和用于多式联运的国际标准集装箱。

(二)国际航空货物出口程序及主要单证

国际航空货物出口程序是指航空货运公司从发货人手中接货到将货物交给航空公司承运这一过程所需通过的环节、所需办理的手续以及必备的单证。它的起点是从发货人手中接货,终点是把货交航空公司。

1. 托运受理

托运人即发货人。发货人在货物出口地寻找合适的航空货运公司,为其代理空运订舱、报关、托运业务；航空货运公司根据自己的业务范围、服务项目等接受托运人委托并要求其填制航空货物托运书，以此作为委托与接受委托的依据，同时提供相应的装箱单、发票。

2. 订舱

航空货运公司根据发货人的要求及货物本身的特点（一般来说，非紧急的零散货物可以不预先订舱）填写民航部门要求的订舱单，注明货物的名称、体积、重量、件数、目的港、时间等，要求航空公司根据实际情况安排航班和舱位，也就是航空货运公司向航空公司申请运输并预订舱位。

3. 货主备货

航空公司根据航空货运公司填写的订舱单安排航班和舱位，并由航空货运公司及时通知发货人备货。

4. 接单提货

航空货运公司去发货人处提货并送至机场，同时要求发货人提供相关单证，主要有报关单证，如报关单、合同副本、商检证明、出口许可证、出口收汇核销单、配额许可证、登记手册、正本的装箱单、发票等。对于通过空运或铁路等其他运输方式从内地运往境外的出口货物，航空货运公司可以按发货人提供的运单号、航班号及接货地点、接货日期代其提取货物。

5. 缮制单证

航空货运公司审核托运人提供的单证，缮制报关单，报海关审核。

6. 报关

持缮制完的航空运单、报关单、装箱单、发票等相关单证到海关报关放行。海关将在报关单、运单正本、出口收汇核销单上盖放行章，并在出口产品退税的单据上盖验讫章。

7. 货交航空公司

将盖有海关放行章的航空运单与货物一起交给航空公司，由其安排航空运输，随附航空运单正本、发票、装箱单、产地证明、品质鉴定书等。航空公司验收单、货无误后，在交接单上签字。

8. 信息传递

货物发出后，航空货运公司及时通知国外代理人收货。通知内容包括航班号、运单号、品名、数量、重量、收货人的有关资料等。

9. 费用结算

费用结算主要涉及发货人、承运人和国外代理人三个方面，即向发货人收取航空运费、地面运费及各种手续费、服务费，向承运人支付航空运费并向其收取佣金，可按协议与国外代理结算到付运费及利润分成。

（三）出口业务涉及的主要单证

1. 出口货物报关单

出口货物报关单一般由发货人自己填写。一般出口货物填写报关单一式两份，转口

输出货物报关单需要一式三份,需要由海关核销的货物增加一份,并使用专用报关单。

2. 国际货物托运书

国际货物托运书由发货人填写并由其签字盖章,该托运书需要用英文缮制出两份交给航空货运公司。

3. 装箱单及发票

装箱单上应注明货物的唛头、体积、重量、数量及品名等。发票上应注明收货人和发货人的名称、地址以及货物的品名、单价、总价、原产国家等。装箱单和发票都必须由发货人签字盖章。

4. 航空运单

航空运单分为航空总运单和分运单两种,是航空运输中最重要的单据。它是承运人或代理人出具的一种运输合同,但不能作为物权凭证,是一种不可议付的单据。

5. 商检证明

出口货物的商检分为法定商检和合同商检。法定商检是国家为维护出口商品质量,而规定某些商品必须经过商检机构检验并出具检验证单;合同商检是指进口商为保证商品质量而要求出口方出具的商检证单。

6. 出口许可证

凡出口国家限制出口的商品均应向出境地海关交验出口许可证。

我国实行出口许可证管理的商品主要有珍贵稀有野生动植物及其制品、文物、金银制品、精神药物、音像制品等。

7. 出口收汇核销单

我国出口收汇管理办法于1991年1月1日起实施。出口收汇核销单由出口单位向当地外汇管理部门申领,出口报关时交出境地海关审核。

8. 配额许可证

我国自1979年以来,先后与美国、加拿大、挪威、瑞典、芬兰、奥地利以及欧盟签订了双边纺织品贸易协定,这些国家对从我国进出的纺织品的数量和品种进行限制。因此,凡向上述国家出口纺织品必须向有关部门申领纺织品配额许可证。

9. 登记手册

凡以来料加工、进料加工和补偿贸易等方式出口的货物均需向海关交验《登记手册》。

(四)国际航空货物进口程序及主要单证

国际航空货物进口程序是指航空货物从入境到提取或转运的整个过程中所需通过的环节、所需办理的手续以及必备的单证。

1. 到货

航空货物入境后,即处于海关监督之下,相应地,货物存在海关监管仓内。同时,航空公司根据运单上的收货人发出到货通知。若运单上的第一收货人为航空货运公司,则航空公司会把有关货物运输单据交给航空货运公司。

2. 分类整理

航空货运公司在取得航空运单后,根据自己的习惯进行分类整理,其中,集中托运货物和单票货物、运费预付和运费到付货物应区分开来。集中托运货物需对总运单项下的货物进行分拨,对每一份运单的货物分别处理。分类整理后,航空货运公司可对每票货编上公司内部的编号,以便于用户查询和内部统计。

3. 到货通知

航空货运公司根据收货人资料寄发到货通知,告知其货物已到港,催促其速办报关提货手续。

4. 缮制单证

根据运单、发票及证明货物合法进口的有关批文缮制报关单,并在报关单的右下角加盖报关单位的报关专用章。

5. 报关

将制作好的报关单连同正本的货物装箱单、发票、运单等递交海关,向海关提出办理进口货物报关手续。海关在经过初审、审单、征税等环节后放行货物。只有经过海关放行后的货物才能提出海关监管场所。

6. 提货

凭借盖有海关放行章的正本运单到海关监管场所提取货物并送货给收货人,收货人也可自行提货。

7. 费用结算

货主或委托人在收货时应结清各种费用,如国际段到付运费、报关费、仓储费、劳务费等。

(五)进口业务涉及的主要单证

1. 进口货物报关单

进口货物报关单与出口货物报关单格式大体相同。

2. 装箱单、发票

与出口业务的装箱单、发票相同。

3. 航空运单

航空运单是由承运人或代理人出具的一种运输合同。

4. 进口许可证

凡进口国家限制进口的商品,均需申领进口许可证。我国属于进口许可证管理的商品很多,可参阅中国海关总署公布的《实行进口许可证商品目录》。

5. 商检证明

凡进口属于法定商检的商品,均需向海关交验国家商检机构及有关检验部门出具的检验证单。

6. 其他单证

对于其他特殊货物或特殊情况应依海关规定提交不同的文件、证明、单证,如无线电管委会证明、登记手册、减免税证明、保证函、赠送函、接收函等。

五、国际管道运输

(一)国际管道运输概述

管道运输是借助高压气泵的压力将管道内货物输往目的地的一种运输方式。一个多世纪以来,汽油能源的开发促进了管道运输的发展,而管道运输技术的提高又为能源开发创造了条件。管道运输在国内和国际货物运输中起着重要的作用。

 案例

自1861年美国建成世界上第一条输油管道至今,管道运输业已有一百多年历史。管道运输主要用于能源运输,普遍用于石油、天然气运送。煤、磷灰石、铁矿石、铜矿石等固体散装物料的管道运送也正在被开发。在全球运输管道中,输油管道占近40%,输气管道占50%左右,化工和其他管道占约10%。管道运输在世界各国各地区的油田、油港和炼油中心之间起着纽带作用,在原油和油品的进出口贸易中,成为与油轮相辅相成的重要运输方式。

(二)管道运输业在我国的发展

全国陆上油气管道运输的货物周转量巨大,已跻身五大运输业之列,对国民经济的建设和发展发挥了重要作用。与此同时,管道运输技术亦形成了相当独立的专业技术体系。但是,与世界管道运输相比,仍有较大差距:一是管道运输在我国综合运输体系中所占比例太低,管道规模小、覆盖面窄,最适合管道输送的成品油在我国仍然主要靠铁路运输,商用成品油管道运输几乎为零,煤浆管道至今仍未实现零的突破;二是专用于油气管道的钢材、直缝制管、高效泵机组、阀门等几乎都要依赖进口;三是管道技术比较落后。同时,在国家综合运输体系中,管道运输业缺少统一的规划和布局以及与其他运输方式的合理分工。管道运输的发展相对于铁路、公路、水运、航空而言发展较慢。现在涉及管道运输的有陆上石油、海洋石油、石化、煤炭、冶金等部门和企业,各自都在为满足本行业的发展而行动,把适合管道运输的液体、气体、浆体介质运输分割在多个部门进行纵向管理,阻碍了管道运输业的发展。

六、国际集装箱货物运输

(一)国际集装箱货物运输概述

集装箱是一种容器,是具有一定规格强度的专为周转使用的货箱,也称货柜,这种容器和货物的外包装不同,它是进行货物运输、便于机械装卸的一种成组工具。目前,国际标准化组织共规定了5个系列、13种规格的集装箱。现在海运和陆运普遍使用的20英尺(1英尺=0.3084米,下同)和40英尺集装箱,是第一系列中的LC和IA型。集装箱船舶的集装箱装载能力,通常是以能装多少个TEU(Twenty-foot Equivalent Unit)为衡量标准。

TEU,即20英尺标准集装箱,也称国际标准箱单位。通常用来表示船舶装载集装箱的能力,也是集装箱和港口吞吐量的重要统计、换算单位。其规格(宽×高×长)为8英尺×8英尺×20英尺。

集装箱货物运输(Container Transport)是以集装箱作为运输单位进行货物运输的一种现代化的运输方式,它适用于海洋运输、铁路运输及国际多式联运等。集装箱运输之所以如此迅速发展,是因为同传统海运相比,它具有下列优点:

(1)提高装卸效率和港口的吞吐能力,加速船舶周转和港口疏港;
(2)减少货物装卸次数,有利于提高运输质量,减少货损货差;
(3)节省包装费、作业费等各项费用,降低货运成本;
(4)简化货运手续,便利货物运输;
(5)把传统单一运输串联成为连贯的成组运输,从而促进了国际多式联运的发展。

(二)集装箱货物形态及交接方式

集装箱货物在流通过程中可分为两种形态,即整箱货和拼箱货。

整箱货(Full Container Load,FCL)是指由发货人负责装箱、计数、积载并加铅封的货物。一般做法是由承运人将空箱运到工厂或仓库后,在海关人员的监督下,货主把货装入箱内、加封、铅封后交承运人并取得站场收据(Dock Receipt),最后凭站场收据换取提单。

拼箱货(Less Than Container Load,LCL)是指装不满一整箱的小票货物。承运人或代理人接收货主托运的数量不足一整箱的小票货物后,根据货物性质和目的地进行的分类、整理、集中、装箱、交货等工作,均在承运人码头集装箱货运站(CFS)或内陆集装箱转运站进行。

集装箱运输中,根据整箱货、拼箱货的不同,其交接地点可以是装运地发货人的工厂或仓库和交货地收货人的工厂或仓库(Door)、装运地和交货地的集装箱堆场(CY),装运地和卸货地的集装箱货运站(CFS)以及装运港和卸货港的船边(Hook or Rail),因此,集装箱货物的交接方式有以下6种。

1. 门到门交接(Door to Door)

习惯上只有一个发货人、一个收货人,由承运人负责内陆运输,也就是说承运人在发货人工厂或仓库接收货箱后,负责将货箱运至收货人的工厂或仓库。门到门交接的货物是整箱货。

2. 门到场交接(Door to CY)

在发货人的工厂或仓库接收货箱后,由承运人负责运至卸货港集装箱码头堆场交货,目的地的内陆运输则由收货人自己负责安排。门到场交接的货物也是整箱货。

3. 门到站交接(Door to CFS)

在发货人的工厂或仓库接收货箱后,由承运人负责运至目的地集装箱货运站交货,即整箱货接收、拼箱货交付。

4. 门到钩交接(Door to Hook)

在发货人的工厂或仓库接收货箱后,由承运人负责运至卸货港码头,并在船边交货,通常为整箱货。

5. 场到门交接(CY to Door)

在装货港集装箱码头堆场接收货箱,由承运人负责运至收货人工厂或仓库交货,即整箱接收、整箱交付。

6. 场到场交接(CY to CY)

在装货港集装箱码头堆场接收货箱,并将其运至卸货港集装箱码头堆场交货。这种交接方式应用十分普遍。

此外,还有场到站交接(CY to CFS)、场到钩交接(CY to Hook)、站到门交接(CFS to door)、站到场交接(CFS to CY)、站到站交接(CFS to CFS)、站到钩交接(CFS to Hook)、钩到门交接(Hook to Door)、钩到场交接(Hook to CY)、钩到站交接(Hook to CFS)、钩到钩交接(Hook to Hook)。

在以上6种交接方式中,凡涉及Door者,常属于多式联运,且在全集装箱船运输中通常不涉及Hook,因此,海上集装箱班轮运输中,集装箱货物的交接地点通常为CY或CFS,而CY to CY交接方式是最常见的一种。

(三)集装箱进出口程序

1. 集装箱运输出口程序

第一步:订舱。出口公司根据贸易合同事先向船公司(或其代理)办理订舱手续。

第二步:装箱单。船公司确认订舱后,签发装箱单,分送集装箱堆场和集装箱货运站,据以安排空箱和货运交接。

第三步:发送空箱。整箱货运所需的空箱由船公司送交,发货人领取。拼箱货运所需的空箱一般由货运站领取。

第四步:拼箱货装箱。集装箱货运站根据订舱单核收托运货物并签发站场货物收据,经分类整理,然后在站内装箱。

第五步:整箱货装箱。发货人收到空箱后,自行装箱并按时运至集装箱堆场,根据订舱单、装箱单验收并签发站场货物收据。

第六步:集装箱货运交接。站场收据是发货人发货和船公司收货的凭证。

第七步:提单。发货人凭站场收据向船公司换取提单,然后向银行结汇。如果信用证规定需要装箱提单,则应在集装箱装箱后,才能换取装船提单。

第八步:装船。集装箱堆场根据船舶积载计划,进行装船。

2. 集装箱运输进口程序

第一步:货运单证。凭出口港寄来的有关货运单证着手安排工作。

第二步:分发单证。将单证分别送代理、集装箱货运站和集装箱堆场。

第三步:到货通知。通知收货人有关船舶到港时间,便于准备接货,并于船舶到港以后发出到货通知。

第四步:提单。收货人按到货通知,持正本提单向船公司(或代理)换取提货单。

第五步:提货单。船公司(或代理)核对正本无误后,即签发提货单。

第六步:提货。收货人凭提单连同进口许可证至集装箱堆场办理提箱或提货手续。

第七步:整箱交接。集装箱堆场根据提货单交收货人集装箱并与货主代表办理设备交接手续。

第八步:拆箱交接。集装箱货运站凭提单交货。

(四)集装箱运输的主要货运单证

集装箱运输货运单证与传统运输的货运单证不同,主要包括以下几种。

1. 订舱单

订舱单是承运人或其代理人在接受发货人或货物托运人的订舱时,根据发货人的口头或书面申请货物托运的情况据以安排集装箱货物运输而制订的单证。该单证一经承运人确认,便作为承、托双方订舱的凭证。

2. 集装箱装箱单

集装箱装箱单是详细记载集装箱和货物名称、数量等内容的单据,每个载货的集装箱都要制作这样的单据。不论是由货主装箱,还是由集装箱货运站负责装箱,集装箱装箱单是详细记载每个集装箱内所装货物情况的唯一单据。所以,这是一张极其重要的单据,装箱单内容记载准确与否,与保证集装箱货物的安全运输有着密切的关系。

3. 码头收据(场站收据、港站收据)

码头收据一般由发货人或其代理人根据公司已制订的格式填制,并随货物一起运至集装箱码头堆场,由收货人在收据上签字后交还给发货人,证明托运的货物已收到。

4. 集装箱提单

普通船舶的货运提单是在货物实际装船完毕后经船方在收货单上签字,表明货物已装船,发货人凭经船方签署的收货单(大副收据)去船公司或其代理公司换取已装船提单。而集装箱提单则应以码头收据换取,它同普通船舶运输所签发的提单不同,是一张收货待运提单。所以,在大多数情况下,船公司根据发货人的要求,在提单上填注具体的装船日期和船名后,该收货待运提单也便具有了已装船提单同样的性质。

(五)集装箱运输的有关法规

联合国政府间海事协商组织曾于1972年在日内瓦召开国际集装箱运输会议,通过了《1972年集装箱关务公约》和《国际集装箱安全公约》,对集装箱箱体本身的问题如集装箱的结构、种类、标志等做了详细的规定。1981年《国际集装箱安全公约》对我国生效。此外,有关海运提单问题的《汉堡规则》,以及1980年联合国通过的《联合国国际货物多式联运公约》都对集装箱运输的有关问题做了专门规定。

第三节　国际多式联运

一、国际多式联运概述

(一)国际多式联运的定义

国际多式联运(International Multimodal Transport)是在集装箱运输的基础上产生和发展起来的一种综合性的连贯运输方式,它一般是以集装箱为运输单元,把海、陆、空各种运输方式有机地组合在一起构成连续的、综合性的一体化货物运输。《联合国国际货物多式联运公约》对国际多式联运所下的定义是:"按照国际多式联运合同,以至少两种不同的运输方式,由多式联运经营人将货物从一国境内的接管地点运至另一国境内指定交付地点的货物运输。"

(二)国际多式联运的主要条件

根据以上描述,可以得出构成国际多式联运的主要条件。

(1)要有一个多式联运合同。即在合同中明确规定多式联运经营人(承运人)和托运人之间的权利、义务、责任、豁免的合同关系和多式联运的性质。

(2)必须使用一份全程多式联运单据。即证明多式联运合同以及证明多式联运经营人已接管货物并负责按照合同条款交付货物所签发的单据。

(3)必须是至少两种不同运输方式的连贯运输,这是确定一票货运是否属于多式联运的重要特征。

(4)必须是国际间的货物运输,这是区别于国内运输是否符合国际法规的限制条件。

(5)必须由一个多式联运经营人对全程的运输负总的责任,这是多式联运的一个重要特征。由多式联运经营人去寻找分承运人,实现分段的运输。

(6)必须是全程单一运费费率。多式联运经营人在对货主负全程责任的基础上,制订货物发运地至目的地的全程单费率,并一次向货主收取。

(三)国际多式联运的优点

国际多式联运以其将各种运输方式有机结合的特殊优势,在当今运输业的发展中正扮演着重要角色。与传统运输相比,开展国际多式联运具有许多优越性,主要表现在以下几个方面。

1. 提高运输组织水平,实现合理化运输

由不同的运输经营人共同参与多式联运,其经营的范围可以大大扩展,同时可以最大限度地发挥其现有设备的作用,集中发挥各种运输方式的优点,改善不同运输方式间的衔接工作,选择最佳运输路线,组织合理化运输。

2. 手续简单统一,节省人力物力

在国际多式联运方式下,所有运输事项均由多式联运经营人负责办理。而托运人只需办理一次托运，订立一份运输合同，一次支付费用，一次保险，从而省去托运人许多不便。一旦运输过程中发生货损、货差，由多式联运经营人对全程运输负责，从而也可简化理赔手续，减少理赔费用。

3. 缩短货物运输时间，提高货物运输质量

在国际多式联运方式下，各种运输环节和各种运输工具之间密切配合，衔接紧凑，中转迅速、及时，大大减少货物的在途停留时间。同时，多式联运是通过集装箱进行直达运输，货损货差事故大为减少，在很大程度上提高了货物的运输质量。

4. 降低运输成本，节省各种支出

由于多式联运可以实现"门到门"运输，因此，对货主来说，在货物交由第一承运人以后即可取得货运单证，并据以结汇，从而提前了结汇时间。这不仅有利于加速货物占用资金的周转，而且可以减少利息的支出。此外，由于货物是在集装箱内进行运输的，可相应地节省货物的包装、理货和保险等费用的支出。

5. 有利于政府管理部门的监管

从政府的角度来看，发展国际多式联运有利于加强政府部门对整个货物运输链的监督与管理，保证本国在整个货物运输过程中获得较大的运输收入分配比例，同时也有助于引进国外先进的运输技术。

二、国际多式联运的方式

国际多式联运是采用两种或两种以上不同运输方式进行联运的运输组织形式，包括海陆、陆桥、海空等。这种运输组织形式可以综合利用各种运输方式的优点，充分体现社会化大生产和大交通的特点。

（一）海陆联运

海陆联运是国际多式联运的主要组织形式，也是远东和欧洲多式联运的主要组织形式之一。目前，组织和经营远东与欧洲海陆联运业务的主要有班轮公会的国际航运公司，以及非班轮公会的中国远洋运输公司等。这种组织形式以航运公司为主体，签发联运提单，与航线两端的内陆运输部门开展联运业务，与大陆桥运输展开竞争。当今世界主要的海陆联运路线有：北美至欧洲的大西洋航线；北美至亚洲的太平洋航线和欧洲至远东的地中海—苏伊士运河—印度洋航线。其中，欧洲—远东航线为国际多式联运中业务最繁忙、联运经营人参与数量最多的路线。

（二）陆桥运输

在国际多式联运中，陆桥运输起着非常重要的作用。它是远东和欧洲多式联运的主要组织形式之一。所谓陆桥运输是指采用集装箱专用列车或卡车以横贯大陆的铁路或公路作为中间"桥梁"，使大陆两端的集装箱海运航线与专用列车或卡车连接起来的一种连贯运输方式。严格地讲，陆桥运输也是一种海陆联运形式，但比起单纯的海上运输，陆桥运输能缩短运输距离、节省运输时间、降低运输成本。世界上主要的陆桥运输路线如前文所述。

(三)海空联运

海空联运是一种新兴的国际多式联运形式。在运输组织方式上,海空联运与陆桥运输有所不同。陆桥运输在整个货运过程中使用的是同一个集装箱,不用换装,而海空联运的货物通常要在航空港换入航空集装箱,不过,两者的目标是一致的,即以低费率提供快捷、可靠的运输服务。

海空联运方式始于20世纪60年代,但到了20世纪80年代才得以迅速发展。它充分利用了海运的经济性与空运的快捷性,正成为一种具有广泛发展潜力的新的多式联运形式。

以下三条国际海空联运线为主要航线。

1. 远东—欧洲

目前,远东与欧洲间的航线有以温哥华、西雅图、洛杉矶为中转地,也有以中国香港、曼谷、符拉迪沃斯托克(海参崴)为中转地的,此外还有以旧金山、新加坡为中转地的。

2. 远东—中南美

近年来,远东至中南美的海空联运发展较快,因为此处港口和内陆运输不稳定,所以对海空运输的需求很大。该联运航线以迈阿密、洛杉矶、温哥华为中转地。

3. 远东—中近东、非洲、澳洲

这是以中国香港、曼谷为中转地至中近东、非洲的运输。在特殊情况下,还有经马赛至非洲、经曼谷至印度、经中国香港至澳洲等联运航线,但这些线路货运量较小。总的来说,运输距离越远,采用海空联运的优越性就越大。因为同完全采用海运相比,其运输时间更短;同直接采用空运相比,其费率则更低。

三、国际多式联运经营人及其责任形式

多式联运承运人(Combined Transport Operator, C. T. O)和多式联运单证(Combined Transport Document, C. T. D)两个概念是多式联运的核心要素。因为,由单一的合同主体来完成连续的接运,是当前以国际大型集装箱运输为中心的国际多式联运最主要的特点。

(一)国际多式联运经营人

多式联运公约对多式联运经营人的性质定义如下:"多式联运经营人是指其本人或通过代其行事的他人订立多式联运合同的任何人,他是委托人,而不是发货人的代理人和参加多式联运的代理人或代表他们行事。他承担履行合同的责任。"也就是说,多式联运经营人不是发货人的代理或代表,也不是参加联运的承运人的代理或代表,而是多式联运的当事人,是一个独立的法律主体,分别与货主和分承运人订立运输合同。对于货主来说,他是货物的承运人,对货物运输承担完全的责任;但对分承运人来说,他又是货物的托运人,分承运人对其负责,所以他具有双重身份。作为货主和分承运人之间的中介,多式联运经营人成为支撑整个国际多式联运高效运作的关键。

国际上承办多式联运业务的一般都是规模较大的货运公司或货运代理,具有一定的

运输设备和设施,如车辆、仓库等,并与货主和各类运输公司都有密切的业务关系。国际上称这种企业为无船公共承运人(Non-Vessel Operating Common Carrier,NVOCC)。

(二)国际多式联运经营人应具备的条件

(1)必须具有经营管理的组织机构、业务章程和具有企业法人资格的负责人,能够与发货人或其代表订立多式联运合同。

(2)为确保联运单证作为有价证券的流通性,国际多式联运经营人必须在国际运输中具有一定的资信或令人信服的担保。

(3)必须具有与经营业务相适应的自有资金。

(4)必须能承担多式联运合同中规定的与运输和其他服务有关的责任,因此必须具备相适应的技术能力、专业队伍、服务网络、必要的设备和设施等。

(三)国际多式联运经营人的责任形式

国际多式联运经营人的责任期,是从接收货物之时起到交付货物之时为止。在此期间,他对货物负全程运输责任,但在负责范围和赔偿限额方面,根据目前国际上的做法,可分为以下三种类型。

1. 统一责任制(Uniform Liability System)

在统一责任制下多式联运经营人对货主负不分区段的统一责任。即货物的损失,包括隐蔽损失(即损失发生的区段不明),不论发生在哪个区段,多式联运经营人按统一原则负责,并一律按约定的限额赔偿。

2. 网状责任制(Network Liability System)

网状责任制是指由多式联运经营人就全程运输向货主负责,但各区段或各运输方式适用的责任原则和赔偿方法仍根据该区段或运输方式的法律予以确定的一种制度。

3. 修正统一责任制(Modified Uniform Liability System)

修正统一责任制,是介于上述两种责任制之间的责任制,故又称混合责任制,也就是在责任范围方面与统一责任制相同,在赔偿限额方面与网状责任制相同。

(四)国际多式联运实务

1. 业务流程

国际多式联运一般以集装箱作为运输容器,所以其业务流程也是以集装箱运输的业务流程为基础的。多式联运的主要业务程序如图 4-1 所示。

2. 多式联运单证

多式联运单证(Multimodal Transportation Documents)是指多式联运经营人在收到货物后签发给托运人的单据,是多式联运合同的证明,是多式联运经营人接管货物并保证按照合同条款交付货物的证明,也是货物抵达目的地后收货人提取货物的提单。

1)多式联运单证的内容

多式联运公约中规定,单证的主要内容包括以下几个部分。

(1)货物种类、识别货物所必需的主要标志、对危险货物危险特性的明确声明、包数

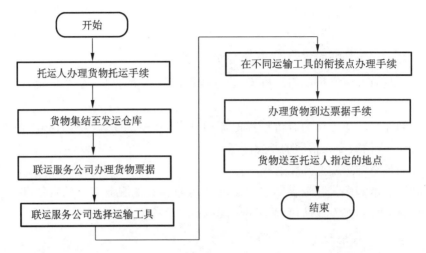

图 4-1　多式联运的主要业务程序

或件数、货物的毛重或以其他方式表示的数量等。

(2) 货物外表状况。

(3) 多式联运经营人的名称和主要营业地。

(4) 发货人名称。

(5) 收货人名称。

(6) 多式联运经营人接管货物的地点和日期。

(7) 交货地点。

(8) 在交付地点交货的日期或期间,如双方有明确协议。

(9) 表示该多式联运单证为可转让或不可转让的声明。

(10) 多式联运单证的签发地点和日期。

(11) 多式联运经营人或经其授权的人的签字。

(12) 如双方有明确协议,每种运输方式的运费,或者应由收货人支付的运费,包括用以支付的货币,或者关于运费由收货人支付的其他说明。

(13) 预期经过的路线、运输方式和转运地点,如在签发多式联运单证时已经确知。

(14) 遵守多式联运公约各项规定的声明。

(15) 如不违背多式联运单证签发的国家的法律,双方同意列入多式联运单证的任何其他事项。

以上是多式联运单证的必要内容,在实际运输业务中可根据双方商谈的结果加注其他项目。单证内容由发货人填写,多式联运经营人进行核对后签发。在运输过程中发生货物损坏或丢失后,单证里所填写的货物情况是托运人向多式联运经营人索赔的依据,因此,发货人在填写单证时务必保证内容真实、准确、完备。

2) 多式联运单证的签发形式

多式联运单证的签发形式主要有以下两种。

(1) 可转让的多式联运单证。这类单证由多式联运经营人签发后,可在不同的收货人之间转让,多式联运经营人向实际持有单证的收货人交付货物。在转让形式上又具体分为两种：一种在单证上注明了向持单人交付，则转让时无须背书，多式联运经营人向单证的最终持有人无条件交付货物；另一种在单证上注明了按指示交付，则转让单证时需进行背书注明受让方，未进行背书的转让无效。和普通海运提单一样，转让背书无须经过单证签发人即多式联运经营人同意。

(2) 不可转让的多式联运单证。此类单证在签发时注明了指定的唯一收货人，并标明"不可转让"的标记。多式联运经营人在交付货物时，无论单证是否背书都只能向单证上最初指定的收货人交付货物。

3. 多式联运合同

多式联运合同一般指货物托运人与多式联运经营人就运输对象全程联运达成的协议。在《联合国国际货物多式联运公约》中对国际多式联运合同的定义是："多式联运合同是经营人凭以收取运费，负责完成或组织完成国际多式联运的合同。"在国际上，这种合同一般是不正式的(没有书面文本)，是以多式联运单据(多式联运提单)来证明的。

复习思考题

简答题

1. 国际货物运输代理人有哪几类？试比较他们的区别。
2. 简述海运提单的类别及各自的含义。
3. 简述"浮动公路"运输的特点。
4. 目前世界上主要的大陆桥有哪几条？各有何特点？
5. 集装箱货物的交接方式有哪几种？
6. 简述国际多式联运的主要形式。
7. 简述国际多式联运经营人的责任形式。

案例讨论

新亚欧大陆桥的艰难发展

一、现状——长期客户大量流失

新亚欧大陆桥客户流失严重。2003年3月份以来，日、韩长期客户METRO、FIRST、EXPRESS、DONGSU SHIPPING等已相继流失到西伯利亚大陆桥。新亚欧大陆桥运输业务的发展近几年处于萎缩状态。尤其严重的是，俄罗斯铁路正在争取新亚欧大陆桥的最大客户——乌兹别克大宇汽车配件改配西伯利亚大陆桥东方港——千肯特专列。如果此客户流失，新亚欧大陆桥运输总量将下降30%。

尽管韩国、日本、中国到中亚国家的货物走新亚欧大陆桥比西伯利亚大陆桥近3000多千米，到欧洲的货物走新亚欧大陆桥比海运缩短距离上万千米，但韩国92%的货物、日本70%的货物仍然选择西伯利亚大陆桥，中国沿海地区的广东、浙江、上海、山东等省市50%以上的货物到俄罗斯选择西伯利亚大陆桥。题图4-1为两条大陆桥的运行路径示意图。

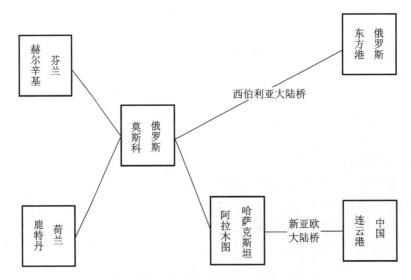

题图 4-1 两条大陆桥的运行路径示意图

二、新亚欧大陆桥的优势与劣势

(一)运距有优势

和西伯利亚大陆桥相比,新亚欧大陆桥总运距缩短 2000~2500 千米。

(二)新亚欧大陆桥的劣势

虽然运距有优势,但在运费、在途时间、日均运行距离方面却无法与西伯利亚大陆桥和海运相比,在这些方面是缺乏竞争力和吸引力的,见题表 4-1。因此,新亚欧大陆桥开通十几年来短途运输多,长途运输少。

题表 4-1 两桥"桥头堡"到各主要城市运距、运价和运行时间比较

起点\终点	阿拉木图	莫斯科	鹿特丹	赫尔辛基
运距(千米)				
连云港	5300	8400	10900	9040
东方港	6300	9190	12200	9830
运价(美元/TEU)				
连云港	1100~1200	1645	3445	1701
东方港	1000~1100	700	2500	800
运行时间(天)				
连云港	8~12	26	30	28
东方港	5~8	10	14	12

1. 运价上的劣势

我国铁路段运费为 0.142 美元/箱千米,西伯利亚大陆桥运费为 0.06 美元/箱千米,再加上中哈过境换装费较高,铁路段运费每箱比西伯利亚大陆桥高 160 美元左右。对于高峰时利用新亚欧大陆桥年运输汽车配件 1.7 万 TEU 的乌兹别克"大宇",一年就要多

付运费近300万美元。

2.运行时间上的劣势

列车运行速度慢、换装站基础设施薄弱、货物流通能力弱是新亚欧大陆桥的另一大硬伤。亚欧大陆桥从连云港到莫斯科平均运行26天,到鹿特丹需要30天,而西伯利亚大陆桥的运行时间分别是10天和14天。在国际贸易中,运输的速度因素越来越重要。新亚欧大陆桥因为速度流失了多少客户没有进行过统计,但业内普遍认为数目惊人。

3.信息及服务方面的劣势

运行十几年的新亚欧大陆桥至今还没有可与主营经营人接口、供用户查询的系统,也不能实现客户网上查询的要求。另外,中国的海运、港口、铁路、口岸等大陆桥运输部门的信息系统之间缺乏有效连接和沟通,也缺乏对外提供信息服务的基本制度。相比之下,西伯利亚大陆桥这方面的服务要完善得多,经营企业可依托铁路方提供的信息系统与船公司、港口、俄罗斯交通部的信息连接,每天向客户报告几次集装箱或车辆的运行状况,或通过互联网查寻到货物在运输途中的位置和状态的信息。

三、对策措施:借助现代物流,重新出发

国际铁路联盟在1992年新亚欧大陆桥开通之际曾预言,"缩短运输里程"的新亚欧大陆桥将带来一场国际运输业务的大变革。而今,新亚欧大陆桥沿线希望借助现代物流实现这一奇迹。新亚欧大陆桥物流产业发展战略是由单纯的货物周转大动脉转变为资源互通的洲际物流大通道。新亚欧大陆桥强调的是全线的通过能力,一个环节滞后就会影响全局,传统的陆桥运输已无法满足市场的要求,必须利用现代物流的理念对沿途物流资源和物流环节进行整合。

(一)发展潜力

(1)随着现代物流业的发展,国际铁路联盟、欧盟以及哈萨克、芬兰、韩国、日本等国家普遍看好新亚欧大陆桥运输,认为新亚欧大陆桥具有不可比拟的经济和地理优势,有巨大的发展潜能。

(2)据统计,我国西部大开发战略实施以来,新亚欧大陆桥区域经济不断加快发展。沿桥货物运输以年均15%的速度递增,集装箱运输递增速度达到30%。

(3)近年来,世界著名物流企业和快递企业也纷纷参与经营大陆桥运输业务。尽管种种不利因素制约着新亚欧大陆桥的发展,占陆桥运输95%份额的中国外运仍然显出增长势头。

(二)对策措施

(1)世界经济一体化下的现代物流内涵正在逐渐扩大,跨越国界的国际物流是现代物流的发展趋势。要发展新亚欧大陆桥物流,就必须加快口岸通关和换装的速度,压缩口岸滞留时间。

(2)建立大陆桥相关国家、国际组织和部门之间相互沟通和协商的交流平台,监督有关政策的执行,协助解决大陆桥运输中的问题和矛盾。

(3)建立统一的大陆桥运价协调机制,根据国际运输市场的变化,协调各国、各环节的运输费率。

讨论:

1.与西伯利亚大陆桥运输相比,新亚欧大陆桥有哪些优势和劣势?

2.你认为应该采取哪些对策措施才能够提高新亚欧大陆桥的竞争力?

第五章　危险品运输管理

本章内容主要包括危险货物分类、危险货物运输包装及包装标志,以及危险货物在集装箱内的积载、隔离和配装的相关要求,了解危险货物运输的技术及危险货物集装箱的装卸和保管要求。

第一节　危险货物运输概论

随着科学技术的进步和社会的发展,尤其是化学工业的发展,出现了越来越多新的化学物质。在已存在和应用的物质中,具有明显或潜在危险的物质有三万多种,其中以化学工业品居多。因运输危险品而造成的世界船舶失事率有上升的趋势。

我国对危险品的界定因政策法规制定部门的出发点不同而稍有差异,先后有《危险化学品安全管理条例》《船舶载运危险货物安全监督管理规定》《港口危险货物安全管理规定》《危险货物分类和品名编号》《危险化学品重大危险源辨识》等法规、条例、标准给危险品或危险物质做出定义。虽然文字表述不尽相同,但大都包含以下几个层面:首先,危险品具有易燃、易爆、有毒或腐蚀性等物理性质或化学性质,这些特点使其存在生命和财产安全隐患;其次,危险品管理不慎,容易造成重大安全事故,危及生命和环境;最后,必须对危险品的生产、包装、运输和使用加以特别重视,应制定严格的规范确保其在安全的前提下发挥作用。

当前,危险货物的运输量约占整个海上货物运输量的一半,船舶和港口担负着重要的任务。危险货物采用集装箱运输有利于提高运输的安全性,因此,目前危险货物集装箱运输正在被各国广泛采用,其运量也在不断地增长。我国是一个海运大国,船舶危险货物运箱量已有大幅度的增长,为了有效地防止危险货物造成人员伤亡和财产损毁,保证安全运输,近年来,我国日益重视对危险货物的运输管理工作,并把它放在了重要的位置。

我国政府在1954年制定的《船舶装运危险品暂行规则》的基础上,经1959年和1960年的两度修改后,颁布了《水上危险品货物运输规则》,并于1962年3月16日起实施。后又经修改,将其改名为《危险货物运输规则》(以下简称《国内危规》),并于1972年1月1日起执行,这是国内最初使用的"危规"。

1973年,我国加入《国际海上人命安全公约》。为了适应国际惯例和国际贸易运输的需要,使危险货物在分类、标志、包装、单证和运输条件等方面与国际保持一致,我国政府决定1982年10月1日起在国际航线上(包括港口装卸)开始执行《国际海运危险货物规则》(以下简称《国际危规》),并结合我国实际情况做了一些补充规定。

从我国对危险货物水路运输的管理角度来看,在内贸运输中执行《国内危规》和在外贸运输中执行《国际危规》导致了许多人为矛盾。为了使《国内危规》向《国际危规》靠拢,我国于1996年7月1日正式起用新的《水路危险货物运输规则》(以下简称《水路危规》)。

新的《水路危规》是根据我国水路运输危险货物的特点和有关要求,参照《国际危规》中有关危险货物的分类、标志和包装等有关规定,还参考了其他国家航运对危险货物运输的要求和相关规定后制定的。该规则对危险货物运输中的各个环节和所采用的不同运输方式(如集装箱、滚装船等)都做出了比较明确的规定。在执行新的《水路危规》时,还要配套使用《船舶载运危险货物应急措施》和《危险货物事故医疗急救指南》。

2018年9月15日,为加强船舶载运危险货物监督管理,保障水上人命、财产安全,防止船舶污染环境,《船舶载运危险货物安全监督管理规定》(中华人民共和国交通运输部令2018年第11号)正式施行,对船舶和人员管理、包装和集装箱管理、申报和报告管理、作业安全管理、监督管理等做出具体规定。以交通部令1996年第10号发布的《水路危险货物运输规则(第一部分 水路包装危险货物运输规则)》同时废止。

第二节　危险货物分类

凡具有燃烧、爆炸、腐蚀、毒害以及放射性等性质,如果在运输、装卸和保管过程中处理不当,可能会引起人身伤亡或财产损毁的物质或物品,统称为危险货物。

《国际危规》将危险货物分为九大类:①爆炸品;②气体;③易燃液体;④易燃固体、易自燃物品和遇湿自燃物品;⑤氧化剂和有机过氧化物;⑥有毒品、有害品和感染性物品;⑦放射性物质;⑧腐蚀品;⑨杂类危险物质。危险货物标志符号如图5-1所示。

一、爆炸品

爆炸品包括爆炸性物质、爆炸性物品以及为产生爆炸或烟火效果而制造的物质和物品。爆炸性物质是指通过其本身的化学反应产生气体,其温度、压力和速度能对周围环境造成破坏的某一固态、液态物质或混合物。爆炸品按其危险性,又分为5项:具有整体爆炸危险(即引起全部货物爆炸)的物质和物品;具有喷射危险,但无整体爆炸危险的物质和物品;具有燃烧危险和较小爆炸危险或者兼有此两种危险,但无整体爆炸危险的物质和物品;无重大危险的物质和物品;具有整体操作危险但极不敏感的物质。

图 5-1　危险货物标志符号

爆炸品的危险特性主要有爆炸性、燃烧性、毒性和窒息性。如果爆炸品彼此在一起能够安全积载或运输而不会明显增加事故率或在一定量的情况下不会明显增大事故后果，可以认为是"相容的"或"可配装的"。根据这一标准，本类物质又可分成 12 个配装类，用英文字母 L 和 S 表示，并有相应的配装类别。

二、气体

气体包括永久性气体（指在环境温度下不能液化的气体）、液化气体（指在环境温度下经加压能成为液体的气体）、可溶气体（包括加压后溶解在溶剂中的气体）及深度冷却的永久性气体（指在低温下加低压液化的气体）。气体按其危险性可分为以下几类。

（一）易燃气体

这类气体自容器中溢出与空气混合，当其浓度达到爆炸浓度极限时，被点燃后会引起爆炸及火灾。

（二）不燃气体

这类气体本身不能燃烧，但能助燃，一旦和易燃物品接触，极易引起火灾；有的非易燃气体有窒息性，若处理不当，会引起人畜窒息。

（三）有毒气体

这类气体毒性很强，若吸入人体内，会引起中毒。有些有毒气体还有易燃、腐蚀和氧化等特性。

这类危险货物的危险特性主要有以下表现。

(1)易燃性和爆炸性。一些易燃气体容易燃烧,也易于和空气混合形成爆炸性混合气体。

(2)窒息性、麻醉性和毒性。本类气体中除氧气和空气外,若大量溢出,会因冲淡空气中氧气的含量而影响人畜正常的呼吸,严重时会造成缺氧窒息。

(3)污染性。一些气体对海洋环境有害,被认为是海洋污染物。

三、易燃液体

此类易燃液体包括在闭杯试验61℃(相当于开杯试验65.6℃)以下时放出易燃蒸气的液体或液体混合物,或含有处于溶液中呈悬浮状态固体的液体(如油漆、清漆等)。易燃液体按其闪点的大小可分为以下三类:

(1)闭杯闪点低于-18℃的低闪点类液体;

(2)闭杯闪点为-18~23℃(不包括23℃)的中闪点类液体;

(3)闭杯闪点为23~61℃(包括61℃)的高闪点类液体。

易燃液体的危险特性主要有以下表现。

(1)挥发性和易燃性。易燃液体都是含有碳、氢等元素的有机化合物,具有较强的挥发性,在常温下易挥发,形成较高的蒸气压。易燃液体及其挥发出来的蒸气遇明火极易燃烧。易燃液体与强酸或氧化剂接触后反应剧烈,能引起燃烧和爆炸。

(2)爆炸性。当易燃液体挥发出的蒸气与空气混合后达到爆炸极限时,遇明火后会引起爆炸。

(3)麻醉性和毒害性。易燃液体的蒸气大都有麻醉作用,如长时间吸入乙醚蒸气,会导致麻醉,让人失去知觉。深度麻醉或长时间麻醉可能导致死亡。

(4)易积聚静电性。大部分易燃液体的绝缘性能较高,而电阻率大的液体一定会呈现带电现象。

(5)污染性。一些易燃液体被认为是对海洋环境有害的海洋污染物。

四、易燃固体、易自燃物品和遇湿自燃物品

本类货物是指除了划为爆炸品的,在运输情况下易于燃烧或者可能引起火灾的物质。本类在《国际危规》中可分为以下三类。

(一)易燃固体

易燃固体是指易被外部火源(如火星和火焰)点燃的固体和易于燃烧、助燃或通过摩擦引起燃烧的固体以及能自发反应的物质。本类物质包括浸湿的爆炸品。易燃固体的危险特性是燃点低和对热、摩擦、撞击及强氧化剂的作用较为敏感,易于被外部火源点燃且燃烧迅速。

(二)易自燃物品

易自燃物品是指易于自行发热和燃烧的固体或液体。本类物质包括引火物质(与空气接触少于5分钟即可着火)和自然发热物质。易自燃物品的危险特性是无论固体还是

液体都具有自燃点低、发热及着火的特征。

(三)遇湿自燃物品

遇湿自燃物品是指遇水放出易燃气体的固体或液体,在某些情况下,这些气体易自燃。遇湿自燃物品的特性是遇水发生剧烈的反应,放出易燃气体并产生一定的热量。当热量使该气体的温度达到燃点时或遇到明火时会立即燃烧甚至爆炸。

五、氧化剂和有机过氧化物

本类货物是指处于高氧化态、具有强氧化性、易分解并放出氧和热量的物质,包括含有过氧基的所有有机物。本类物质本身不一定可燃,但能引起可燃物的燃烧;与松软的粉末状可燃物能够组成爆炸性混合物;对热、震动或摩擦较敏感。

本类货物在《国际危规》中可分为以下两类。

(一)氧化剂

氧化剂是一种化学性质比较活泼的、在无机化合物中含有高价态原子结构的物质。其本身未必燃烧,但通常因放出氧气而引起或促使其他物质燃烧。

氧化剂具有以下危险特性:在一定的条件下,直接或间接放出氧气,增加了与其接触的可燃物发生火灾的危险性和剧烈性;氧化剂与可燃物质(诸如糖、面粉、食油、矿物油等)混合后易于点燃,有时甚至因摩擦或碰撞而着火,混合物能剧烈燃烧并导致爆炸;大多数氧化剂和液体酸类会发生剧烈反应,散发有毒气体;有些氧化剂具有毒性或腐蚀性,或被认为是海洋污染物。

(二)有机过氧化物

有机过氧化物是指其分子结构极不稳定、易于分解的物质。

有机过氧化物的危险特性包括:具有强氧化性;对摩擦、碰撞或热都极为敏感;易于自行分解并放出易燃气体;受外界作用或反应时释放大量热量并迅速燃烧,燃烧又产生更高的热量,形成爆炸性反应或分解;具有腐蚀性和一定的毒性,或能分解释放出有毒气体,对人员有毒害作用。

六、有毒品、有害品和感染性物品

本类物质(固体和液体)在吞食、吸入或与皮肤接触后可能造成死亡、严重受伤或损害人类健康。本类货物在《国际危规》中可分为以下两类。

(一)有毒品

有毒品是指被吞咽、吸入或与皮肤接触后易造成死亡、重伤害或损害人体健康的物质。有毒品的危险特性为:几乎所有有毒的物质遇火或受热分解时会散发出毒性气体,有些有毒品还具有易燃性。本类中的很多物质被认为是海洋污染物。有毒品毒性大小的衡量指标有:致死剂量,用符号 LD_{100} 或 LD_{50} 表示;致死浓度,用符号 LC_{100} 或 LC_{50} 表示。

根据毒性的危险程度,有毒品可分为以下三类:

(1)呈现剧毒危险的物质和制剂;
(2)呈现严重性危险的物质和制剂;
(3)呈现较低毒性危险的物质和制剂。

(二)有害品

有害品是指人类在生产条件下或日常生活中所接触的,能引起疾病或使健康状况下降的物品。

(三)感染性物品

感染性物品是指含有微生物或其毒性会引起或有可能引起人或动物染上疾病的物品。感染性物品的危险特性是对人体和动物都有危害。

七、放射性物质

放射性物质指的是在该批托运货物中活性浓度和总活度都超过《国际危规》中规定的数值的任何含有效放射性核素的物质。

放射性物质放出的射线有 α 射线、β 射线、γ 射线及中子流 4 种。所有的放射性物质都因其放射出对人体造成伤害的看不见的射线而具有或大或小的危险性。

在《国际危规》中,放射性物质放出射线量的大小用放射性活度、放射性比活度、辐射水平(单位为 mSv/h)和运输指数(transport index,TI)来衡量。

为了确保运输安全,必须对运输指数进行有效的控制。在常规运输条件下,运输工具外部表面任何一点的辐射水平不得超过 2 mSv/h,并且距其 2 米处的辐射水平不得超过 0.1 mSv/h。装在单一运输工具上的包件、集合包装、罐柜和货物集装箱的总数在该运输工具上的运输指数总和应不超过《国际危规》给出的"货物集装箱和运输工具的运输指数限值"表中所规定的数值。

八、腐蚀品

腐蚀品包括在其原态时就或多或少地具有能严重伤害生物组织特性的固体或液体,如果从其包装中漏出,也会损坏其他货物或运输工具。腐蚀品的化学性质比较活泼,能与很多金属、有机物及动植物等发生化学反应,并使其遭到破坏。腐蚀品的危险特性包括:具有很强的腐蚀性及刺激性,对人体有特别严重的伤害;会对货物、金属、玻璃、陶器、容器、运输工具及其设备造成不同程度的腐蚀;具有不同程度的毒性,有些能产生或挥发有毒气体从而导致人畜中毒。

九、杂类危险物质

杂类危险物质具有多种危险特性,每一杂类危险物质的特性都记载于有关该物质或物品的各个明细表中。为了更好区分杂类危险货物,人们将其进行编号,编号的组成和表示方法具体如下。

(一)编号的组成

危险货物品名编号由 5 位阿拉伯数字组成,表明危险货物所属的类别、项号和顺序号。类别、项号和顺序号根据《危险货物分类和品名编号》(GB 6944—2012)以及《危险货物品名表》(GB 12268—2012)中的类别项号、品名标号确定。

(二)编号的表示方法

危险货物编号的表示方法如图 5-2 所示。每一种危险货物指定一个编号,但对具有类似性质的且运输条件、灭火和急救方法相同的危险货物,也可使用同一编号。例如,品名为"煤气"的危险货物编号为 GB No.23023,表明该危险货物为第 2 类第 3 项有毒气体(顺序号为 023)。

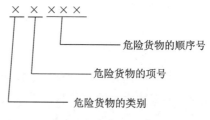

图 5-2 危险货物编号

第三节 危险货物安全管理

危险品海运企业的安全管理是对货物、船舶、环境和人员的综合管理。这里的"货物"即危险品;"船舶"即载运危险品的船舶及其设备;"环境"即航线上所有的自然和人为环境;"人员"即船员和其他操作人员。

一、危险品的包装与标记

(一)危险品的包装

危险品包装是指使危险品能够经受得住各种运输、装卸和保管过程中的风险以确保其高度安全的各种包装和包装方法。海上危险品的运输包装是指由《国际危规》等推荐的各种包装和包装方法。考虑到科学和技术的发展,可以使用与该规则规定的包装不同的包装,但这些包装必须与规范规定的包装具有同等效能,并由主管机关认可的技术检验部门检验,证明其达到等效包装要求后方可使用。

良好的包装可以抑制或钝化货物的危险性,将危险性限制在最小的范围内;可以防止货物接触自然环境而变质或发生剧烈的化学反应而造成事故;可以减少货物在运输中所受的碰撞、震动、摩擦和挤压,从而使其状态相对稳定;可以防止因货物撒漏、挥发而发生事故或污染运输设备及其他货物。危险品包装的优劣直接关系危险品的运输安全。为此,国际公约、规则和我国法律法规都针对危险品包装及管理做出了明确的规定。

(二)危险品的标记

危险品包件上显示的正确标记的主要内容为危险品的正确运输名称和联合国编号。例如,氯乙酸乙醇溶液联合国编号 UN3265,指出它是一种有毒的液体混合物。该混合物的主要成分是氯乙酸和乙醇,其他次要成分可能包括硫酸、硝酸、氰化物、苯等有毒物质。

该混合物的危险品类别为3,危险等级为6.1,运输类别为5,便于处理类别为4,主要危害性为有毒物质。除标记之外,危险品还应张贴标志和标牌。危险品的标志是在包件上使用图案和相应的说明以描述其危险性和危险程度。标志以危险品分类为基础,分为主标志和副标志。标牌应与每一种危险品标志的颜色及符号相匹配。

二、危险品的积载与隔离

(一)危险品的积载

为了确定适当的积载方式,除第1类爆炸品外,其他类别危险品依据安全装运所需要的积载位置分为不同的积载类。这些积载类范围是从积载类A至E。对第1类危险品共划分了15个积载类,分别为积载类01至积载类15。对危险品积载的一般要求,详见《国际危规》及其他法律法规。

(二)危险品的隔离

危险品的隔离原则是:性质不相容的物品应有效隔离;特殊货物与助长其危险性的货物不能配装;易燃物品与遇火可能爆炸的物品不能配装;性质相似,但消防方法不同的货物不能配装;性质相似,但危险性大,发生事故不易扑救的货物不能配装。为了运输安全,把具有某些相似化学性质的危险品按隔离类归在一起,设置相同的隔离要求。隔离类分为18类,具体为:酸、铵化合物、溴酸盐、氯酸盐、亚氯酸盐、氰化物、重金属及其盐类、次/亚氯酸盐、铅和铅化合物、液体卤代烃、汞和汞化合物、亚硝酸盐及其混合物、高氯酸盐、高锰酸盐、金属粉末、过氧化物、叠氮化物和碱类。

需要注意的是,有些物质按照"未另列明的(N.O.S.)"条目运输。属于"未另列明的"条目的具体货物名称并未列在上述隔离类清单中,托运人应根据具体的物质组成和性质来确定相应的隔离类。

三、危险品的运输与装卸

(一)危险品的运输

船舶载运危险品的基本要求主要有:装运危险品的船舶技术条件应良好;船舶的舱室应为钢质结构;设备技术条件应符合要求并具有有效的船舶检验证书。

船舶装运危险品前,承运人或其代理人向托运人收取有关单证。经海事管理机构批准后,载运危险品的船舶方可进、出港口。除客货船外,装运危险品的船舶不准搭乘旅客和无关人员。船舶装载危险品应严格按照规定正确合理地积载与隔离。应编制危险品清单,并在货物积载图上标明所装危险品的品名、编号、分类、数量和位置。出现危险品落入水中或包装破损溢漏等事故时,船舶应立即采取有效措施并向附近的海事管理机构报告详情并做好记录。

(二)危险品的装卸

危险品的装卸过程主要是在码头上实现的。对承担危险品装卸任务的码头,有如下基本要求。

(1)从事危险品作业的场所(码头、库场、储罐、锚地等)应当依法取得行政许可证。

(2)从事危险品港口作业的港口经营人,应当向港口行政管理部门申请危险品港口作业资质认定。

(3)危险品作业场所应远离人口密集区、大型公共设施、水源保护区及法律法规规定的其他区域。

(4)在防火设计方面应按照国家及行业标准,配备必要的应急处理器材和防护用品;制订好码头污染应急计划和事故应急救援预案。

四、水路运输安全监管

随着国内经济持续快速发展和海外贸易量的稳步提高,我国水运行业正处于快速发展期,在可预计的未来还将继续壮大。21世纪是海洋世纪,人类更加深度地开发海洋资源,必将带来水路运输行业突飞猛进的发展。随之而来的是水运安全事故发生概率的增加,这对水运安全管理提出了更高的要求。

水路危险品运输安全监管包括监督和管理两个层面的含义。监督主要是对行为的合法性、合理性和有效性进行一般性指导和规范;管理指按照法律法规和行政指令对具体的行为过程进行控制,调整不适当行为、制止违法违规行为以及维护正常的经济和社会秩序,以确保全部活动都在制度范围内实施。监督和管理相结合构成完整的危险品运输安全体制。据此,水路危险品运输安全监管是指一定的管理机构和政府部门根据相关法律法规,对危险品水运流通的秩序和程序进行指导和控制。作为规范国际水运行业的专业组织,国际海事组织(International Maritime Organization,IMO)负有编制、发布和宣传水运安全规范的责任。20世纪90年代初,该组织发布了《1990年国际油污防备、反应和合作公约》(OPRC公约),规定所有与水运相关的运载工具、装卸设施、存储设施和港口码头等需要具备油污事故处理能力,尤其针对船舶制定了详细的事故处理规范。国际海事组织也为水域和陆域分别制定了详细的规范,前者适用OPRC公约,后者则适用《地区级紧急事故意识和准备》(Awareness and Preparedness for Emergencies at Local Level,简称APELL计划)。如果出现港口危险品泄漏污染事故,要根据水域和陆域的不同特点,依照不同的标准要求进行针对性的事故处理。

第四节 危险货物运输的技术条件

一、装运危险货物的基本要求

装运危险货物时,只要符合一定的技术条件并辅以谨慎操作,就可以达到安全运输的目的。如果危险货物的包装、标志、积载和隔离均符合要求,那么运输工具本身的构造达到装运危险货物的要求,就会成为确保运输安全的必要条件。运输工具既满足运输安全的基本条件,又必须符合装载危险货物的特殊要求。例如,船舶要符合建造规范、稳性规范和抗沉性规范等要求。

二、危险货物的承运及其装运与积载要求

(一)装运危险货物的运输工具条件

装运危险货物应采用优质运输工具;应有可靠的电器连接装置或避雷装置;具备相应的设备条件,如防火和救灾的设备。装运爆炸品、易燃气体、易燃液体、易燃固体及遇湿危险物质的运输工具都应符合相应的运输要求。

(二)危险货物的承运要求

1. 具有合格的包装

包装的材质、形式、包装方法及包装封口等应与所装危险货物的性质相适应,包装制作恰当且状况良好;包装的内表面与被运输内装物质接触时,应具有不致发生危险事故的特性;包装应坚固,具有一定的强度,能经受装卸及运输方式的一般风险;液体包装容器内要有适当的衬垫,在布置上应能防止货物移动;所采用的吸收材料,在数量上应足够吸收液体,防止容器破裂时造成货物外漏。

危险货物的包装应符合要求,并由主管部门确认,取得"包装适用证书"后方可使用。装有危险货物的包装应经有关检验机关检验合格,取得"包装检验证明书"。

2. 具有正确的标记、标志及标牌

每个装有危险货物的包件上都应标有其内装物的正确运输名称的耐久标记。其标注方法应符合运输与包装的要求。要求标记在海水中至少浸泡3个月后仍然清晰。含有海洋污染物的包件还应标有耐久的海洋污染物标记。

除另有规定者(第9类杂类危险物质没有特殊的标志要求)外,一切装有危险货物的包件应有适当的识别标志、图案标志或标牌,以表明货物的危险性质。同时具有两种以上危险货物的包件,应贴主标志和副标志。副标志下角无类别号,以示主、副区别。一般在物质明细表中都应注明主、副标志。

3. 具有正常完备的托运单证

托运人提交的危险货物申报单内必须填写危险货物的正确运输名称、数量、类别及细分类(对第1~4类物质和物品还应说明配装类及积载需求)、联合国编号(托运"限量内危险货物"无此要求)以及《国际危规》页码;需要出具危险货物包装审核单位签署的"包装适用证书"及危险货物包装检验机构签署的"包装检验证明书"。在危险货物申报单中应附有说明该交付托运的危险货物业已妥善包装和妥善地加上了标记、标志和标牌以及合适的装运状态的证明书或声明书。

如危险货物系海洋污染物(凡含有10%或以上的一种或几种对海洋会造成污染的以及含有1%以上对海洋会造成非常严重的潜在污染的溶液或混合物),应标明"海洋污染物"。

托运《国际危规》中未列名的危险货物时,应填报《危险货物技术证明书》。对放射性

物品还应提交有关核查单位签发的《放射性货物剂量检查证明书》。采用集装箱运输的危险货物,必须在运输前取得装箱部门提供的、经有关法定机关或监装机关签发的《危险货物装箱证明》。采用水运方式,则装运危险货物的船舶应具有一份列明船上所装危险货物及其位置的特殊清单或舱单。上述清单或舱单也可用一份注明危险货物类别及其在船上详细位置的积载图代替。

三、装运危险货物的隔离要求

各类危险货物相互之间的隔离,按照危险货物隔离表的要求,分为以下四个等级。

(1)隔离1指"远离"。有效隔离从而使互不相容的物质在万一发生意外时不致相互起危险性反应,但只要在水平垂直投影距离不小于3米仍可在同一舱室或货舱内或舱面上装载。

(2)隔离2指"隔离"。在舱内积载时,装于不同舱室或货舱内。

(3)隔离3指"用一整个舱室或货舱作垂向或水平的隔离"。

(4)隔离4指"用一介于中间的整个舱室或货舱作纵向隔离"。

危险货物与食品的隔离应做到腐蚀性物质与食品应"远离";有毒物质及放射性物品与食品及其原料应"隔离";所有感染性物质的积载应与食品"用一整个舱室或货舱作垂向或水平的隔离"。

危险货物隔离表中列出的是危险货物各类别之间的一般隔离要求,但鉴于每一类别中的物质或物品的特性差别很大,因此,应随时查阅明细表中对隔离的具体要求。

四、装运危险货物集装箱的隔离要求

装运危险货物集装箱的隔离原则是严格按配装要求和隔离要求进行配箱;严格按隔离要求和积载类要求进行积载。集装箱还应按下列要求进行积载。

(一)装运危险货物集装箱在"隔离1"条件下的积载

(1)封闭式集装箱的垂直积载。

(2)封闭式集装箱的水平积载。

(3)开敞式集装箱的水平积载。

(二)装运危险货物集装箱在"隔离2"条件下的积载

(1)封闭式集装箱的水平积载。

(2)开敞式集装箱的水平积载。开敞式集装箱不应装在同一个舱室内,隔离舱壁应为钢质舱面,积载应按封闭式集装箱的要求进行处理。

(三)装运危险货物集装箱在"隔离3"条件下的积载(垂直方向原则上不积载)

(1)封闭式集装箱不应装在同一舱室内,且两个舱室之间的舱壁应符合质量要求。

(2)开敞式集装箱应隔开一个整舱,中间应隔离两个钢质舱壁或甲板。

(3)可在舱面积载。

(四)装运危险货物集装箱在"隔离 4"条件下的积载(垂直方向不能积载)

(1)封闭式集装箱应隔开两个钢质舱壁或隔开一个钢质墙壁,但间隔至少为 24 米,且距舱壁最近处的距离不小于 6 米。

(2)开敞式集装箱至少隔两个钢质舱壁。

五、危险货物在集装箱内积载的一般要求

(一)适箱货物

适箱货物是指适合装箱的危险货物。一般是指包装完好、符合运输条件的危险货物。

(二)配装要求

相容货物允许在同一箱内装配,危险货物的箱内配装应按配装表的要求进行配装。

(三)隔离要求

按隔离要求,将危险货物用不容易与其发生反应的货物(危险货物、普通货物)进行有效隔离。

(四)安放与固定

箱内货物之间或货物与箱壁之间有空隙,在运输和航行途中会造成货物的移动或碰撞,这样不仅会引起箱内货物和箱体的损坏,还具有一定的危险性。为避免事故的发生,必须对箱内的危险货物进行固定。

六、箱内危险货物的配装

(一)第 1 类(爆炸品)货物的配装

1. 爆炸品之间的配装

《国际危规》将爆炸品分成 12 个配装类。爆炸品之间的配装,应严格按爆炸品配装类的规定进行配装。

爆炸品的配装,一般将性质相似的一类划分为同一配装类,并根据不同的配装类提出相应的隔离要求。属于同一配装类组的爆炸品可以放在一起运输,属于不同配装组的爆炸品原则上不能放在一起运输。

例如,1.1A 与 1.1B 的配装。1.1A 为起爆物质,1.1B 为含起爆药且不含两种有效保险装置的物品。根据爆炸品之间的配装要求,1.1A 与 1.1B 不能配装,即不能同箱运输。

再如,1.1B 与 1.2B 的配装。1.1B 是具有整体爆炸危险的物品,1.2B 是具有抛射危险,但无整体爆炸危险的物品。根据爆炸品之间的配装要求,1.1B 与 1.2B 可以配装,即能同箱运输。

2. 爆炸品与压缩气体和液化气体的配装

爆炸品发生爆炸或燃烧后,极易引起气体钢瓶的爆炸,故一般不得与第 2 类(气体)

配装。并且,易燃气体与爆炸品应按"隔离4"的要求进行隔离,不易燃气体与爆炸品应按"隔离1"或"隔离2"的要求进行隔离(可同舱)。

3. 爆炸品与第3类(易燃液体)、第4类(易燃固体)的配装

爆炸品与第3类、第4类均不能配装,第3类与第1类应按"隔离4"的要求进行隔离。

4. 爆炸品与第5类(氧化物质和有机过氧化物)的配装

第5类除具有较强的氧化性外,很多还具有易燃易爆的特性,故不能与第1类配装。

5. 爆炸品与第6类(有毒物质和感染性物质)的配装

第6类具有较强的毒性和感染性,一旦发生事故,会使损害扩大,施救困难,故不能与第1类配装。

6. 爆炸品与第8类(腐蚀品)配装

很多腐蚀品易与爆炸品发生化学反应,还具有易燃性,故不能与爆炸品配装。

(二) 第2类的配装

1. 第2类与第3类

第2类2.1项(易燃气体)与第3类、第4类不得配装;2.2项(非易燃气体)与自燃物品可同舱积载,但需要按"隔离1"的要求进行隔离。

2. 第2类与第5类

2.1项与5.1项(氧化物质)不得配装;5.2项(有机过氧化物)与第2类不得配装。

(三) 第3类的配装

第3类与第4类不得配装;第3类与第5类按隔离表进行配装。

(四) 4.3项(遇湿危险物质)的配装

4.3项不得与酸性腐蚀品配装。

(五) 第5类的配装

5.1项与5.2项不得配装;第5类与第8类不得配装。

(六) 第7类(放射性物质)的配装

第7类不得与除第6类以外的其他各类同舱积载。

七、各类危险货物在箱内的积载与固定

装箱人员装载、系固危险货物时,应在装箱检查人员的直接监督下进行。装箱人员在作业时应穿戴相应的防护用品,作业完毕后应及时清洗,作业中不得饮食。

(一) 装载要求

(1)按积载计划装箱。

(2)装载过程中应轻拿轻放,禁止肩扛、背负、冲撞、摔碰、翻滚,以防包装破损。

(3)装载包装的桶盖、瓶盖应朝上,不准倒置;包装通气孔向上,不得被堵塞。

(4)应符合所装载物质的其他特殊要求。

(5)禁止装运破漏的包装件。装载时危险货物包装发生损坏、渗漏,应在装箱检查人员的监督下,立即按货物特性进行有效的处置。

(6)渗漏的危险货物会造成爆炸、自燃、毒害或类似重大危险的,应立即将人员撤离到安全地带,并通知有关应急部门。

(7)装载有温控要求的危险货物,冷藏箱应经过足够的预冷,保证装载温度符合要求。

(二)衬垫要求

(1)箱内不同货物或采用不同包装形式时,货物之间应用有效衬垫材料作为间壁。

(2)桶装危险货物上下层间应使用有效衬垫材料衬垫,以分散上层货物负荷。

(3)装载货物与箱壁之间可用有效衬垫材料塞紧,防止货物发生移动。

(4)衬垫应有足够的防护强度,其使用应能有效避免货物在运输过程中在集装箱内发生垂直或水平方向上的位移而引起的损坏。

(5)衬垫的类型包括托盘、胶合板、木条和木板等。使用时应尽量支撑在角柱、角件、端柱和侧柱上,要避免侧壁板、箱门板损坏。

(三)危险货物在集装箱内的系固

(1)充分考虑海上运输过程中造成箱内货物移动的因素,应对集装箱内的货物加以系固,防止移动。同时,货物系固方法本身也不应导致货物或集装箱的损坏或变坏。

(2)用于系固的材料应有足够的强度,能消解由于运输加速度的变化而产生的各种应力,并且不至于在运输中给箱内危险货物带来安全隐患。系固的材料主要有钢丝绳、纤维索、钢带、尼龙带、气袋等。

(3)必要时,应使用集装箱内的系固设备来防止货物发生移动。用于集装箱内系固的紧固件应具有紧固后的固定装置,系固完毕后,所有紧固件都应处于固定位置,以防在运输途中因车、船的振动和摇摆等因素的影响,使紧固件松动而降低系固效果。

(4)气袋的使用应符合下列要求:①使用空气袋时应认真遵守制造商关于冲灌压力的指导;②考虑到集装箱内部温度升高的可能性,装货时应留有余量;③空气袋在集装箱门口处使用时,应采取相应的防护措施。

(四)特殊装箱要求

1. 爆炸品装箱

(1)爆炸品应按配装类的要求进行装箱,配装类相抵触的爆炸品不得同箱装载。

(2)雷管及引信等极敏感的物质应装于货物的表面。

(3)箱壁四周应用木板衬垫使货物与金属部位隔离。

(4)进行箱内固定工作时,应使用不致产生火花的工具,用力不要过猛,严防撞击、震动,同时注意所使用的钉子不撒落在箱内。

2. 气体装箱

(1)箱内沾有油污的集装箱不能使用。

(2)严禁穿沾有油污的工作服和使用沾有油污的手套。

(3)作业时不能用手持钢瓶的安全帽,严禁抛掷、碰撞、滚滑。

(4)检查钢瓶,应符合下列要求:①安全帽应拧紧,无异味,防止气体冒出,瓶帽如有松动,应采取有效的紧固措施;②瓶壁无腐蚀、无凹陷及损坏现象;③其他附件(如阀门、瓶体、漆色)应符合产品标准;④钢瓶的保护皮圈应齐全。

(5)钢瓶应以成组或托盘形式装箱,要防止钢瓶在箱内滚动;箱壁和两端应用木板隔离。

(6)堆放时,箱内钢瓶的安全帽应朝同一方向。

(7)货物固定时,钉子或钉帽不能外露。

3. 易燃液体装箱

(1)检查包装桶,应符合下列要求:①桶盖无松动,桶的焊缝无渗漏的痕迹,严禁焊缝有渗漏的桶装货装入箱内;②桶端无膨胀或外裂现象。

(2)应使用铜质工具紧固。

(3)低闪点危险货物装箱时,集装箱壁四周应用木板衬垫。

(4)桶装货装箱后留出的空隙余位,应进行有效的加固,防止货物移动。

(5)货物加固时,不应使用易产生火星的工具,固定后钉子不能外露。

4. 易燃固体、易于自燃的物质、遇水放出易燃气体的物质装箱

(1)装有电石、黄磷等的桶包装两端膨胀时,不得装入箱内。

(2)湿包或有水渍、油污现象的包件,不可装入箱内。

(3)箱内潮湿的集装箱严禁装载遇水放出易燃气体的物质。

5. 氧化性物质和有机过氧化物装箱

(1)忌高温,作业时应有遮阳设施,防止阳光直射。

(2)集装箱内部应清洁、干燥、没有油污,不得有任何酸类、煤炭、木屑、硫化物及粉状等可燃物。

(3)包装破漏,撒漏物应及时清除,不得重新装入原包装内。

(4)箱内固定、衬垫材料质地良好,木板上不应带有树皮、碎木屑。

6. 毒性物质和感染性物质装箱

(1)夏季装载易燃性毒品时,应防止日晒。

(2)作业时应穿工作服,戴口罩、手套等。

(3)撒落在地面上的毒害品,应用潮湿锯末等物及时打扫干净,并按规定妥善处理。

7. 放射性物质装箱

(1)人工搬运时,操作人员应按规定的作业时间进行轮换。

(2)放射性强度大的应装于箱子中部,放射性强度小的装于箱子周围。

(3)货物较少,不能装满箱时,应置于箱子中部,四周用填料顶紧。

(4)摆放在箱内要平稳、牢靠,以防在运输途中滑动倒塌。

(5)对于放射性物质,应当优先装运,做到及时进货、装箱、搬运。

8. 腐蚀性物质装箱

(1)作为包装的塑料桶在冬季较脆,不应摔碰;夏季变软怕压,应用木板衬垫减压。
(2)装箱时应检查包装的桶盖是否松动,包件是否渗漏或裂变。
(3)玻璃和陶瓷容器盛装腐蚀品时,应检查封口是否完好、向上、有无渗漏。
(4)装箱时应采取有效的紧固措施和固定方法。

(五)封箱操作要求

(1)装箱完毕后,应进行清理,清除多余的系固材料、工具、废弃的包装材料等,然后关闭箱门。
(2)确认箱门的关闭装置锁闭牢靠。
(3)在施封装置上加以封志。

(六)装箱后要求

(1)应巡视装箱后集装箱的外观情况,并确认正常。
(2)在集装箱箱体两端、两侧张贴该危险货物的标牌。如适用,还应张贴"海洋污染物"标记和其他标识。有联合国编号显示要求的危险货物,应显示相应的联合国编号。
(3)具有副危险性质的危险货物,还应在主危险性标牌的旁边张贴副危险性标牌。
(4)使用固体二氧化碳或其他膨胀或制冷剂时,应按规定在箱外做出标识。
(5)装载熏蒸货物或在熏蒸条件下运输的封闭集装箱,箱门外应张贴警告牌。
(6)装载有温控要求的危险货物冷藏箱,应开启制冷系统,保持相应的运输温度,并采取监控措施。

八、危险货物集装箱的装卸与保管

(一)装卸危险货物集装箱前的准备工作

(1)明确危险货物的性质、积载位置及应采取的安全措施,并申请监装,取得适装证书。
(2)应将审签的货物积载图交当地法定机关进行审定。
(3)保证舱室清洁、干燥和水密。
(4)在装卸货现场,备妥相应的消防设备,并使其处于随时可用的状态。
(5)夜间作业应备好足够的照明设备,装卸易燃、易爆危险货物时必须使用防爆式或封闭式安全照明设备,严禁使用其他不安全灯具。
(6)起卸放射性物品或能放出易燃、易爆、有毒气体的危险货物前,应进行充分的通风。应有防止摩擦产生火花的措施,须经有关部门检测后才能开始卸货作业。

(二)装卸危险货物的注意事项

危险货物的装卸工作尽可能安排在专用作业场地,严格按货物积载图装货,遵守装卸货注意事项,加强监装监卸,注意装卸货安全。
(1)装卸作业时,要悬挂显示规定的灯号或标志。
(2)装卸危险品时,应有专人值班,并进行监装监卸工作,坚守岗位,落实各项安全措施。

(3)装货时监装人员应逐件检查货物包装及标志,破、漏、渗的包装件应拒装。严格按积载图装卸,遵守危险货物分装卸货的注意事项。

(4)装卸危险货物时应使用适当的机器。在装卸易燃、易爆、剧毒、腐蚀及放射性危险货物时,装卸机具应按额定负荷降低25%使用,在装卸易燃或爆炸品时禁止使用易产生火花的工具。

(5)装卸危险货物时应采取正确的作业方法,小心谨慎地操作,平稳吊落货物,轻拿轻放。严禁撞击、摩擦、拖拉、滑跌、抛丢、坠落、翻滚、挖井等野蛮作业。保持包装完好,严禁超高堆装,堆码整齐牢固。桶盖、瓶口应朝上,禁止倒置、倒放。

(6)根据危险货物不同的性质,应选用相应的铺垫、隔衬材料进行衬垫、遮盖、绑扎和加固。

(7)起卸包装破漏的危险品时,现场严禁明火,有关人员应站在上风处,对包装破损严重的,要进行必要的修理和清洁工作,以避免危险品渗漏,但必须注意安全,并根据"应急措施表"及"医疗急救指南"采取相应的措施。

(8)在装卸爆炸品或烈性易燃品时,不得进行能产生火花的检修工作和拷铲及油漆作业。

(9)装卸危险货物过程中,遇有闪电、雷击、雨雪天或附近发生火警时,应立即停止装卸货作业。

(10)停装停卸时,应关闭照明及电源。

(11)装完货后应进行全面检查,做好监装管理。危险货物集装箱的保管应符合有关堆放、储存、转运的法令、法规以及企业的规章制度。

复习思考题

一、简答题

1. 简述《国际海运危险货物运输规则》对危险货物的分类。
2. 简述危险货物编号的组成和表示方法。
3. 简述危险货物隔离的等级和具体要求。

二、论述题

论述危险货物集装箱装卸前的准备工作。

第六章 运输市场分析管理

> **学习要点**
>
> 了解运输市场需求与供给管理理论,了解运输合同当事人的权利和义务,掌握运输成本的构成及其影响因素,了解运输外包的动因,掌握物流运输质量管理的特点及要求。

第一节 运输市场供需管理

需求和需要是两个不同的概念。从经济学上讲,有支付能力的需要构成对商品或服务的需求。运输活动的主要内容是实现人或货物的空间位移,因此,只有了解了运输对象的市场需求状况,运输企业才能进行有效的运输活动。随着生产力水平的提高,社会生产和人们的生活消费模式不断地发生变化,这对交通运输提出了新的要求。运输需求方更多地关注运输品质、运输水平和运输协调等一系列与运输供给相关的现实问题。这就要求运输供给方根据运输成本、运输价格以及运输能力等要素进行运输供给分析,结合运输市场的整体情况有效地开展运输组织工作,更好地满足运输需求。运输供给是运输市场中与运输需求相对应的重要范畴,也是运输组织工作中必须考虑的重要变量,它影响着运输方式、运输费用以及运输质量等。因此,我们必须准确地理解运输需求与供给的基本概念。

一、运输需求和供给的含义

(一)运输需求的含义

运输需求是指在一定时期内和一定的价格水平下,社会经济生活中在货物和旅客空间位移方面提出的具有支付能力的需要。因此,运输需求应具备两个条件:一是有购买运输服务的欲望或要求,只有运输需求者有运输需求,运输供给者才有可能去满足这种需求;二是具有购买能力,在一定的价格水平下,购买者的收入越高,购买能力越强。总之,这两个条件缺一不可。

运输需求通常包括以下六个要素:

(1)对象,即运输货物的品种与旅客及行李;
(2)流量,即运输的需求量;
(3)流向,即货物或旅客发生空间位移时的空间走势,表明客货流的产生地与消费地;
(4)运程,即运输距离,指的是货物或旅客进行空间位移的起始地到终点的距离;
(5)运速,指的是货物或旅客的运送速度;
(6)运输价格(运价),指的是运输单位重量(或体积)的货物或每位旅客的运输费用。

(二)运输供给的含义

供给是指生产者在一定时期和一定价格水平下愿意并且能够提供的某种商品的数量。供给在市场上的实现要同时具备两个条件:一是生产者有出售商品的愿望;二是生产者有生产的能力。

相应地,运输供给是指在一定时间和空间内,在一定运输水平下,运输生产者愿意并能够提供的运输产品或服务。运输供给有两个必备的条件,即运输生产者有提供运输产品或服务的愿望,并且运输生产者有提供这种运输产品或服务的能力,两个条件缺一不可。

二、运输需求和供给的特征

(一)运输需求的特征

运输需求是一种普遍性需求,然而与其他商品需求相比,运输需求具有特殊性,这种特殊性主要体现在以下几个方面。

1. 广泛性

运输需求产生于人类生活和社会生产的各个角落,运输业作为一个独立的产业部门,任何社会活动都不可能脱离它而独立存在。因此,与其他商品和服务的需求相比,运输需求更具有广泛性,是一种普遍性的需求。

2. 派生性

市场需求有本源需求和派生需求两种。本源需求是消费者对最终产品的需求,而派生需求则是由于对某一最终产品的需求而引起的对生产它的某一生产要素的需求。运输活动是产品生产过程在流通领域的继续,与产品的调配和交易活动紧密相连。货主或旅客提出位移要求的最终目的往往不是位移本身,而是为了实现其生产、生活中的其他需求,完成空间位移只是中间的一个必不可少的环节。因此,运输是社会生产和人类生活派生出来的需求。

3. 多样性

在货运方面,运输业几乎承运涉及所有物品种类的货物,在重量、体积、形状、性质和包装上千差万别,这些差异要求不同的运输条件,要求运输服务采取不同的技术措施并且提供各种性质的运输工具。在客运方面,由于旅客的身份、收入、旅行目的等不同,对运输服务在速度、方向、舒适性等方面的要求也是多种多样的。

4. 个别需求的异质性

就整个市场而言,对运输总体的需求是由性质不同、要求各异的个别需求构成的。在运输过程中必须采取相应的措施,才能适应这些个别需求。客户在经济方面的要求也各不相同,有的要求运价低廉,有的要求运送速度快。因此,掌握和研究这些需求的异质性,是搞好运输市场经营的重要条件。

5. 时间特定性

客货运输需求在发生的时间上有一定的规律性。例如,周末和重要节日前后的客运需求明显高于其他时间;市内交通的高峰期是上下班时间;蔬菜和瓜果的收获季节也是这些货物的运输繁忙期。这些反映在对运输需求的要求上就是时间的特定性,运输需求在时间上的不平衡引起运输生产在时间上的不均衡。时间特定性的另一层含义是对运输速度的要求。客货运输需求带有很强的时间限制,也就是说,运输消费者对运输服务的起运和到达时间有各自特定的要求。从货物运输需求看,由于商品市场千变万化,货主对起讫的时间要求各不相同,因此各种货物对运输速度的要求相差很大。对于旅客运输来说,每个人的旅行目的和对旅行时间的要求也是不同的。

6. 空间特定性

运输需求是对位移的要求,而且这种位移是运输消费者指定的两点之间带有方向性的位移,也就是说运输需求具有空间特定性。例如,市场需求在城市 B,而农产品产地在 A 地,这就决定了运输需求必然是从 A 地到城市 B,带有确定的空间要求。

7. 部分可替代性

不同的运输需求之间一般来讲是不能互相替代的。例如,人的位移显然不能代替货物位移;由北京到兰州的位移不能代替北京到广州的位移;运水泥也不能代替运水果。这些明显是不同的运输需求。这里讲的替代性,是满足运输需求的方式上的替代性。在现实运输中,同一运输需求有时可以通过不同运输方式满足。例如,旅客或货物在两地间的运输,完全可以选择公路、铁路、水路、航空等不同的运输方式,最终达到同一目的地,也可以通过不同的运输企业来完成。这种运输需求的替代性也是导致运输市场竞争的主要原因。

8. 总体需求的规律性

对运输企业来说,不但要掌握和研究个别需求的异质性,还要研究总体需求的规律性。不同货物的运输要求虽然千差万别,但就总体来说还是有一定规律性的,如货流的规律性、市场需求变化的规律性等。

(二)运输供给的特征

运输业是一种特殊产业,具有不同于其他产业的特点。这使得运输供给与一般商品和服务的供给相比,有很大的差异。运输供给的特征包括以下几个方面。

1. 非贮存性

运输业属于第三产业,即服务业。非贮存性是指生产过程与消费过程相结合,它是各种服务产业的共同特点。运输业的生产活动是通过运输工具使运输对象发生空间位置的变化,运输产品的生产和消费是同时进行的,即运输产品不能脱离生产过程而单独存在。所以,运输产品不能像一般产品一样贮存起来,这就是运输产品的非贮存性。运输产品的非贮存性决定了运输业不能采取运输产品贮备的形式,而只能采取贮备运输能力的形式来适应运输市场的变化。

运输业具有固定设备多、固定资产投资大和投资回收期长等特点,运输能力的设计多按运输高峰的需求设计,具有一定的超前量。运输能力的超前建设与运输能力的贮备对运输供给来说,既可能抓住市场需求增长的机遇,又可能因市场供过于求而遇到风险。因为运力贮备越大,承担的风险越大,适应市场需求的能力也越大;相反,运力贮备小或没有贮备,承担的风险小,那么适应市场需求的能力也小。这一点在国际航运市场上体现得尤其明显,并成为企业经营者研究的重要课题。

2. 不平衡性

运输供给的不平衡性既表现在时间上,也表现在空间上。在时间上,运输供给的不平衡性表现在运输供给随运输需求淡旺季的变化而变化。运输旺季时,运输需求增多,运输供给就相应增加;相反,运输淡季时,运输供给就会减少。运输需求的季节性不平衡导致运输供给出现高峰与低谷。在空间上,由于经济和贸易发展的不平衡性以及各地产业的不同特点,运输供给在不同国家(地区)之间也呈现出一定的不平衡性。经济发达国家(地区)的运输供给量比较充足,而经济落后国家(地区)的运输供给量则相对不足。运输供给的不平衡性还表现在运输方向上,例如,矿区对外运矿(如煤矿)的运力需求要远远大于其他生产及生活资料的向内运输。为实现供需时空结合,企业要经常付出空载行驶的代价等,这种由于供给与需求之间在时间和空间上的差异性所造成的生产与消费的差异,使运输供给必须承担运力损失、空载行驶等经济上的风险。

可见,在现实的运输服务过程中,运输供给同运输需求并不能完全吻合,运输供给或者满足不了运输需求,或者在满足货运需求的同时造成供给过剩。运输供给的这种不平衡是一种长期的、绝对的现象,这是由市场经济本身的供需理论和运输需求的特殊性决定的。所以,为了提高运输活动的经济效果,必须保证供需在时间与空间上的正确结合。这就要求国家做好宏观调控工作,也需要运输企业掌握市场信息,搞好生产的组织与调整,运用科学的管理方法,提高管理水平。

3. 可替代性

运输供给由铁路、公路、水运、航空、管道等多种运输方式和多个运输生产者的生产能力构成。两地间的运输可由多种运输方式完成,并且一次运输也可由多个运输生产者承担,所以运输需求者可以根据实际情况,选择最佳的运输方式和运输供应商,运输生产者也可以在确定运输方案时选择合适的运输方式,这就是运输供给的可替代性。这种可替代性构成了运输业竞争的基础。

同时,由于运输产品在时间和空间上的限制,以及人们对运输服务的经济性、方便性和舒适性的要求等,不同运输方式间或同一运输方式中不同运输企业间运输产品的替代性受到限制,这种限制可能使得某种运输方式或同种运输方式间具有差别的运输服务在某一领域的运输供给上形成一定程度的垄断。但是,因为运输方式间是存在差异的,所以这种可替代性是有条件的。例如,在国际贸易中,大宗货物的远洋运输一般只能选择海路运输方式。因此,运输供给具有部分可替代性,它的替代性和不可替代性是同时存在的,运输市场的供给既存在竞争,也存在垄断。

4. 外部性

外部性是指向市场以外其他人强加的成本和利益,发达的运输可带动周边区域的经济发展。"要想富,先修路"说的就是运输业的正外部性,它能使区域繁荣、商品价格下降、地价上扬,产生巨大的经济效益,以至于大多数大城市是在沿海、沿江等交通便利的地域形成的,这是其他商品无法做到的。例如,一条航线的开通会带动当地旅游业的发展,一条运输线路的开通会带动沿线很多产业的发展。再如,北京、上海的轨道交通不仅方便了人们的出行,而且极大地带动了沿线的房地产业。可见,运输基础设施的建成和完善对运输供给水平的提高起到了积极的作用,也会带动许多相关产业的发展。同时,运输又具有巨大的负外部性。由运输活动带来的噪声污染、环境污染、能源和其他资源的过度消耗以及交通堵塞等的成本消耗均可能给整个社会造成经济损失。运输业在获取利润的同时,将成本部分地转移到运输业的外部,即产生了成本转移。在这方面,运输供给所造成的大气污染、交通噪声、水体污染、交通拥挤和交通事故等都属于外部成本。2021年全国两会期间,政府工作报告中提到的"碳达峰""碳中和"成为热词。可以预见,交通运输部门将在未来承担更大的节能减排责任。

三、运输需求和供给的类型

(一)运输需求的类型

1. 根据需求范围划分

根据需求范围的不同,运输需求可以分为个别需求、局部需求和总需求。

1)个别需求

个别需求是指运输需求者在一定时期、一定运价下提出的运输需求。在客运方面,旅客因出行目的的不同,对运输服务有不同的要求,但所有旅客都有一个共同需求,就是安全、快速、舒适地到达目的地。在货运方面,货物因本身的物理、化学性质的不同对运输的需求也会有所不同,如煤矿、木材等大宗散货需要低廉的运费,海鲜要保证运输时间,化学危险品要保障运输中的货物安全等。

2)局部需求

由于各地区自然条件、经济发展水平的不同,产生了不同的运输需求。发达地区运输需求量大,欠发达地区运输需求量小。靠近江河、湖泊或沿海地区水陆运输需求量大,内陆地区则公路、铁路、航空运输需求量比较大。

3)总需求

这是从宏观经济角度分析出发的运输需求,指在一定时期、一定运价下,个别需求与局部需求的总和。

2. 根据运输对象划分

根据运输对象的不同,运输需求可以分为客运需求和货运需求。

1)客运需求

客运需求可以分为生产性需求和消费性需求。

(1)生产性需求。生产性需求是与人类生产、交换、分配等活动有关的运输需求,如上下班、采购、展销、技术交流、售后服务、财务及劳务等活动产生的需求,它是生产活动在运输领域的继续和延伸,其运输费用计入产品或劳务成本。

(2)消费性需求。消费性需求是以旅游观光、度假、探亲为目的的运输需求,它是一种消费活动,其费用来源于个人消费基金。

2)货运需求

货运需求是因为货物交换双方的需要而产生的运输需求。在商品经济条件下,货运需求一般是因商品的交换而产生的。供应商、生产商、批发商、经销商、分销商、零售商和最终的消费者,都会因商品交换的需要而产生运输需求。

一般来说,货物运输需求产生的原因主要有以下三个方面。

(1)地区间商品品种、质量、性能、价格上的差异。地区之间、国家之间自然资源、技术水平、产业优势不同,产品的质量、品种、价格等方面就会存在很大差异,这就会引起货物在空间上的流动,从而产生运输需求。

(2)生产力与消费群体的分离。自然地理环境和社会经济基础的差异,以及各地区间经济发展水平和产业结构的差异,决定了生产性消费分布的存在。随着生产社会化、专业化的发展,生产与消费在空间上日益分离,也就必然产生了运输需求。

(3)自然资源地区分布不均衡,生产力布局与资源产地的分离。自然资源地区布局不均衡是自然现象,生产力的布局不可能完全与资源产地相配合,这就必然产生运输需求。

(二)运输供给的类型

商品的供给分两种情况,一是单个生产者的供给,二是该商品的市场总供给。与此相对应,运输供给也可分为个别供给和总供给。

1. 个别供给

个别供给是指在一定时期内和一定条件下特定的运输生产者能够并愿意提供的供给。在市场经济条件下,各个运输生产者由于经济成分和运输方式的不同,情况也各不相同,提供的产品或服务也会不同。例如,UPS(美国联邦快递)主要是满足客户快速、安全和准确的运输需求。

2. 总供给

总供给是从宏观经济角度来分析运输供给,指在一定时期内和一定条件下某一区域所有个别供给的总和,即在该区域范围内可能向运输市场提供的运输产品的总和。它表示在不同的价格下相应运输产品的所有生产者所能供给的总量。运输产品的总供给不仅取决于影响单个生产者供给量的所有因素,还取决于市场中这种商品的生产者的数量。在一定时间内,在一定区域或运输线路的市场上,某些运输方式或某些运输企业占有运输总供给中相对或绝对多数的份额会导致运输市场的垄断。

第六章　运输市场分析管理

第二节　运输市场供需理论

一、运输量预测

运输量是指在一定运输供给条件下所能实现的人与货物的空间位移量。运输量预测与其他事物发展预测相类似，都是在一定区域、一定时间范围内，对发展变化态势的描述。但是，在实际中存在着预测对象的特点、影响因素、内在变化规律等方面的差异，这些差异通常会造成运输量预测区别于其他事物预测的现象。因此，有必要理解运输量预测的含义、分类，运输量预测的内容和原理及作用，以便帮助运输企业进行合理的运输预测。

(一)运输量预测的含义

运输量预测即运量预测，是根据运输及其相关变量的过去发展变化的客观过程和规律，参照当前已经出现和正在出现的各种可能性，运用现代管理、数学和统计的方法，对运输及其相关变量未来可能出现的趋势和可能达到的水平的一种科学推测。

社会经济活动中的人与货物的空间位移是通过运输量的形式反映出来的，运输量可以是公路上的汽车货物流量、航线上的旅客人数或者铁路列车运送的货物吨数。运输量的大小与运输需求的水平有十分密切的关系，但在许多情况下，运输量本身并不能完全代表社会对运输的需求。运输需求能否实现取决于运输供给的状况，在运输能力完全满足需求的情况下，运输量基本上可以反映运输需求。但有时候，特别是在一些国家或地区运输供给严重不足的情况下，运输业完成的运输量仅仅是社会经济运输需求的一部分，如果增加运输设施、扩大运输能力，被不正常抑制的运输需求就会迅速变成实际的运输量，并形成诱发运输量。

过去开展的许多预测工作没有分清运输量与运输需求的区别，在预测过程中主要采用以过去的历史运输量来预测未来运输需求的方法，以"运量预测"简单地代替"运输需求预测"，这种概念上的误差当然会影响预测的准确程度。显然，在运输能力满足需求的情况下，运量预测可以代表对运输需求量的预测；而在运输能力严重不足的情况下，不考虑运输能力限制的运量预测结果，就难以反映经济发展对运输的真正需求。因此，在实际工作中，明确运量预测和需求预测的关系，注意这两种预测之间的区别和在实际经济分析中的作用，可以更好地指导运输决策。

(二)运输量预测的分类

运输量预测的内容很多，范围很广，结合预测目的、角度和相关特性，根据不同的分类标准，可以将其分为不同类别。按照预测的对象，可将运输量预测分为货运预测和客运预测；按照预测对象的多少，可将运输量预测分为单一预测和复合预测；按照预测的层次，可将运输量预测分为全国运量预测、国民经济各部门运量预测、各地区运量预测和各种运输方式的运量预测;按照预测方法的不同,可将运输量预测分为定性预测和定量预测;按照预测期间的长短,可将运输量预测分为短期预测、中期预测和长期预测。短期预测通常是指一年以内的运量预测,一般用于运输企业年度计划;中期预测通常是指 2~5 年的运量预测,主要用于运输企业或区域运输生产计划;长期预测通常是指 5 年以上,如 10 年、20 年的运量预测,主要用于全国区域或城市交通规划。一般来讲,预测时间越长,预测结果和实际情况的出入也越大,其参考价值和可靠性也越差。

按照预测的内容,还可将运输量预测分为发送量预测、到达量预测、周转量预测和平均运程预测。在各地区的客货发到量确定之后,往往还需要预测各地区的内部运量和各地区之间的交流量,这些交流量还要在不同运输方式之间、不同运输线路之间进行分配。这些相互联系着的预测内容可以分为总运量预测和客货流预测两大部分。其中,总运量预测是比较抽象意义上的预测,它只负责从总量上把握全国或部门或地区的客货运输量,包括发到量、周转量和平均运程。这些预测有时是分货物品类或旅客类别的,有些则是笼统的,其特点是只考虑总量,基本上不涉及具体发到地和具体线路上的客货流。而客货流预测则负责把已预测的客货运总量,在分析地区间交流的基础上,分配到具体运输方式和运输线路上。客货流预测更接近实际的客货位移。

国家或地方的综合管理部门、运输主管机构以及各级运输企业都可以进行运输量预测。不同的预测方有着不同的出发点,这就决定了预测结果的不同用途。相关部门可以参考预测结果制订宏观经济计划、区域发展规划和基建配置计划,运输企业可以根据运输量的预测结果组织运输活动。

(三)运输量预测的内容和原理

1. 运输量预测的内容

1)社会总运输量预测

社会总运输量是指全国、省、市、区域内可能发生的客货运输总量,是由各种运输方式的营业性和非营业性运输单位承运的所有运输需求量,包括国民经济(或某一种运输方式)的正常运量、转移运量和新增加运量。它是编制国民经济计划和进行运输基础设施建设的重要依据,是进行各种运输方式规划和编制运输生产计划的重要依据。

2)各种运输方式的运输量预测

各种运输方式的运输量预测是对包括铁路、公路、内河、海运及民航等运输方式的货运量、客运量、货物周转量和旅客周转量等的预测。

3)地区之间的运输量预测

在各地区的客货发到量确定之后,还需要预测各地区之间的交流量。地区间的客货交流量是反映地区社会经济空间结构与关系的一个重要方面。

4)运输企业在运输市场上的占有率预测

运输企业在运输市场上的占有率很大程度上反映该企业的竞争能力,因此占有率预测是对运输企业竞争能力的预测。

在四类预测中,前两类属于宏观预测的范畴,后两类属于微观预测的范畴。由于预测的目的不同,预测的精细程度也不同。一般来讲,宏观预测与长期预测的内容要粗糙一些,微观预测和短期预测的内容则要细致一些。例如,列入本企业(或部门)经营的运输量,不仅有客、货运量和周转量,还应包括上行、下行的运输量,淡季、旺季的运输量,货物运量中主要货物的分类和比重等。

2. 运输量预测的一般原理

1)可知性原理

客观世界是可知的,人们不但可以认识过去和现在,而且可以通过总结过去和现在,寻求客观世界发展变化的规律性,并据此预测未来。

2)系统性原理

系统性原理强调预测对象是一个完整的系统,系统包含若干个子系统,每个子系统又包含若干个具体因素,系统外部还有相关的平行系统,这些平行系统相互影响、相互作用。利用这种相互关系、相互影响和相互作用,从系统的角度进行预测,可以防止因为顾此失彼而产生的片面性,从而提高预测结果的准确性和有效性。

3)连续性原理

事物的发展变化,前后不是割裂的,而是连续、统一的。因而,可以通过总结过去来预测未来。

4)相似性原理

各种事物之间尽管千差万别,表现形形色色,但也有一定的相似性。人们利用事物之间的这种相似性,进行类比、推断和预测未来。实践证明,事物未来发展变化和过去发展变化之间的相似性是经常出现的,有时甚至会出现惊人的相似性。

5)因果性原理

因果性原理也称相关性原理,是指客观事物、各种现象之间存在一定的因果关系,人们可以从已知的原因推测未知的结果。因果关系是客观世界无数的事物、现象纵横交错、交织而成的普遍联系网上的一个"纽结"。它从普遍联系网中被抽取出来单独加以考察,表现为在事物、现象的更替运动中,作为原因的某种现象一旦发生,作为结果的另一种现象必然随之出现。原因在前,结果在后,或者原因与结果几乎同时出现。人们如能正确把握事物发展变化的原因,就可以推断出必然出现的结果。

6)可控性原理

可控性原理说明人们对于事物今后的发展变化不是无能为力的,而是可以进行适当控制的,至少在一定范围内是可以适当控制。诸如对人口增长、价格变动、生产力的地区配置、运输需求的变化趋势等进行控制、干预、调节和诱导,促使其向着有利的方向发展。

(四)运输量预测的作用

运输量预测是运输组织工作中规划运能,利用和编制日常运输计划的基本依据,也是对运输设备提出新建和扩能改造要求的基本依据。因此,运量预测的准确性以及对运量发展变化趋势的正确认识与把握,将对提高运输组织工作的预见性、改进运输规划工作具有重要意义。从某种意义上说,运输需求的数量和质量特征决定运输供给的数量、特征以及相应的运输组织方式和运输组织工作水平。此外,运输组织也是运能供给的一种调控手段,也会间接地实现对运输需求的调控。对于关系到社会经济和人民生活全局的交通网络,如铁路网,当某一局部的供给能力不足而造成运输瓶颈时,利用运输组织方法调控过量的运输需求,实施限制装车,综合平衡运量与运能,是运用经济杠杆和价格机制进行需求调控的有效手段。对于各种随机产生的城市交通出行需求,在某个时段、某些地段由于过度集中可能造成交通拥挤时,也必须运用科学的运输组织方法诱导交通流、平衡交通流量。城市道路交叉口的信号系统依据不同时段交通流特征的预测所建立的信号配时方案,以及实行机动车的停车诱导,就是通过交通组织来调控交通流量的例证。现代交通提倡文明出行,需要运用更高层次的交通运输组织管理手段,提高交通的效率,减少拥堵和环境污染,有利于实现可持续发展。总之,通过有效的交通运输组织,能够实现对运输需求进行调控和管理的目的。

二、运输价格

运输价格与运输成本密切相关,后者是前者的重要组成部分之一。运输成本的高低与运输价格的高低成正比,在很大程度上反映了运输劳务价值量的大小。

(一)运输价格的含义

运输价格是运输产品的价格,是运输产品价值的货币表现,一般简称为运价。它由运输成本和运输盈利(利润和税金)两部分组成。其中,税金是国家财政收入的主要形式和来源,是运输经营者为社会创造的那一部分剩余价值;利润是运输经营者为自己创造的那一部分价值。在税金和运输价格一定的条件下,运输成本越低,利润就越高。

(二)运输价格的特点

1. 计算单位的复合性

计算运输价格时需要将货物重量、旅客人数以及运输距离相结合,因此运输价格是一个复合单位,以元/吨千米或元/人千米为计价单位。因为单位运输产品的价值随运输距离的变化而变化,所以运输价格随运输距离的变化而存在差异,不仅运费总额随运距延长而增加,而且在一定距离范围内,不同运距每吨千米或每人千米的运价单位也不相同。

2. 价格形式的单一性

一般来说,工农业产品只有经过生产和流通两个环节,才能形成价格,流通过程的不同,造成了价格形式的多样性。生产形成生产者价格,流通到消费者手中形成消费者价格。例如,工业品有出厂价和销售价之分,农业品有收购价与销售价之分,商业中有批发价与零售价之分。而运输产品的生产和消费是同一个过程,消费不能离开生产过程而独立存在,因此在大多数情况下,运输产品的生产者价格和消费者价格是统一的,运输价格只有消费者价格这一种形式。

3. 价格种类的多样性

运输价格虽然只有消费者价格这一种形式,但是其种类繁多。运输方式相同但运输对象不同,就会产生不同的运价;如果运输对象相同但采用的运输方式不同,也会产生不同的运价;如果运输对象和运输方式都相同,但运输距离不同,根据不同的运价率进行计算,还会产生不同的运价。因此,不同的运输对象、运输方式及运输距离产生的每一种组合都会产生一种运价,从而使运价种类繁多。

4. 价格的区域性

运输成本水平会受到自然条件的影响,在不同的地形和气候条件下,运输成本水平会出现较大的差异,这必然使运输价格出现较大的差异。由于运输产品的不可储存性,不同条件下的运输价格不能互相替代。例如,山区和高原的运输价格明显高于平原地区。基于此,各地区的交通企业会根据本地区的实际情况制订适合本地区的运输价格,从而导致运输价格具有很强的区域性。

(三) 运输价格的种类

由于物资运输采用的运输工具、运输距离和货物品种等不同,因此货物运价可按不同的标准进行分类。

1. 按适用的范围划分

1) 普通运价

普通运价适用于一般货物的正常运输,是货物运价的基本形式。

2) 特定运价

特定运价是运价的一种辅助形式,以补充普通运价。它是指对某种货物、某种流向或某一段线路规定的特殊运价。特定运价是根据运价政策制订的,在某一时间内对某种货物予以鼓励或限制。有时也可以单独制定特定运价。

3) 地方运价

地方运价适用于某地区或某一条线路的运价。如临管营业的新建铁路或未与铁路网接通的营业铁路规定的临管运价,交通系统的地方水运运价等。

4) 国际联运运价

国际联运运价是国际联运出口或进口过境货物的运价,国内区段按有关规定办理,过境运价根据国际有关规定办理。

2. 按货物发送批量、使用的容器划分

1) 整车(批)运价

整车运价是指公路和铁路运输中整车货运所适用的运价。在我国,铁路整车货运按整车运价号所规定的运价率计算收费。货物重量除有特殊规定外(如使用家畜车、敞车、冷藏车),一律按照货车标记载重量(标重)计算,而不管实际所装货物是否达到标重;如果实际重量超过标重,则按货物实际重量计费。整车货运具有作业费用低、运力周转速度快和单位运输成本低等优点。为了从经济上使货物托运者关注合理使用运输工具,改善货物运输和装载方法,充分发挥运输工具的运载能力,整车运价应比零担运价低。整批运价是指按规定达到一定重量可作为一张运单或一批托运的,按整批运价计算。

2) 零担运价

零担运价是指公路和铁路运输中零担货运所适用的运价。零担货运是指托运人委托运输部门运送的货物无须单独使用一辆货车,其特点是零担货物品种繁杂、车辆利用率低、中转次数多、运输组织工作复杂、作业费用高、运力周转速度慢以及单位运输成本高,因此零担运价比整车运价高。铁路零担的计重单位为 10 千克,不足 10 千克仍按 10 千克计费。

3)集装箱运价

集装箱运价是针对集装箱运送货物规定的运价。

3. 按计算方式不同划分

1)分段里程运价

分段里程运价是指把里程分为若干区段,在不同区段内使用不同的运价。铁路和交通运输部直属运输企业的现行运价采用的就是这种计算方式。

2)单一里程运价

单一里程运价是指每千米的运价率不变,运输全程用一个单一的运率。在这种情况下,运价的增加与运输距离成正比。

3)航线里程运价

航线里程运价是指在同一航线上使用同一基本运价,航空运输的现行价采用的就是这种计算方式。

(四)运输价格的制订依据

1. 运输成本和运输盈利

运输成本是制订运输价格的主要依据,也是制订运输价格的最低临界点。在正常情况下,运输企业为了能抵偿运输成本而不至于亏本并能扩大再生产,要求运输价格不低于运输成本。运输成本可以近似地反映运输价值量的变动趋势。运输盈利是指合理的利润和税金,运输企业在制订运输价格时必须考虑盈利水平。

2. 运输产品的供求关系

运输市场的供求平衡,不仅会因运输市场价格对供给和需求的调节而引起,还会由运输供给和需求对市场价格的调节而产生。运输供求对运输价格的影响主要是指后者。供求关系是价值规律作用的一种表现,运输供求关系的变化必然反映到运输价格上来。运输价格的高低除了取决于运输产品的价值外,还受到运输市场供求关系的影响:当需求大于供给时,运输价格就上升;当需求小于供给时,运输价格就下降。供求关系的变化导致运输价格的涨落,而运输价格的涨落又刺激供求关系的变化。通过供给与需求同运输价格之间有机的联系和运动,供与求趋向一致,价格与价值趋向一致,价值规律的要求得到实现。

3. 运输市场类型

根据市场的竞争程度,运输市场结构大体可分为四种类型,即完全竞争运输市场、垄断竞争运输市场、寡头垄断运输市场和完全垄断运输市场。不同的运输市场类型,会对运输价格产生不同的影响。运输市场在完全竞争的条件下,同类运输产品质量相同、价格相同,并有大量的供给和需求者,运输经营者进入或退出市场完全自由,运输企业和乘客(或货主)都只能是运输价格的接受者;在垄断竞争的条件下,同类运输产品的经营者数量众多,争夺市场的竞争相当激烈,运输企业和乘客(或货主)不是运输价格的接受者,而是具有运价决策权的决策者;在寡头垄断的条件下,由一个或少数几个运输企业提供运输产品,运输价格是由几家大企业根据协议或某种默契规定的;在完全垄断的条件下,运输产品由唯一的经营者提供,运输价格不是由市场供求关系决定的,运输企业有完全自由的定价权,可以通过垄断价格获得高额利润。

4. 各种运输方式的竞争

各种运输方式都是为了实现劳动对象的位移,因此在许多情况下可以互相替代。运输消费可以从安全性、及时性、经济性和服务质量等不同需要出发,在综合运输市场上,在相近的运输条件下,选择自己认为理想的运输方式。各种运输方式的经营者面临着这种选择的竞争,所以运输企业在确定运输价格方面有了更为灵活的方式。例如,甲、乙两地之间的旅客运输,可供选择的运输方式有铁路和海运,而铁路硬席卧铺的舒适程度与海运三等舱位相仿,但由于前者的运输速度快于后者,因此,在一般情况下铁路票价会高于海运票价。如果海运票价高于铁路票价,则会造成铁路运输紧张而海运空闲,这时若海运因运输成本高而无法降价以争取客源,最终只能退出该航线的运输。

5. 国家经济政策

国家对运输业实行的税收政策、信贷政策和投资政策等均会直接或间接地影响运输价格水平。长期以来,国家为扶持运输业,在以上诸方面均制定了优惠政策。例如,2020年,由于新冠疫情,财政部、税务总局出台了一系列针对交通运输服务业相关税收优惠政策。从运输价格的理论构成来看,在运输成本和利润不变的情况下,运输价格可随之降低。因此,目前国家对运输业实行的优惠税率政策有利于稳定运输价格并促进运输业的发展。

(五)运输定价的理论

1. 运输价值决定论

运输价值决定论认为,货物运价的形成基础是运输价值,运输价值是凝结在运输服务中的无差别的人类劳动,包括物化劳动(死劳动)和活劳动两部分。价值量就是劳动量,劳动量用社会必要劳动时间来表示。该理论认为运价取决于运输劳务的价值,即运输价值决定运输价格。实际上,运输价值定价以全社会的平均生产成本(包括平均利润)为定价基础,它主要为政府制定基准运价提供理论依据。显然,这是计划经济或实行运价控制条件时的定价依据。

2. 资源配置论

资源配置论认为,运输定价是一种资源配置的方法,不存在所谓"正确的"价格,只有可以实现预期目标的优化定价策略。从企业角度看,往往要以利润最大化的价格水平作为阶段目标,有时会追求以最大市场份额为目标的价格,有时会追求能保证最大销售收入的价格;但从全社会角度看,人们会更多地要求制定以社会福利(或消费者剩余)最大化为目标的定价方法,要求定价有利于宏观经济发展、有利于大多数人的利益、有利于社会安定和使用者安全等。资源配置论的理论依据是边际成本定价理论,即在充分竞争的市场中采用边际成本定价可以实现资源的有效配置,这时,不仅能实现企业利润最大化,还能实现社会福利最大化。

(六)货物运价的定价规则

相对于客运定价而言,货运定价更加复杂,因此这里仅仅讨论货物运价的定价规则。由于货物种类、距离、批量以及运输条件的要求不同,各种运输方式均制定了简单易行且合理的有关货物运价问题的规定,如《铁路货物运价规则》《水路货物运输规则》《汽车货物运输规则》《中国民用航空货物国内运输规则》等,各个规则对运费的计算都做了具体的规定。

1. 货物运价分号表

由于货物的种类繁多,运输条件和运输成本各不相同,不可能为每一种货物确定一个运价率。为了明确对各种货物应该收取的运费,对具有相同性质和特点的货物进行分类,然后把运输条件和运输成本大致相同的划分为一级,构成货物运价分号表,铁路运输称为"运价号",水运称为"运价等级"。

2. 货物运价率表

货物运价率是确定运价水平的关键,关系到运输企业的收入和发货单位运输费用的支出,影响到企业的利润。货物运价率是由运价基数、各运价号、等级间的增减比例以及整车、零担、集装箱运价的比例等确定的。运价基数是指最低运价号的起码计算里程运价率,是决定总体运价水平的基础。要确定运价基数,首先要确定货物起码计算里程,起码计算里程是根据各种运输方式间运量的分配情况确定的;其次,在运价基数和运价率的基础上,按照运输距离递增递减率求出各区段的递差率;最后,计算各运价号、各里程区段的每吨货物运价率,编制成货物运价率表。

3. 货物运价里程表

货物运价里程表是计算货物运费的重要依据,是说明运送距离即货物从发站至到站间的距离的一组文件。铁路运价是按最短线路计算的,所以,铁路货物里程表中各站之间的距离是按最短线路的原则制定的。

(七)运输价格管理

所谓运输价格管理,是指根据运输价格本身运动的客观规律和外部环境,基于一定的管理原则,采用一定的管理形式和管理手段对运输价格的运动过程所进行的组织、指挥、监督和调节等各种职能活动的总和,具体包括运输价格的管理原则、管理形式和管理手段等。

1. 运输价格的管理原则

1)统一领导、分级管理的原则

运输价格管理的"统一领导",是指涉及全国性运输价格管理工作的价格方针、价格调控计划、定价原则、调价方案与步骤和价格管理法规等内容应由国务院价格主管部门统一制定、统一部署和全面安排,并借助一定的组织程序和组织机构,采用相应的管理手段,对运输价格管理过程进行组织、监督、调节和协调。运输价格的"分级管理"是指各级政府、运输主管部门基于各自的价格管理权限,对运输价格和收费标准实施的管理。

2)直接管理与间接管理相结合的原则

运输价格的直接管理,是指国家直接指定、调整和管理运价的一种行政管理方法。

这也是我国20世纪80年代以前对运输价格进行管理时所使用的一种主要方法。它的基本特点是运输价格由国家价格主管部门或业务主管部门直接制定和调整，并采用行政手段强制企业执行。运输价格一经制定就具有相对稳定性。

运输价格的间接管理，是指国家通过制定与实施经济政策并运用经济手段来影响市场定价环境和诱导企业定价行为的一种价格控制方法。它的基本特点是国家不直接规定和调整运输价格，而主要通过经济政策和经济手段来诱导运输企业进行价格决策。

3）保护竞争、禁止垄断的原则

在客货运输质量大体相同的条件下，通过不同运输方式之间、同一运输方式不同企业之间的运价竞争，达到运输资源的合理配置和提高企业的经济效益的目的。保护竞争的实质就是进行公平、公开、公正的市场交易，而地方保护主义、"地下"交易和"黑市"交易等就是不正当的竞争行为。因此，为了保护运输业的正当竞争，国家要建立并完善保护竞争、反对垄断的法规，制止任何企业或任何企业集团利用某些优势搞价格垄断和牟取暴利的行为。

2. 运输价格的管理形式

1）国家定价

国家定价是由县级以上各级政府物价部门、交通运输主管部门按照国家规定的权限制定并负责调整的运输价格。

2）国家指导价

国家指导价是县级以上各级政府物价部门、交通运输主管部门通过规定基准价、浮动幅度或最高、最低保护价等形式制定的运输价格。

3）市场调节价

市场调节价是运输企业根据国家有关政策和规定，主要通过市场供求情况自行确定的运输价格。

3. 运输价格的管理手段

1）法律手段

价格管理的法律手段，是指国家通过制定法律、法规对价格进行规范化的管理。就运输价格而言，是指规范运输价格管理形式和管理权限、制定调价的基本原则和保护措施、禁止运输价格垄断和暴利行为的措施和制裁办法等。

2）经济手段

价格管理的经济手段，是指国家利用财政、税收、货币、信贷和投资等经济手段来影响和控制运价水平，变原来的事后价格对资源的调节为事先调整运价机制，从而达到社会资源的合理配置和运输能力最有效使用的目的。

3）行政手段

价格管理的行政手段，是指国家交通运输主管机关或部门运用行政命令，下达统一的运价，实施带强制性的措施和监督办法以及管理和协调各种价格关系的一种手段。

三、运输能力

运输供给实质上是一种生产能力，为了实现运输的生产过程，完成国家规定的运输任务及满足旅客及货主的运输需求,运输供给方应当具备和保持适度的运输能力。运输能力是一个复杂的体系,它关系到乘客或货物的位移,依靠运输工具的容量和运输组织效率,反映了运输供给的基本能力。

(一)运输能力的含义

运输能力是通过能力和输送能力的总称。通过能力是指在一定的运输条件、交通状态和运输组织方法下,单位时间内运输站点、运输线路等能够服务的最大通过量;输送能力是指在没有不合理的延误、危险或限制等的确定运行条件下,运输工具在一个给定的时间里通过一个给定地点所运输的最大客货数量。

就铁路运输能力而言,铁路通过能力是指该铁路线在一定的机车车辆类型和一定的行车组织方法的条件下,根据其现有的固定设备,在单位时间(通常指 24 小时)内最多能够通过的列车对数或列车数。通过能力也可用车辆数或货物吨数来表示,而客运专线还可用旅客人数来表示。铁路输送能力是指该铁路线在一定的固定设备、机车类型和行车组织方法条件下,根据现有的活动设备数量和职工配备情况,在单位时间内最多能够通过的列车对数、列车数、车辆数、货物吨数或旅客人数。

通过能力和输送能力这两个术语相互之间既有区别又有联系。通过能力着重从现有固定设备方面指明某种运输线路的承载能力,因为它没有考虑现有的活动设备(载运工具)数量和职工配备情况等方面的因素,所以通过能力的实现将不可避免地受这些因素的制约;输送能力着重从现有的活动设备数量和职工配备情况等方面说明运输线路实际通过的客货数量,它需要以通过能力为依托并受其限制。也就是说,输送能力一般等于或小于通过能力。

(二)运输能力的影响因素

影响运输能力的因素很多,包括各种运输方式的技术性能、经济因素、自然因素以及运行组织因素。

1. 技术性能

各种不同的运输方式具有不同的技术性能,也因此具有不同的运输能力。根据运输能力的含义可知,运输方式的技术性能对其通过能力有重要影响,技术性能因素一般从运输固定设施和移动运输设备两个方面考虑。例如,水路运输中,影响航道通过能力的技术性能包括:①天然航道区段的通航尺度(深度、宽度和弯曲半径)、人工运河的尺度和船闸的尺度;②航道通航枯、中、洪水位的水深;③天然航道的航标设置和过滩设备能力;④航道困难地段(如急流、浅滩和单行水道)的长度、数量及分布;⑤船舶尺度(长、宽和吃水);⑥船舶和船队的速度。

2. 经济因素

经济因素主要指经济条件、客货流结构以及运输工具与运输对象的适应情况等。由于经济条件不同,不同地区和运输企业的运输能力也不同。同时,客货流结构不同、旅客和货主的运输需求不同影响运输需求,从而对运输供给方的运输能力造成影响。另外,装载能力等经济因素也影响运输能力。

第六章 运输市场分析管理

3. 自然因素

自然因素主要是指风、雨、雪、雾、温度和区位等自然地理条件。对于不同运输方式，其运输能力受自然因素的影响不同，航空运输受自然条件的影响较大。同时，不同地区的地理条件不同，则不同地区的运输能力不同，地区间不同运输方式的运输能力也不同。例如，在青藏铁路开通之前，西藏的铁路运输领域一直发展缓慢。

4. 运行组织因素

运行组织因素包括所采取的运输组织方法，特别是薄弱环节的组织工作。例如，影响航道通过能力的运行组织因素包括所采取的发船方法、船舶（船队）通过困难地段的方法和驾驶人员的技术水平。因此，提高管理人员素质、充分发挥人的积极因素对提高运输能力有重要意义。

上述四个方面的影响因素，前三者属于客观条件，后者主要取决于主观因素。

（三）各种运输方式的运输能力

任何一种运输方式的运输能力都可以从其载荷和载体这两种角度去界定和测量，而无论从哪种角度去界定，运输能力都是由运输的硬件和软件的综合实力决定的。一般来说，通过能力的计算应以所有技术设备的充分利用为出发点，必要时应进行综合调整，使各项技术设备的能力达到最佳匹配，同时要考虑设备日常保养维修所需的时间及其工作的可靠性和运输工作质量等因素。

当运输能力用载荷能力测度时，以货运为例，我们可以用每小时可完成的净重吨千米数来表示。运输能力的这种表示方法形似统计能力，实为运输工具的一种技术性名义能力，是根据运输工具技术参数推算求得的，而不是由统计平均求得的。

各种运输方式的运输能力的比较如表 6-1 所示。

表 6-1　各种运输方式的运输能力

运输类别	能力单位	数值
铁路	每列车小时净重吨千米	$0.34\times10^5 \sim 5.3\times10^5$
公路（卡车与半拖车）	每车小时净重吨千米	$360 \sim 3224$
水路（江轮）	每船小时净重吨千米	$1.8\times10^5 \sim 5.3\times10^5$
水路（拖轮）	每船小时净重吨千米	$1.8\times10^5 \sim 4.8\times10^5$
水路（海轮）	每船小时净重吨千米	$0.18\times10^6 \sim 1.8\times10^6$
航空（大型喷气机）	每飞机小时净重吨千米	$0.8\times10^3 \sim 1.3\times10^3$
航空（直升机）	每飞机小时净重吨千米	$350 \sim 1230$
管道	每泵站小时净重吨千米	$1800 \sim 55300$

对表 6-1 所列的各种运输方式的运输能力数据进行比较，为了得出唯一的比较结论，其中指标变化幅度大的管道运输方式暂不加入比较之列，从而得出除管道运输之外的四种运输方式的运输能力大小的排序，依次为水路运输、铁路运输、航空运输、公路运输。也就是说，水路、铁路两种运输方式是大型运输方式；航空运输是中型运输方式；公路运输则是小型运输方式。

第三节　运输合同管理

企业的物流运输需求不可能也没有必要完全由自己来满足,外包、合作、购买运输服务是每一个企业必不可少的活动,由此物流运输提供者与企业在有关投资、承诺、退出合作的自由、保险等方面会产生一些矛盾,而避免这些矛盾的最好办法是订立协议和合同,以法律的形式来明确双方的权利与义务。

一、运输合同的概述和分类

运输合同是规范运输活动、明确运输承托双方权利、责任的法律文件。

(一)运输合同概述

运输合同是承运人将货物或旅客从起运地点运输到约定地点,托运人或者收货人支付票款或运输费用的合同,是承运人和托运人双方签订的、明确双方权利义务关系、确保货物有效位移的、具有法律约束力的合同文件。它是承运人开展货物运送业务的法律形式。运输合同的主体涉及货方(包括托运人、收货人等)、承运人、货运代理人。

(二)运输合同的特征

运输合同除了具有一般合同普遍的法律特征外,还具有自身的特征。

1. 运输合同属于提供劳务的合同

运输合同的标的是承运人的运送或运输行为,而不是被运输的货物本身。因此,合同所约束的对象不同于一般的实物产品,对运输行为的考察和约束必须依赖于货物运送的质量。

2. 运输合同大多是格式合同

运输合同具有标准合同的性质,主要内容和条款由国家授权的交通运输部门以法规的形式统一规定,如《公路货物运输合同实施细则》《铁路货物运输合同实施细则》《水上货物运输合同实施细则》等。合同、提单等都是统一印刷的,运费率也是国家统一规定的,双方当事人和任何其他机构无权自行变更。

3. 运输合同大多属于为第三方利益订立的合同

运输合同往往涉及第三方参加,即除了承运人和托运人之外,一般还有收货人。虽然往往收货人并非签订合同的当事人,但他可以独立享有合同约定的权利,并承担相应的义务。

4. 运输合同大多属于诺成合同

诺成合同是与实践合同相对应的。诺成合同是指双方当事人意思表示一致即可成立的合同,即"一诺即成"的合同。实践合同是指当事人双方意思表示一致以外尚须交付标的物才能成立的合同。运输合同一般为诺成合同,但以托运单、提单代替书面运输合同的因承运人往往需要收取货物并核查后才能签发提单或在托运单上盖章,故这类合同应为实践合同。《铁路货物运输合同实施细则》第五条规定,零担货物或集装箱货物的运输合同承运人在托运人提出的货运提单上加盖承运日期戳之时为合同成立。

5. 运输合同可以采用留置的方式担保

留置是指债权人按照约定占有债务人的动产,当债务人不能按约定期限履行还款义务时,债权人有权依法留置该财产,以该财产拍卖、变卖的价款优先得到偿付。法律对留置权有明确规定,其中运输合同的债权人就享有留置权。《中华人民共和国合同法》(以下简称《合同法》)明确规定,收货人不明或者收货人无正当理由拒绝受领货物的,承运人可以提存现货。

(三)运输合同的分类

依据不同的标准,可以从不同的角度对运输合同进行分类,如表 6-2 所示。

(1)按承运方式的不同,运输合同可分为公路运输合同、铁路运输合同、水路运输合同、航空运输合同、管道运输合同和多式联运合同。

(2)按运输对象的不同,运输合同可分为普通货运合同和特种货物运输合同。

(3)按组织方式的不同,运输合同可分为单一运输合同和联合运输合同。

(4)按货物数量的不同,运输合同可分为批量合同和运次合同。批量合同一般是一次托运货物较多的大宗货运合同。运次合同一般是托运货物较少,一次即可完成的运输合同。

(5)按合同形式的不同,运输合同可分为书面合同和契约合同。书面合同是指签订正式书面协议形式的合同。契约合同是指托运人按规定填写货运托运单或货单,这些单证具有契约性质,承运人要按托运单或货单要求承担义务,履行责任。

(6)按合同期限的长短,运输合同可分为长期合同和短期合同。长期合同是期限在一年以上的合同。短期合同是期限在一年以下的合同,如季度合同、月度合同等。

表 6-2 运输合同的分类

分类方法	合同种类
承运方式	公路运输合同、铁路运输合同、水路运输合同、航空运输合同、管道运输合同和多式联运合同
运输对象	普通货运合同、特种货物运输合同
组织方式	单一运输合同、联合运输合同
货物数量	批量合同、运次合同
合同形式	书面合同、契约合同
合同期限	长期合同、短期合同

二、运输合同的订立和履行

运输双方在达成交易意向后,应订立运输合同并依法按合同约定的条款享受各自的权利,履行相应的责任和义务。

(一)运输合同订立的程序

运输合同订立的程序主要包括要约和承诺。

1. 要约

所谓要约,就是一方当事人向另一方当事人发出的以订立合同为目的而提出的合同条件。该意思表示应符合两个规定:一是内容具体确定;二是表明经受要约人承诺,要约人接受该意思表示约束。该意思表示的内容包括订立合同的愿望、合同的内容和主要条款,一般由托运人提出。

2. 承诺

承诺是受要约人同意要约的意思表示。承诺应以通知的方式发出,应当在要约确定的期限内到达要约人,并与要约的内容完全一致。在运输合同的订立过程中,承诺指承运人接受或受理托运人的要约或提议,对托运人提出的全部内容和条款表示同意。受理过程包括双方协商一致的过程。

(二)运输合同的内容

运输合同应根据《合同法》及其相关规定制订。运输合同的具体内容应包括:
(1)货物的名称、性质、重量、数量、收货地点等;
(2)货物的包装要求;
(3)货物的运输时间和地点,包括货物起运及到达的时间、地点等;
(4)运输质量和安全要求;
(5)货物装卸方法和责任划分;
(6)收货人领取货物和点验、查收货物的标准;
(7)运杂费的组成、计算标准和结算方法;
(8)变更、解除合同的期限和条件;
(9)双方的权利、义务;
(10)违约责任;
(11)双方商定的其他条款。

三、运输合同当事人的权利和义务

(一)托运人的权利

在买方市场的经济环境下,托运人是买方,是货物运输合同首先要确认的权利保障对象。实际上,在合同体系中,托运人的权利是主要矛盾的主要方面,包括:
(1)要求承运人将货物运至约定地点并交给收货人的权利;
(2)在有限制的前提下,有提出终止运输、返还货物、变更地点、变更收货人的权利。

(二)托运人的义务

(1)有向承运人真实通告有关货物运输的必要情况的义务。尤其在物流过程中会出现问题的货物,托运人必须如实申报和准确告知。
(2)有按照协议向承运人交付运费和运输杂费以及其他应由托运人交付的费用的

义务。

(3)有杜绝违规、违法托运的义务。对于需要运输审批的货物,应由托运人完成审批手续或者委托承运人代办审批手续。

(4)有对货物进行包装的义务,并应当按照国家规定在包装上进行标识。

(5)有向承运人交付运输货物的义务。

(三)承运人的权利

(1)有收取运费的权利。

(2)有按实际付出收取运输杂费的权利。

(3)在托运当事人或收货当事人不支付协议费用的情况下,享有承运货物的留置权。

(4)在特殊情况下,可以提存货物并从中取得应得的费用。

(5)有拒绝承运违规、违法货物的权利。

(四)承运人的义务

承运人的基本义务是完成货物的运输。从规定作业的角度,承运人还有下述义务。

(1)按条款接受货物的义务,在接收货物后出具有关凭证的义务。

(2)有按约定期间或者合理期间将货物完成运输的义务。

(3)按照合同约定的路线或者按通常的运输路线进行运输的义务。

(4)有文明承运的义务。承运过程中应当杜绝野蛮装卸、放任管理等问题。

(5)按照协议满足托运当事人变更的义务。

(6)有通知的义务。按协议的约定,承运人有义务将所承运货物在途情况、到货情况通知托运当事人或收货当事人。

(7)有将货物交付收货人的义务。

(五)收货人的权利和义务

无论收货人是托运人本身,还是第三方当事人,收货人的权利和义务是整个三方当事人不可缺少的一个方面。收货人的权利主要集中在:及时获得到货通知,按提单凭证或其他收货协议收货(提货或接受承运人的送货),以取得货物。收货人的义务主要集中在:收货人应当及时收领(取货或接受送货)货物,支付应由收货人承付的费用(运费、运输杂费、逾期保管费等)。收货人有在约定期限内进行检验并对运输质量进行认定的义务。

四、运输纠纷及其处理

在货物运输中产生纠纷以致引起诉讼是常有的事。一方面,货主可能会因为货物在运输途中发生的各种损失而向承运人索赔;另一方面,承运人也可能会因为未支付的运费或其他应付款项而向货主索赔。这些索赔并不一定都是承运人的过失引起的。正确解决这些纠纷不仅要找到真正的过失方,还要清楚承运人或托运人谁应对过失负责。这是一个十分复杂的任务。

(一)运输纠纷的类型

运输纠纷既可能由承运人因货损等各种原因造成对货主方的损失,也可能因货主方的原因造成对承运人的损害所引起,总体可以分为以下几类。

1. 货物灭失纠纷

造成货物灭失的原因很多,可能由于承运人的运输工具如船舶沉没、触礁,飞机失事,车辆发生交通事故、火灾,因政府法令禁运和没收,战争行为,盗窃等,因承运人的过失,如绑扎不牢导致货物落海等,当然也可能因承运人的故意(如恶意毁坏运输工具以骗取保险、明知运输工具安全性能不符合要求等)导致货物灭失。

2. 货损、货差纠纷

货损指的是货物在运输、装卸、保管过程中发生数量上的损失或质量上的损失;货差即货物数量的短缺。货损、货差既可能是由于货主方自身的过失造成,如货物本身标志不清、包装不良、货物自身的性质和货物在交付承运人之前的质量、数量与运输凭证不符,也可能是由于承运人的过失,如积载不当、装卸操作不当、未按要求控制货物运输过程中的温度、载货舱室不符合载货要求、混票等原因造成。

3. 货物的延迟交付

即因承运货物的交通工具发生事故,或因承运人在接受托运时未考虑到本班次的载货能力而必须延误到下一班期才能发运,或在货物中转时因承运人的过失使货物在中转地滞留,或因承运人为自身的利益绕航而导致货物晚到卸货地。

4. 单证纠纷

承运人应托运人的要求倒签、预借提单,从而影响到收货人的利益,收货人在得知后向承运人提出索赔,继而承运人又与托运人之间发生纠纷;或因承运人(或共代理人)在单证签发时的失误引起承托双方的纠纷;此外,也有因货物托运过程中的某一方伪造单证引起的单证纠纷。

5. 运费、租金等纠纷

因承租人或货方的过失或故意未能及时或全额交付运费或租金,因双方在履行合同过程中对其他费用如滞期费、装卸费等发生纠纷等。

6. 船舶、集装箱、汽车、火车及航空器等损害纠纷

船舶、集装箱、汽车、火车及航空器等均属运载工具,在运输全过程中,因托运人的过失,造成对承运人的运输工具损害的纠纷。

(二)运输纠纷解决的途径

目前,我国解决运输纠纷一般有四种途径:当事人自行协商解决、调解、仲裁和诉讼。其中,诉讼和仲裁是司法或准司法解决。运输纠纷出现后,大多数情况下,纠纷双方会考虑到多年的或良好的合作关系和商业因素,互相退一步,争取友好协商解决,同时为以后的进一步合作打下基础。也有的纠纷因双方之间产生的分歧比较大,无法友好协商解决,双方可以寻求信赖的行业协会或组织进行调解,在此基础上达成和解协议,解决纠纷。但还会有一部分纠纷经过双方较长时间的协商,甚至在行业协会或其他组织介入调解的情况下还是无法解决,双方只能寻求司法或准司法的途径。

1. 仲裁

仲裁是一种重要的纠纷解决手段,主要分为两种:机构仲裁和临时仲裁。如果双方在纠纷发生后一致同意就该纠纷寻求仲裁,或在双方订立运输合同时已选择仲裁作为纠纷解决机制时,可以就该纠纷申请仲裁。仲裁申请人向约定的仲裁机构提出仲裁申请,并按仲裁规则指定一名或多名仲裁员。仲裁员通常是与该行业有关的商业人士或专业人士,仲裁员根据仲裁规则对该纠纷做出的裁决对双方都具有约束力,而且只要是仲裁过程符合仲裁规则,则该裁决是终局的。

目前,我国涉及仲裁的法律主要有1995年颁布的《中华人民共和国仲裁法》。关于仲裁裁决的国外执行公约是1958年颁布的《承认及执行外国仲裁裁决公约》(《纽约公约》)。我国1986年12月2日参加了该公约。这样,在我国和公约其他参加国之间的仲裁裁决的相互执行应依据公约的规定进行。在和没有加入该公约的国家之间,裁决的执行在我国是按对等原则进行的。

2. 诉讼

如双方未对纠纷的解决方法进行约定,或事后无法达成一致的解决方法,则通过法院进行诉讼是解决纠纷最终的途径。各种运输纠纷可以按照我国的诉讼程序,由一方或双方向有管辖权的法院起诉,然后由法院根据适用法律和事实进行审理,最后做出判决。当然,如果某一方乃至双方对一审判决不服的,还可以根据诉讼法进行上诉、申诉等。但是,通过法律诉讼解决纠纷,耗时也费钱。

为了更好地处理运输类纠纷,我国设置了专门受理海事纠纷的法院——海事法院,还颁布了专门适用于海事案件审理的程序法《中华人民共和国海事诉讼特别程序法》。铁路运输的纠纷在我国也有专门的铁路运输法院受理和管辖。

(三)索赔时效和诉讼时效

在运输,特别是国际运输中,经常会出现当事人双方或几方的各种纠纷,其中有相当一部分难以协调,如果必须诉之于司法或准司法机构,则索赔时效和诉讼时效是一组重要的概念。规定时效的目的是促进当事人各方及时行使和保护自己的权利,早日消除不确定的法律关系。如果一方当事人超过时效才行使自己的索赔和诉讼请求权,则通常会丧失胜诉权。

1. 海上运输纠纷时效规定

我国海商法规定,就海上货物运输向承运人要求赔偿的请求权,时效期间为1年,自承运人交付或者应当交付货物之日起计算;在时效期间内或者时效期间届满后,被认为负有责任的人向第三人提起追偿请求的,时效期间为90日,自追偿请求人解决原赔偿请求之日起计算。

2. 公路运输纠纷时效规定

因公路运输的纠纷要求赔偿的有效期限,从货物开票之日起,不得超过6个月。从提出赔偿要求之日起,责任方应在2个月内做出处理。

3. 铁路运输纠纷时效规定

发货人或收货人根据铁路运输合同向铁路提出赔偿请求,以及铁路对发货人或收货人关于支付运送费用、罚款和赔偿损失的要求,可在9个月期间内提出;货物运到逾期的赔偿请求,应在2个月期间内提出。

4. 航空运输纠纷时效规定

根据《华沙公约》对航空运输的索赔时效的规定,分为货物损害和货物延迟两种情况区别对待。前者的索赔时效是 7 天,后者的索赔时效是 14 天。但《海牙议定书》对此做了全面的修改,将货物损害索赔时效延长至 14 天,将货物延迟的索赔时效延长至 21 天。至于诉讼时效,自航空器到达目的地之日起,或应该到达之日起,或运输停止之日起 2 年。

第四节 运输成本管理

运输成本管理的目的是把物流总成本降到最低,这意味着最低的运输费用并不总是导致最低的运输总成本。运输成本管理是一项综合性管理,是对整个物流运输经济绩效的全面反映。运输企业最重要的是对成本进行控制,实施一系列经营战略的改变,如实行共同配送,运输大量化、计划化等。

一、运输成本的含义

运输成本是指运输生产者(或供给者)为完成客货位移所造成的费用总和,包括直接运输费用与管理费用两部分。运输成本分为运输总成本和单位运输成本两个概念:运输总成本是一定时期内的运输成本支出总和;单位运输成本是单位运输劳务的支出(货物运输一般以元/吨千米为单位)。为了更加准确理解运输成本,必须区分运输成本与运费、运价的关系。

(一)运输成本与运费的关系

运输成本是运输生产者(或供给者)完成指定条件下的运输所付出的代价,而运费则是运输消费者完成特定条件下的运输所付出的代价。这两者之间的一般关系是

运费＝运输成本＋运输生产利润＋在运期间运输需求方支付的资金成本
　　＝(1+利润率)×运输成本＋在运期间运输需求方支付的资金成本

(二)运输成本与运价的关系

运输成本是为完成运输活动所发生的一切费用,主要是从运输供给的角度来考虑的。运价(运输价格)是运输价值的货币表现,需要从运输供给和运输需求两个方面进行考虑。运输价值量的大小取决于生产运输产品所消耗的劳动量,购买劳动量的支出就是运输生产费用,构成了运输成本。运输劳动创造了新的价值,就是运输赢利。运价由运输成本和运输赢利(利润和税金)这两个部分组成。

二、运输成本的构成

对运输业或运输活动来说,成本的分类必须考虑运输活动的特殊性。运输业所使用

的资本被分成了固定设施和移动设备两大部分,这对运输成本的类别划分具有关键性的意义。运输业的固定设施一般是指运输基础设施,如铁路、公路、站场和港口等,它们一旦建成就不能再移动,这些基础设施一般不能直接提供运输服务;运输业的移动设备是指移动性的运输工具,如火车、汽车、船舶、飞机等,这些载运工具一般用来直接提供运输服务。运输业资本的这种特殊性质,使得运输成本的分类与其他行业有所不同,它包括固定设施成本、移动设备拥有成本和运营成本三个部分。

(一)固定设施成本

固定设施对每一种运输方式都是必不可少的:铁路运输需要轨道、车站;汽车需要公路和停车场地;航空运输离不开机场和空中指挥系统;船舶运输要在港口停泊和装卸;管道本身就是固定设施。固定运输设施的投资被认为是一种沉没成本(sunk cost),因为这些设施固定在一定的地理区域上,一旦建成就不能再移动,而且在一定程度上不能再被用于其他任何用途。例如,港口和道路被废弃时,原来的码头和路基几乎无法改作他用。也由于这个原因,在运输系统中常常出现一部分固定设施出现拥挤现象,而同时另一部分固定设施却被闲置在一边。

固定运输设施除了起初的投资建设,还有在使用寿命期间内所需要的养护及维修,因此固定设施成本还包括养护、维修及其他相关使用成本。与投资相比,这些固定设施的养护、维修及使用费用比较少,其中有些费用与使用这些固定设施提供的运输量关系不大,属于固定成本,另外一些则可能与运输量的多少有密切联系,因此被认为属于变动成本。

(二)移动设备拥有成本

管道是唯一仅使用固定设施的运输方式,其他各种运输方式都同时使用固定设施和移动设备,可移动的载运工具包括铁路机车车辆、各类卡车、公共汽车、小汽车、各类客货船舶和飞机等。由于这些运输工具可以根据需要在不同运输市场之间甚至不同用途之间转移,因此在移动运输工具上的投资不属于沉没成本。

所有运输工具都有自己的使用寿命,运输工具的价值在其使用期内会逐渐转化为运输成本,因此使用寿命决定着运输工具的折旧过程。有些运输工具的使用寿命是以年限计算的,在这种情况下,运输工具的折旧转移成本似乎与其使用中所提供的运输量没有直接关系,是每年或每月固定的成本。还有些运输工具的使用寿命是以行驶里程计算的,在这种情况下,运输工具的折旧转移成本就与其使用中提供的运输量直接相关,属于变动成本。

(三)运营成本

运营成本主要包括两类:一类是直接运营人员的工资;另一类是运输工具消耗的燃料。运输工作量越大,这些直接的运营成本数量也会越大,这两类都是直接与运输量相关的变动成本。当然,运营成本还不仅仅包括这两类。车辆的运行必然会引起运输工具磨损,需要对载运设备进行修理和维护。因此,运输企业一般还需要配备若干辅助人员和管理人员,这些辅助人员和管理人员的工资以及所需要的工作开支属于间接运营成本。间接运营成本的一部分是与运输量有关的变动成本,其他部分与运输量变动的关系不大。在不同运输方式的运输成本中,固定设施成本、移动设备拥有成本和运营成本各自所占的比重或涉及的程度是有差别的,其相应部分伴随产量的不变性或可变性也不一样。而且,这种不变性或可变性还要根据使用者的具体角色来确定。例如,高速公路的保养和维护对其经营者大体上是一种固定成本,但对使用收费道路的汽车司机来说,却是根据行驶里程支付的变动费用。因此,运输业的三种成本划分与产量变化的关系交织在一起,再加上运输经营者和使用者的多样性,使得运输成本分析具有很大的难度。

三、不同运输方式的成本特征

(一)铁路运输

铁路运输的固定成本费用高,变动成本费用相对较低。这是因为铁路线路、车站、机车车辆、通信等基础设施的投资大,提高了固定成本。铁路运输变动成本(工资、燃油、维护成本等)随运距和运输量的大小而成比例变化,一般认为它占总成本的 1/2 或 1/3。这样,当一个系统有很高的固定成本费用时,适合进行规模经济和距离经济。规模经济的特点是随着运量的增长,使每单位运量的运输成本呈下降趋势。规模经济使得货物的批量运输显得更加合理。距离经济的特点是每单位距离的运输成本随运输距离的增加而减少。距离经济的合理性类似于规模经济,尤其体现在运输装卸费用的分摊上。同时,距离越长,可使固定费用分摊后的值越小。这样,将固定成本均摊到更大的运量和更长的运输距离中去,运输成本就会下降。

(二)公路运输

由于公路运输的承运人不拥有用于营运的基础设施,公路运输的固定成本是所有运输方式中最低的,与铁路运输的成本特征形成鲜明对比。但公路运输的变动成本很高,它既包括用于车辆营运的燃料、轮胎、车辆折旧、维修费用等,还包括为了公路建设和公路维护而向车辆征收的燃油税、过路(桥)费、养路费等。变动成本随车辆行驶里程或完成的周转量成正比例变化。在公路货运站进行运输时,固定成本包括车站取货和送货费用、站台装卸费用、制单和收费等作业费。公路运输也存在规模经济,当运输批量较大时,固定成本费用分摊到较大的运量,所以单位运输成本会随运量的增加而降低,但是不如铁路运输下降那么明显。成本和运量之间的函数关系与图 6-1 中所示的一般化成本曲线形式是一样的。

(三)水路运输

水路运输除必须投资购买建造新船、建设港口之外,航道投资极少。目前,港口和航道由国家通过管理体制进行管理,船舶所属的航运企业则是水路运输的承运人。大部分港口是服务港,即港务当局不仅提供港口的基础设施,还提供诸如货物装卸服务和货物的港内搬运和处理等服务;不仅从事港政和航政,还从事港内各项业务活动。这样,水运承运人的固定成本除船舶本身的折旧费等外,还和港口作业有关。但是,水路的运输能力大、变动成本低,所以水运是最廉价的大宗货物运输方式之一,适合长距离、大批量运输。

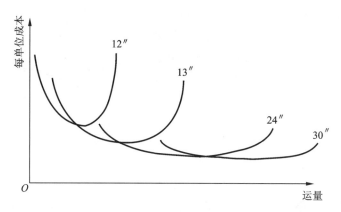

图 6-1 管道直径和管道运量函数的一般成本特征值

(四)航空运输

航空运输与水运运输、公路运输相比,成本特征有很多相同之处。航空运输的机场和空中通道一般不属于拥有飞机的航空公司,航空公司根据需要以燃料、仓储、场地租赁和飞机起降等形式购买机场服务。同时,地面的搬运装卸、取货和送货也属机场提供的航空货运服务的一部分,这些成本就成为使用机场需要支出的固定成本。此外,航空公司还拥有(或租赁)运输设备飞机等,在经济寿命周期内对其进行折旧就构成每年的固定费用。航空公司的变动费用主要是燃料和原材料,受运距的影响较大。固定成本和变动成本合在一起通常使航空运输成为最贵的运输方式,短途运输尤其如此。但是,随着机场费用和其他固定费用支出分摊在更大的运量上,单位成本会有所降低。如果在长距离内营运,还会带来单位成本进一步下降。

(五)管道运输

管道运输与铁路运输的成本特征一样,管道公司拥有这些基础设施或拥有它们的使用权。管道的投资和折旧及其他成本使管道运输的固定成本在总成本中是较高的。为提高竞争力,管道运输的运量必须非常大,以分摊这么高的固定成本。变动成本主要包括运送原油、成品油或天然气等的动力和与泵站经营相关的成本。对动力的需求大小取决于线路的运量和管道的直径。在运输中,摩擦损失和气泵动力随管道周长变大而增加,运量则随横截面积的增大而提高。由于大管道与小管道周长之比不像横截面面积之比那么大,所以,只要有足够大的运量,大管道的每吨千米成本会迅速下降。在一定的管道规格条件下,如果运送的产品过多,管道运输的规模效益会递减。上述成本的一般特征如图 6-1 所示。

四、运输成本的影响因素

运输成本的影响因素有很多,主要包括以下几方面。

(一)运输距离

运输距离是影响运输成本的主要因素,因为它直接对劳动力、燃料和维修保养等变动成本发生作用。从经济角度而言,每一种运输方式都有自己经济合理的运距范围。一一般而言,航空和海洋运输最适合长距离运输;公路运输在短途运输中占有优势。在经济合理的运距范围内,各种运输方式的运输成本随距离的延长而递减。图6-2显示了运输成本与距离的一般关系。从图中可以看出:第一,成本曲线不是从原点开始的,这是因为运输成本中的固定成本以及与货物提取和交付活动相关的费用与距离无关,即使没有发生运输活动,这些费用也已经发生了;第二,成本曲线是随距离的增大而逐渐增长的一个函数。也就是说,运输距离越长,单位距离的运输成本越低,这又被称作运输成本的递远递减性质。

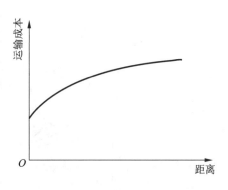

图 6-2　运输成本与距离的关系

(二)载货量

与其他许多物流活动一样,大多数运输活动都存在着规模经济。装载量的大小会影响运输成本,也是运输规模经济的一个重要表现。图6-3说明了每单位重量的运输成本随载货量的增加而减少,这是因为提取和交付活动的固定费用以及行政管理费用可以随载货量的增加而被分摊。当然,载货量要受运输工具最大尺寸的限制。所以,企业为了提高运输效益,可以将小批量的载货整合成更大的载货量,以获得规模经济效应。

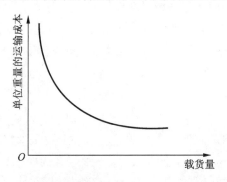

图 6-3　单位重量的运输成本与载货量的关系

(三)货物的疏密度

货物的疏密度是综合考虑货物重量以及占据空间的一个指标,也是影响运输成本的重要因素。该因素之所以重要,是因为运输成本通常表示为每单位重量所花费的数额,而在重量和空间方面,运输工具更多的是受到空间限制,而不是重量限制。即使该产品的重量很轻,运输工具一旦满载,也就不可能再增加装运数量。既然运输工具实际消耗的劳动成本和燃料成本基本不受重量的影响,那么货物的疏密度越高,单位重量的运输成本就相对越低。图6-4就说明了每单位重量的运输成本随货物疏密度的增加而下降的关系。

(四)装载性能

装载性能,又称空间利用率,是指货物利用运输工具(铁路车厢、拖车或集装箱)空间

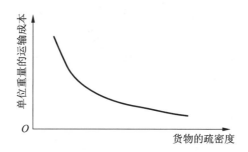

图 6-4　单位重量的运输成本与货物疏密度的关系

的程度。货物的装载性能由其大小、形状和弹性等物理特性所决定。具有相同密度的产品,其装载性差异可能很大。一般来说,具有标准矩形的产品要比形状不规则的产品更容易装载。装载能力还受到装运规模的影响,大批量的产品往往能够相互嵌套,便于装载,而小批量的产品则有可能难以装载。

(五)装卸搬运的难易程度

货物装卸搬运的难易程度也是影响运输成本的因素之一。装卸搬运难度较高的货物,其装卸搬运费用较高,因而运输成本通常也较高;大小或形状一致的货物(如纸箱、罐头、筒)搬运费用较低;有些货物需要用专门的装卸搬运设备处理,搬运费用较高。此外,产品在运输和储存时实际所采用的成组方式(如用带子捆扎、装箱或装在托盘上等)也会影响到搬运成本。

(六)货物的易损性

有些货物具有易损、易腐、易自燃、易自爆、易偷窃等特性,容易带来损坏风险和索赔事故,运输这些货物时除需要特殊的运输工具和运输方式外,承运人还必须通过货物保险来预防可能发生的索赔,从而增加了运输成本。

(七)市场因素

除了货物特性以外,市场因素同样也会对运输成本产生较大的影响。其中,较显著的因素有:同种运输方式间的竞争以及不同运输方式间的竞争,政府对运输活动的管理、限制和法律的规定,市场的位置(如产品运输距离等),运输通道的均衡性等。其中,运输通道的均衡性是指运输起点与终点之间运输通道的流量是否均衡。如果不均衡,就会出现车辆返空现象并造成运力的浪费,从而影响到运输成本。

五、物流运输的成本控制

控制运输成本的目的是使总的运输成本降低,但又符合运输的可靠性、安全性与快捷性要求。运输成本的控制可以采用定量方法,如线性规划法、表上作业法、网络分析法等。运输合理化可以充分利用现有的时间、财务等资源,组织合理运输,使得运输距离最短、运输环节最少、运输时间最短和运输费用最省,所以它也是运输成本控制的主要手段。以下简要介绍几种运输成本控制的策略性方法。

(一)合理选择运输方式

使用不同的运输方式会给企业带来不同的运输成本,所以应根据实际需要合理选择运输方式。选择运输方式时,应根据不同货物的形状、价格、运输批量、交货日期、到达地点等情况,考虑运输工具的经济性、迅速性、安全性和便利性之间相互制约的关系,并进行综合评价。例如,可根据各种运输方式的成本与货物重量的关系来选择运输方式,以控制运输成本。图6-5显示了各种运输方式与运输重量和运输成本的关系。如果企业运送货物的重量平均少于10千克,则用空运可以降低运输成本;如果平均重量在10~35千克,则用卡车运送较为有利;当超过35千克时,由铁路运送将会降低运费。当然,在实际工作中,企业还要根据不同运输方式所带来的存货成本以及所需要的运输时间进行综合判断。

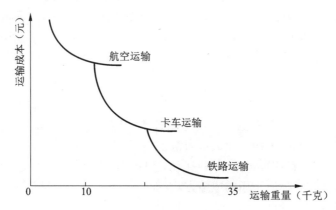

图 6-5 运输成本、运输重量与运输方式的关系

（二）拥有适当数量的车辆

企业拥有车辆过少,发货量多时,会出现车辆不足的现象,要从别处租车。相反,拥有车辆过多,发货量少时,会出现车辆闲置的现象,造成浪费。所以,对运输部门来讲拥有适当数量的车辆是必要的。

（三）优化仓库布局

运输网络设置的优化可以从整个运输系统上控制运输成本。例如,通过优化仓库布局可以实现运输时间最短、运输线路最短,从而达到运输成本最小化。建立一个合理化仓库的基本原则是利用集运的规模经济性。一个制造商通常在广泛的市场区域中出卖产品,如果一些客户的订货是少量的,那么只要将他们的订货集中起来,形成足够的货运量去覆盖每个仓库设施的固定成本,并使仓库与当地发送的总成本等于或少于直接运送货物至客户的总成本,这样建立的仓库设施在经济上就是合理的。

（四）实施集运策略

所谓集运,就是利用规模经济来降低运输成本的集中运输策略。当然,组织集运还要考虑因此而可能造成的延迟物流响应时间的负面影响。

（五）推行直运战略

直运即直达运输,就是在组织货物运输的过程中,越过商业物资仓库环节或铁路等交通周转环节直接运达目的地的运输方式。就生产资料来说,由于某些物资体大笨重,一般采取生产厂直接供应消费单位(生产消费)的方法实行直达运输。在商业部门,则根据不同的商品,采取不同的运输方法。有些商品规格简单,如纸张、肥皂等,可以由生产工厂直接运到三级批发商、大型商店或用户,越过二级批发商环节;也有些商品规格、花色比较复杂,可由生产工厂供应到批发商,再由批发商配送到零售商店或用户。至于外贸部门,多采取直达运输,对出口商品实行产地直达口岸的办法。

企业在决定是否采取直达运输战略时,必须考虑下述因素:该产品的特性(如易腐性和季节性),所需运送的路程与成本,顾客订货的数量与重量,地理位置与方向等。

(六)采用"四就"直拨运输

"四就"直拨运输,是指各商业、物资批发企业在组织货物调运的过程中,对当地生产或由外地调拨的货物,不运进批发仓库,而是采取直拨的办法,把货物直接分拨给市内基层批发、零售商店或用户,减少一道中间环节,这样可以收到双重的经济效益。其具体做法有就厂直拨、就车站(码头)直拨、就库直拨、就车(船)过载等。

(七)提高装载量

提高装载量的主要做法有以下几种。

1. 组织轻重装配

把实重货物和轻泡货物组装在一起,既可充分利用车船装载容积,又能达到装载重量,以提高运输工具的使用率。

2. 实行解体运输

对一些体大笨重、不易装卸又容易碰撞致损的货物,如自行车、缝纫机、科学仪器等,可将其拆卸装车,分别包装,以缩小所占空间,提高运输装载效率。

3. 改进堆码方法

根据车船的货位情况和不同货物的包装形状,采取各种有效的堆码方法,如多层装载、骑缝装载、紧密半载等,以提高运输效率。

另外,充分利用各种运输方式的优势,推进联合运输,实施托盘化运输、集装箱运输、拼装整车运输等,也是对运输成本控制的有效策略。

 案例

沃尔玛降低运输成本的学问

沃尔玛是世界上最大的商业零售企业之一,在物流运营过程中,尽可能地降低成本是其经营哲学。

沃尔玛有时采用空运,有时采用船运,还有一些货物采用卡车公路运输。在中国,沃尔玛百分之百地采用公路运输,如何降低卡车运输成本,是沃尔玛物流管理面临的一个重要问题,为此他们主要采取了以下措施。

(1)沃尔玛使用一种尽可能大的卡车,大约有16米加长的货柜,比集装箱运输卡车更长或更高。沃尔玛把卡车装得非常满,产品从车厢的底部一直装到最高,这样非常有助于节约成本。

(2)沃尔玛的车辆都是自有的,司机也是公司的员工。沃尔玛的车队大约有5000名非司机员工，还有3700多名司机员工，车队每周每一次运输可达7000～8000千米。

沃尔玛知道，卡车运输是比较危险的，有可能会出交通事故。因此，对于运输车队来说，保证安全是节约成本最重要的环节。沃尔玛的口号是"安全第一，礼貌第一"，而不是"速度第一"。在运输过程中，卡车司机们都非常遵守交通规则。沃尔玛定期在公路上对运输车队进行调查，每辆卡车上面都带有公司的号码。如果看到司机违章驾驶，调查人员就可以根据车上的号码报告，以便进行惩处。沃尔玛认为，卡车不出事故，就是节省公司的费用，就是最大限度地降低物流成本。由于狠抓了安全驾驶，运输车队已经创造了300万千米无事故的纪录。

（3）沃尔玛采用全球定位系统对车辆进行定位，因此在任何时候，调度中心都可以知道这些车辆在什么地方，离商店有多远，还需要多长时间才能运到商店，这种估算可以精确到小时。沃尔玛知道卡车在哪里、产品在哪里，就可以提高整个物流系统的效率，有助于降低成本。

（4）沃尔玛的连锁商场的物流部门24小时进行工作，无论白天或晚上，都能为卡车及时卸货。另外，沃尔玛的运输车队利用夜间进行从出发地到目的地的运输，从而做到了当日下午进行集货，夜间进行异地运输，翌日上午即可送货上门，保证在15～18个小时内完成整个运输过程，这是沃尔玛在速度上取得优势的重要措施。

（5）沃尔玛的卡车把产品运到商场后，商场可以把它整个地卸下来，而不用对每个产品逐个检查，这样就可以节省很多时间和精力，加快了沃尔玛物流的循环过程，从而降低了成本。这里有一个非常重要的先决条件，就是沃尔玛的物流系统能够确保商场所得到的产品是与发货单完全一致的产品。

（6）沃尔玛的运输成本比供货厂商自己运输产品要低，所以厂商也使用沃尔玛的卡车来运输货物，从而做到了把产品从工厂直接运送到商场，大大节省了产品流通过程中的仓储成本和转运成本。

沃尔玛的集中配送中心把上述措施有机地组合在一起，做出了一个最经济合理的安排，从而使沃尔玛的运输车队能以最低的成本高效率地运行。当然，这些措施的背后包含了许多艰辛和汗水，相信我国的本土企业也能从中得到启发，创造出沃尔玛式的奇迹来。

第五节　运输外包管理

一、物流外包与运输外包的概念

（一）物流外包

随着市场竞争的激烈化和国际化，企业要获得竞争优势，必须从企业与环境特点出发，培育自己的核心竞争力。现代管理强调的是把主要精力放在企业的关键业务上，充分发挥其优势,同时与全球范围内的合适企业建立战略合作关系,企业中非核心业务由合作企业完成,即"业务外包"。作为一般企业,特别是制造企业,它们的关键业务是生产,物流业务不是他们的专长。而将物流作为核心业务的物流企业,有着丰富的物流运作经验和物流管理水平。因此,很多企业纷纷将物流业务外包。

物流外包(logistics outsourcing),一是将有关的物流服务委托给物流企业去做,即从市场上购买有关的物流服务。如由专门的运输公司负责原料和产品的运输,并与运输业务的服务商保持密切合作的关系,从而使企业的整个运作提高到先进水平,而所需要的费用则与目前的开支相等甚至有所减少,并且还可以省去一些巨额投资。二是企业物流部分外包,即物流服务的基础设施为企业所有,但委托有关的物流企业来运作,如请仓库管理公司来管理仓库,或请物流企业来运作管理现有的企业车队。企业自己所拥有的物流资源不足以对企业组织的目标形成有效支持的时候,企业就会到市场上去寻求外部资源的支持,即进行物流外包。

但由于第三方物流公司的历史较短,尤其是国内的第三方物流还不成熟,服务面较窄,功能和能力都有限,同时企业害怕失去控制,不能完全信任第三方物流商,不愿把自己的原材料供应全部交给他人,因此较多的企业目前采用将物流部分外包的形式。从产业进化的角度来看这是一个进步。

财富500强公布的调查结果显示"69%的企业使用了第三方物流",但并不是企业物流全部外包,而是将企业的一部分物流预算给予第三方物流公司。

(二)运输外包

运输外包作为一种管理思想,被国内的第三方物流和商贸流通企业广泛采用,越来越多地出现在我国市场经济社会里。运输外包,属于物流外包业务的一部分,简单而言就是商贸流通企业将自己的运输业务和运输部门的人员、资产委托独立的外部物流公司进行经营和管理,目的是在做好企业运输配送业务的同时提高企业运输管理水平和降低运输总成本。需要指明的是,运输外包作为现代工业社会精益化分工背景下的商业合作模式,其实质是商贸企业与物流服务商在利益一致的基础上结成战略联盟,双方的利益高度联结,共赢共损。

运输外包不能简单理解成传统意义上的寻找运输企业来承接企业的运输业务。因为,传统的运输业务只是将货物运输业务委托给第三方物流企业经营,不存在管理风险;而运输外包是在做好货物运输业务基础上的一种管理输出,需要物流服务商派出专家团队进驻合作单位开展工作,全面管理合作单位的运输业务和运输人员,并主持运输业务的变革。应该讲,提供运输外包服务的物流企业已经具有国外第四方物流服务商的特点,具备一定的智力投入,更多的是利用合作双方现有的资源进行运输管理,以达到在整合物流资源的基础上降本增效的目的。

 案例

阿迪达斯:物流外包政策

如果说耐克的成功是品牌、营销、物流结合的体现,那么阿迪达斯在品牌策略并不十分出色的情况下赢得成功源自对成本的节约,这一点在供应链上体现得淋漓尽致。阿迪达斯经过成本核算,选择了外包其物流作业,这对其尚不完善的物流系统而言,无疑减少了运行成本。

早在1996年,阿迪达斯便决定将其服装在美国的配送业务外包给UPS全球物流公司承担。一年后,又与CALIBER物流公司合作,将运动鞋配送外包。阿迪达斯始终坚持与国际物流公司合作,与这些公司合作,使阿迪达斯产生了良好的效益,既大大节省了成本,又提高了物流服务质量,使其产品能迅速送达顾客。

外包物流对于拓展市场而言,尤其对于一个市场覆盖率需求很大的行业来说非常重要。在全球运动品牌迅猛发展的近20年,阿迪达斯也加快了其供应链外包物流的资源整合步伐。在收购美国锐步公司后,这种基于全球供应链的外包物流成为阿迪达斯整合全球市场的利器。我们可以看到,阿迪达斯物流外包策略对其市场拓展起到了关键作用。

二、实施运输外包的动因

(一)运营因素

1. 降低成本

一般来说,同样的运输业务,交给外部专业的物流运输企业所需要的成本比自营要低。因为以物流运输为核心业务的企业,拥有更高的物流效率,特别是近年来信息技术的发展,外包的协议成本也有显著的下降。运输外包带来的成本节约见表6-3。

表6-3 运输外包带来的成本节约

运输外包任务	平均节约成本/(%)
路线重新设计和最大化	10~15
封闭路径的专一服务	15
运输模式转换	10~15
核心运输管理和通路搭配	5~10
运输谈判和审计	4~5
进货运输货物整合及运输方式选择	20~25
专门运输商地点集合	10~12

2. 获得规模经济效益

对于很多企业来说,自身物流规模有限,不可能达到物流规模经济。而由于拥有强大的购买力和货物配载能力,物流运输服务商则可以集中配载很多客户的货物,大幅度地降低单位运输成本,为客户提供更低廉的报价。

3. 减少资本投资

通过物流运输外包,制造企业可以降低因拥有运输设备、司机和其他运输过程中所必需的投资,从而改善公司的赢利状况,可以把更多的资金投在公司的核心业务上,有助于进入新的市场。

许多物流运输服务商在国内外都有良好的运输和分销网络。希望拓展国际市场或其他地区市场以寻求发展的公司,可以借助这些网络进入新的市场。

(二)战略因素

1. 获得丰富的市场知识和网络资源

通过专业化的发展,物流运输服务商已经开发了信息网络并积累了很多专业知识和许多关键信息,比如,拥有卡车运量、国际通关文件、空运报价和其他信息,通常是由外包服务商搜集和处理。对于外包服务商来说,获得这些信息更为经济,因为它们的投资可以分摊到很多客户的头上。对于非运输专业公司来讲,获得这些专长的费用就会非常昂贵和不合算。

2. 拥有第三方灵活性

通常,把物流运输业务外包给第三方专业运输公司可以使得公司的固定成本转化为可变成本。公司只需向第三方支付服务费用,而不需要自己内部维持物流基础设施来满足这些需求。尤其对于那些业务量呈现季节性变化的公司来讲,外包对公司赢利的影响就更为明显。例如,对于季节性很强的大零售商来说,若要年复一年地在旺季聘用更多的物流和运输管理人员,到淡季再解聘他们是很困难和低效的。若和运输服务商结成伙伴关系,这个零售商就不必担心业务的季节性变化。

3. 获得物流处理的信息技术

许多物流运输服务商与独立的软件供应商结盟或者开发了内部的信息系统技术(例如 EDI、GPS、RFID、条形码和扫描仪等),这使得它们能够最大限度地利用运输和分销网络,有效地进行跨运输方式的货物追踪、进行电子交易、生成提高供应链管理效率所必需的报表和进行其他相关的增值服务。因为许多外包服务商已在信息技术方面进行了大量的投入,可以做到帮助它们的客户搞清楚哪种技术最有用处、如何实施、如何跟得上日新月异的物流管理技术发展。与合适的物流运输服务商合作,可以使企业以最低的投入充分享用更好的信息技术服务。

4. 提高企业的物流管理水平

对企业而言,物流运输外包意味着在不改变人事关系的前提下,物流运输服务商会派出管理专家进驻单位主持运输部门的工作,原运输部门的员工(如运输主管、调度、司机、送货员等)会在这些物流专家的指导下开展工作,不但能学到更多的先进理念和物流技能,也有助于企业整体物流管理水平的提高。

5. 提高物流服务水平

专业的物流企业拥有专业的物流技能和顾客服务知识、丰富的组织经验,这能增强企业的物流效率,获得更高的顾客满意度。同时,物流企业由于集中许多小批量的送货要求来获得规模效益,使各企业得到等同的运输解决方案。

三、外包关系的主要特点

外包双方之间的关系与传统的企业关系通常是不同的,它有区别于其他关系的一定特点。

(一)计划

计划可以在双方组织的若干层次进行,从操作到战略。在外包关系中,联合计划会在各个层次都变得有效。它要求来自双方的投入以及来自它们的"大宗买进"。这些情况一旦发生,双方就会对关系如何进行管理以及它如何发展达成一致。

(二)沟通

成功关系最重要的方面之一就是沟通,而它也是最难设计和实施的一部分。正如计划那样,这些沟通在组织双方的所有水平都能够发生。每日指令、每周职员要求、每月预测以及每年的长期计划都是沟通的例子。同样,关键的是确定出谁拥有信息、谁又需要信息,那么沟通过程就可以发生了。

(三)风险共担与报酬共享

成功关系的一个特定要求是实现利益和风险的真正共享,这可能是很困难的,因为处于这种关系中的每一个组织都有自己想要实现的财务目标,共同承担成功和失败会妨碍一方或双方企业达到这些目标。另一个比较困难的决策是如何实现共享,这种决策的类型需要在关系的洽谈阶段就早早进行分类并确定下来。但第三方和托运人之间的许多协议都包括变化的目标和管理费用结构。提高服务水平,会使托运人大大受益,随之而来的费用增加则会使第三方获益更多。因此,外包双方只有在真正的信息共享基础上才能实现共赢。这种共享类型,也使得组织双方在满足自身财务目标的同时不会损害对方。

(四)信用和承诺

在很多关系中,运输服务商会安排雇员到客户的场所去管理一些运输和物流活动。然而,外包关系可能常常是远距离关系。换句话说,运输服务商是在托运企业不在现场的情况下管理托运企业的部分业务,这种情形发挥作用,要求有一定程度的信用,托运企业必须相信运输服务商将会充分为其利益开展工作,也就是说,以整体和长远的观点来看待这种关系。信用是关系开始的时候就进行评价的几个关键因素之一,然而,实际上信用的发展是贯穿这一关系整个生命周期的。承诺和信用并不是相排斥的,承诺对于关系而言意味着愿意承受失败,积极革新与成长,以及对任何一方企业的专业技术和对关系贡献的尊重。

四、物流外包决策流程

企业在进行物流外包决策时,应从物流在企业的战略地位出发,在考虑企业物流能力的基础上进行成本评价。

对物流外包进行决策时,首先要考虑物流子系统的战略重要性。要决定物流子系统是否构成企业的核心能力,一般可从以下几方面进行判断。

(1)它们是否高度影响企业业务流程?

(2)它们是否需要相对先进的技术,采用此技术能否使公司在行业中领先?

(3)它们在短期内是否不会被其他企业所模仿?

如能得到肯定的回答,那么就可以断定物流子系统在战略上处于重要地位。由于物流系统是多功能的集合,各功能的重要性和相对能力水平在系统中是不平衡的,因此,还要对各功能进行分析。

某项功能是否具有战略意义,关键就是看它的替代性。如其替代性很弱,很少有物流公司能完成或物流公司很难完成,几乎只有本企业才具备这项能力。这种情况下,企业就应保护好、发展好该项功能,使其保持旺盛的竞争力;反之,若很多物流企业也能完成该项功能或物流子系统对企业而言并非很重要,那就需要从企业物流能力的角度决定是自营还是外包了。

企业物流能力在这里指的是顾客服务水平。顾客是个泛指的概念,它既可以是消费者,也可以是下一道工序。如果企业不具备满足一定顾客服务水平的能力,就要进行外包。在外包时采用何种服务,是租赁公共物流服务还是组建物流联盟,这就要由物流子系统对企业成功的重要性来决定。在物流子系统构成企业战略子系统的情况下,为保证物流的连续性,就应该与专业物流服务商签订长期合同,由物流服务商根据企业流程提供定制服务,即实施物流外包;而在物流子系统不构成企业战略子系统的情况下,采用何种服务方式就要在顾客服务水平与成本之间寻找平衡点,比较两者对企业的重要程度以做决定。

具备了物流能力,并不意味着企业一定要自营物流,还要与物流公司比较在满足一定的顾客服务水平下,谁的成本更低。只有在企业的相对成本较低的情况下,选择自营的方式才有利;如不然,企业应把该项功能分化出去,实行物流外包。如果物流子系统是企业的非战略系统,企业还应寻找合作伙伴,向其出售物流服务,以免资源浪费。当然,这种物流服务收入不是企业主营收入。

第六节 运输绩效管理

运输向用户提供的不是有形的产品,而是一种服务。它创造了物品的空间效用,并以空间效用为主,辅以多种增值服务功能,满足用户的需求。所以,运输是服务性活动。如今,物流运输行业竞争日益激烈,谁的服务质量好,谁就能赢得顾客。与此同时,顾客的需要也在不断变化,对物流运输服务质量的要求也在不断提高。在这一动态的发展过程中,如何改进并提高服务质量,强化物流运输的质量管理和控制,是必须关注的问题。

一、运输质量的特性

运输服务质量是指运输服务在满足用户运输及延伸服务需求等方面所达到的程度。运输的质量特性主要表现在安全性、及时性、完整性、经济性和服务性五个方面。

1. 安全性

安全性是运输质量的首要特性,它包括人、机(运输工具与设备)、货三个方面的安全。在实践中,由于货物安全性一般通过完整性指标来衡量,因此,通常所说的安全性主要是指运输工具及人员安全。它可用责任事故次数、安全运输间隔里程、责任事故死亡率等指标来衡量。

由于安全的极其重要性以及影响运输安全因素的复杂性,无论是企业还是政府都设置专门的安全管理机构来共同确保交通运输的安全。安全管理已经从运输质量管理中分化出来,成为一个独立的学科。

2. 及时性

及时性是运输质量的时间特性。它包括三个方面:"及时",即在货物需要的时刻能很快提供运输服务,使客户感到方便;"准时",即按准确的时间为货主提供运输服务;"省时",即在保证运输安全的前提下,提高运送速度,以缩短(节省)运输时间。及时性可用货运及时率、货运合同履约率等指标来衡量。

3. 完整性

即使发生运输事故也并非一定导致货损货差,因此,通常还需要专门反映货物质量的指标——完整性。完整性包括质与量两个方面。完整性可用货损率、货差率、货运事故赔偿率、行包赔偿率等指标来衡量。

4. 经济性

经济性是运输质量的经济特性。它有两方面的含义:一是对企业而言,运输企业必须追求自身的经济效益,降低运输成本,提高效率,获得利润,以求企业的生存与发展;二是对用户而言,用户要求运输企业提供的运输服务,不但要安全、及时、完整,而且在费用方面也要合理。

5. 服务性

服务性是运输质量的综合特性,一般包括满足用户物质和精神两个方面的需求。换句话说,服务性包括运输企业的服务条件和服务态度两个方面。由于一般无法使用量化指标来直接衡量服务性的程度,通常通过货主的投诉情况来反映,即可用客户满意率和客户意见处理率来衡量。

二、影响物流运输质量的因素

影响物流运输质量的因素主要有以下几个。

(1)物流运输参与者。包括技术熟练程度、对质量意义的认识、身体状况和工作精力等。

(2)运输工具。包括运输工具的技术状况和日常维护状况、单位修理能力及备件供应。

(3)运输线路。指线路的不同等级、交通流量、交通设施等。

(4)环境。包括人流、车流,还有气候自然变化,如气温、雷雨晴阴等情况。

(5)运行条件和操作方法。包括运输组织、操作技术水平、安全运行管理,以及由运送对象的特性和要求所决定的各项影响因素。

物流运输质量管理主要是控制这五个因素的变化,掌握这些因素变化与运输质量的内在联系,运用其规律,以此改善各个因素及其组织手段,提高运输质量。

三、物流运输质量管理的特点及要求

基于物流运输产品的特殊性,以及物流运输质量的影响因素,物流运输的质量管理具有以下特点和相应的基本要求。

1. 人的相互影响是物流运输质量的一个重要因素

在与顾客的接触面上,驾驶员、调度员、各操作和服务人员往往成为一种"服务工具",独立、随机、直接地面对各种各样的顾客和货物,其服务技能和服务方式直接决定着顾客对运输质量的感受。而顾客对运输质量的感受,通常带有主观的成分,是顾客凭着与物流运输提供者的直接接触及对运输结果的主观评价决定的,这种由情感决定的感受可能在同样的背景下,会产生完全不同的结论。因此,在对物流运输质量进行管理时,应对人的因素给予高度的重视,包括:采取责任制促进各类人员信守各项质量原则,培训并提升员工的技巧和能力;激励员工提高服务质量和满足顾客的期望;重视与顾客的联络和沟通等。

2. 强调过程管理

由于物流运输的产品不能脱离生产过程而独立存在,决定了其质量的好坏是在运输服务过程的同一时空中一次性形成和实现的,由顾客根据安全性、及时性、完整性、经济性和服务性等方面来评价,不可能像有形产品那样,可以进行返修或更换。在多数情况下,对运输质量的控制只能由控制过程来达到。因此,加强物流运输的现场质量控制是必不可少的。应在需求调研、运输设计和运输提供等全过程中形成结构性的质量管理体系,明确企业各级管理层次的质量职能,加强组织协调,强化内部管理,对运输过程和现场进行有效的控制,做到"始于识别顾客需要,终于满足顾客需要"。

3. 对不合格运输服务及时采取补救措施

虽然顾客评定运输服务不合格常常是直接的,但对不合格的运输服务的纠正却不允许拖延。运输作业人员及时采取对不合格服务的补救措施是挽回损失、减少顾客不满意度的有效方法。物流运输应注意收集已发生的各类不合格的信息,如顾客的抱怨或投诉等,分析导致该类不合格发生的原因。若为系统原因,则在建立质量管理体系时,必须考虑及时采取纠正措施的具体办法,记录采取措施的结果并提交管理部门评审,以保证持续改进质量管理体系的有效性。

4. 在运输提供过程中经常需要顾客的参与和配合

在一些特定的货物运输中,如大件运输或利用顾客的场地装卸货物时往往需要顾客的参与和配合。为了分清企业和顾客的责任,物流运输应加强对承运货物的接收和交付验证。必要时,企业应在运输业务受理时就明确规定顾客的职责,并将对顾客的要求写入相应的程序文件中。

四、运输现场质量控制的主要方式

物流运输质量的控制方式多种多样,主要是根据控制对象和控制效果来确定。物流运输现场一般以人为重点控制对象,因而激励员工自觉性,让员工自我约束,实现联合控制很有必要。

（一）自我控制

由作业人员在运输过程中自觉按标准和规范操作,当发生差错时,应立即采取措施,使物流运输始终符合质量标准的要求。自我控制需要运输作业人员牢固树立质量第一、顾客至上的思想,有过硬的本领和良好的判断能力。

（二）互相控制

这是针对同一运输项目的同一运输过程,或上、下岗位的作业人员相互检查执行标准和规范的情况,发现差错即由检查者通知工作者纠正,减少质量事故的发生。互相控制既可单向控制,也可双向控制。

（三）专职控制

这是管理层人员或专职人员运用各种管理手段,采取必要的措施,引导作业者按程序操作,使运输过程处于受控状态的一种控制方式。专职控制既要对作业人员的工作进行监督检查,又要指导和协助基层作业人员完善执行程序和标准的手段,保证达到最佳的服务状态。专职控制应做好以下工作:

(1)制定适用性强的企业规章制度、运输标准和服务规范;

(2)推行先进的作业技术和方法;

(3)运用数据统计,掌握质量信息,及时对质量问题采取措施;

(4)对作业人员进行业务知识、管理知识的培训,提高员工素质;

(5)对运输全过程的重点部位、关键环节进行抽样检查。

物流运输现场通过自我控制、互相控制和专职控制,可进一步调动员工搞好运输工作的积极性和主动性,将标准化服务与个性化服务有机地结合起来。"最高的物流运输水平和最低的物流运输成本",这只是一种理想化的物流运输模式。在现实中,"最高的运输水平"和"最低的运输成本"两者不可能同时成立,因为二者之间存在着一种"二律背反"。高水平的运输要求有足够的运费支撑,这样势必产生较高的物流成本;而低的物流成本所要求的低廉的运费,则可能会减少运输服务项目,降低运输标准。如何处理好降低物流运输成本与提高物流运输水平的关系是物流运输合理化的过程,这种合理化物流旨在实现一个有效率的物流运输管理系统,其结果是要寻找一个既能让顾客满意的运输水平,又能兼顾物流运输利益的平衡点,实现合理的物流运输质量。

随着物流系统的逐步完善和发展,在提高运输服务水平方面,物流运输的经营者应努力建立起能够控制物资产品从最初供应者到最终消费者之间的物流网络体系,将物流运输与订货、包装、装卸、仓储、配送等单项服务整合为一体,实现物流运输过程的系统管理,满足顾客对货物快速、及时运输的需要。此外,物流运输还可以增加附加服务项目来提高物流运输质量。总之,物流运输应充分认识本企业产品的特殊性,建立健全企业的质量管理和控制体系,不断地提高物流运输质量,把自身的运输能力更好地整合到物流系统之中,在竞争中展现优势。

第六章 运输市场分析管理

复习思考题

一、简答题
1. 运输供给具有什么特点?
2. 运输供给的影响因素有哪些?
3. 运输价格具有什么特点?
4. 运输价格有哪些类别?
5. 运输价格的影响因素有哪些?
6. 运输价格管理有哪些内容?
7. 运输能力的影响因素有哪些?
8. 简述运输合同的特征。
9. 运输纠纷有哪些? 解决的途径是什么?
10. 运输成本由哪几个部分构成?
11. 运输成本的影响因素主要有哪些?
12. 简述运输外包的含义及实施运输外包的动因。
13. 运输的质量特性有哪几个方面?
14. 简述运输现场质量控制的主要方式。

二、论述题

现在,越来越多的企业开始考虑将物流业务外包给专业的物流公司去运作,本企业集中致力于企业核心竞争能力的开发。但是,一直以管理理念领先而著称的海尔集团,却成立了物流推进本部,由海尔集团的副总裁亲自担任物流推进本部的本部长,举起海尔物流的大旗自营物流。此举在物流界引起了广泛关注,褒贬议论均有。请以"海尔物流之我见"为题,撰写一篇1500字左右的小论文,阐述你对企业如何进行物流外包决策的见解。

案例讨论

航空运输企业的市场营销战略

近年来,航空货运物流市场飞速发展。截至2019年,我国货邮运输量达753.2万吨,居世界第二位,约为美国同期水平的60%。其中,国内货邮运输量达511.2万吨,占总量的68%;国际货邮运输量达242万吨,占总量的32%。从发展速度看,"十三五"期间,我国航空货邮运输量年均增速为4.6%,其中,国内货邮运输量年均增长3.7%,国际货邮运输量年均增长6.7%。依照目前市场上提供服务的类型,可以把航空运输业涉及的商业模式分为两大类:第一类为快递类航空货运公司;第二类则为非快递类航空货运公司。快递类航空货运公司是综合服务商,能够提供"门到门"的全套物流服务。非快递类航空货运公司则指传统的航空承运人,重点关注"场到场"的运输服务。

数年来,航空货运逐渐受到物流市场及航空运输市场的重视和发展。目前国内已成立了12家航空货运公司,可以说航空货运行业已经实现了"跨越式"的发展,并存在巨大的发展潜力。与此同时,航空运输在发展中难免会遇到各种挑战,例如,许多外国航空公司对我国航空货运物流市场的"虎视眈眈",加剧了市场竞争;国内经营成本高、市场价格竞争激烈,因为我国的航空用油和材料都属于垄断行业,所以为了保证服务质量,航空运输企业的运营成本始终处于一个较高的位置;航空货运优势遭到其他运输方式的取代,因为运输能力有限,不能一次性将货物送达目的地,而公路或铁路运输则拥有大量的运输空间、较好的运输能力,这一点约束了航空运输业的大规模发展;周边国家和地区的机场抢占,对我国航空运输企业的威胁是非常显著的,依据运输专业资料显示,周边机场每年抢占我国航空运输市场的份额为总份额的2/3。为此,航空运输营销战略必须创新,具体应从以下几个方面入手。

第一,构建一个相互兼容的开放式信息共享系统,利用各企业之间的信息化,不断促进航空货运向集约化发展,更快实现航空货运物流企业的科技运作能力。目前,物流快递运输信息网络相对发达,信息化程度更高,而航空货运的信息化程度还不能满足客户的需求,移动终端的追踪服务还不够及时和快捷。应该在国际化信息网络和系统方面加快建设步伐,提供更优质的服务。

第二,航空货物运输企业要为消费者提供一站式、全方位、合理高效的物流服务,同时兼具企业自身的文化特色吸引消费者。基于以信用为本的原则,航空公司要尊重货运代理人,满足货运代理人在业务各个方面的需求,相互信任、互惠互利,形成共赢。另外,在实际货代能力和水平上,还要做好沟通和协调,积极开展相关培训活动,按照相关规定做好运输资质以及定期货运业务知识的审查,提升货物运输的培训力度。这样一来,实际运输安全等级也会得到进一步提升。更为重要的是,相关工作人员需要及时学习新的政策和规定,确保航空货运企业工作人员能够对最新的行业动态进行了解,并做出积极有效的调整。针对代理市场销售人员,以及关键岗位工作人员,要进一步强化专业化素质,及时改变工作团队之中存在的不足之处,以及把握未来更多的发展机遇。

第三,积极推进航空货运市场模式转型。航空货运市场模式的应用,主要涉及的内容有航空货运、快递行业所组成的第三方合作模式。但从本质角度来说,专业的第三方物流是整个航空货运代理行业发展的必然趋势。一般情况下,航空快递属于航空物流的发展过程中的中坚力量,当发展到一定程度之后,可以实现向航空物流企业的有效转型操作。航空货运企业在模式选择和战略发展过程中,会涉及深度发展的快递市场,各个企业需要强化其专注度,在新的供应链视角之下,做好新业务的拓展。总的来说,航空物流企业属于整个航空货运市场的主体单位,人们需要在航空快递和航空货运等发展上提高重视程度,做到优势互补,从而强化其发展能力。如果能够确保航空货运市场渠道保持畅通状态,直销渠道也会得到本质性拓展,并且会与快递行业结合得更加紧密。

讨论:

1.目前我国航空运输业面临的挑战有哪些?我国目前尚未完全做到航空运输的"客货分离",原因何在?

2.未来航空货运的营销模式的创新有哪些可行的思路?

第七章　物流配送管理概论

> **学习要点**
>
> 本章主要介绍配送管理的基本知识,包括物流配送的特点、配送的功能和作用、配送合理化及管理目标等。本章重点掌握物流配送管理的概念、作用和合理化管理目标。

第一节　配送管理特征

一、配送的服务特性

配送包含了物流的多项功能,它是物流活动在某一范围的缩影和体现。配送与物流系统一样,具有服务特性。在社会再生产过程中,物流起着桥梁和纽带作用,服务于生产和消费。配送作为供应物流和生产物流的一种特殊形式,为生产过程提供服务,配送原材料、零部件等;配送作为销售物流的一种服务方式,为商业部门和消费者提供服务,按需求者的要求把商品送到指定的地点。

二、配送的综合服务特征

配送的综合服务表现在两个方面,一是服务内容综合性,二是配送作业的综合性。客户购货,一般需要订货、选货、付款、提货、包装、装车、运输、卸货等过程,而配送为客户提供综合服务,将大大简化客户的购货过程。现代配送只需客户下达订单,配送中心便按客户要求,把规定的货物送到接收地点,客户验收即可。当然还要按规定的方式结算付款。配送作业比一般的送货作业更复杂一些,一般还包括拣选、分货、分割、配装和加工等环节。在这种条件下,适宜采用先进的仓储、拣选技术和系统管理方法,以提高配送效率和管理水平。

三、配送的准时服务特性

物流配送服务的准时特性是现代生产和现代社会生活的需要。例如,现代生产流水装配线是连续性运转,各工位需要准时供应零部件,如果零部件不能准时配送到位,就会使装配作业陷入混乱或瘫痪;再如,接待贵宾需要鲜花和宴席,如果鲜花不能准时送到贵宾接待处,美食不能准时送到宴会厅,那就可能造成不好的影响,等等。因此,现代配送的准时服务是一项不可缺少的条件。

四、配送的增值服务特征

一般来说,送货是把物品从一个地点送到另一个地点,只改变物品的空间位置,而不改变物品的特征和使用价值。客户的需求是各种各样的,配送中心可以把生产领域中的产品进行深加工,以满足客户的多样性需求,这就是增值服务。例如把水泥加工成混凝土,向建筑工地配送;又如把金属板材按客户要求进行剪裁加工,配送给客户;再如根据生产企业的需要,把钢材、木材、平板玻璃等进行集中下料,制成生产所需的毛坯件,向生产企业配送,等等。

第二节 配送管理的功能与作用

一、配送的基本功能

配送的基本功能包括备货、储存、理货、配装和送货等。这些功能的实现,便形成了备货、储存、理货(拣选配货)、配装和送货(运输与送达服务)等配送业务环节。

(一)备货

备货是配送的准备工作和基础环节。备货工作包括组织货源、订货、采购、进货、验货、入库以及相关的质量检验、结算等一系列作业活动。备货的目的在于把用户的分散需求集合成规模需求,通过大批量的采购来降低进货成本,在满足用户要求的同时也提高了配送的效益。

(二)储存

储存是进货的延续,是维系配送活动连续运行的资源保证。它包括入库、码垛、上架、上苫下垫、货区标识、货物的维护和保养等活动。在配送活动中,储存有暂存和储备两种形态。

1. 暂存形态的储存

暂存形态的储存是指按照分拣、配货工序的要求,在理货场地所做的少量货物储存。这种形态的储存是为了适应"日配""即时配送"的需要而设置的;其数量的多少,只会影响到下一步工序的方便与否,而不会影响到储存的总体效益。因此,在数量上并不做严格控制。

在分拣、配货之后,还会出现一种发送货物之前的暂存。这种形式的暂存时间一般不长,主要是为调节配货和送货的节奏而设置的。

2. 储备形态的储存

储备形态的储存是按一定时期的配送经营要求和货源到货情况而设置,它是配送持续运作的资源保证。这种形态的储备数量大,结构较完善。可根据货源和到货情况,有计划地确定周转储备及保险储备的结构与数量。因此,货物储备合理与否,会直接影响到配送的整体效益。

储备形态的储存可以在配送中心的自有库房和货场中进行,也可以在配送中心以外租借的库房和货场中进行。

(三)理货

理货是配送活动中的一个重要内容。理货通常包括分类、拣选、加工、包装、配货、粘贴货运标识、出库、补货等项作业。

理货是配送活动中的重要环节,是不同配送企业在送货时进行竞争和提高自身经济效益的重要手段。所以,从某种意义上说,理货环节抓得好坏,直接关系到配送企业所创造的附加效益的好坏。

(四)配装

配装是送货的前奏,是根据运载工具的运能合理配载的作业活动。在单个用户的配送量达不到运载工具的有效载荷时,为了充分利用运能和运力,往往需要把不同用户的配送货物集中起来搭配装载,以提高运送效率,降低送货成本。所以配装也是配送系统中一个重要的环节。

配装一般包括粘贴或附加关于货物重量、数量、类别、物理特性、体积大小、送达地、货主等的标识,并登记、填写送货单、装载、覆盖、捆扎固定等项作业。

(五)送货

送货是配送活动的核心,也是配送的最终环节。要求做到确保在恰当的时间,将恰当的货物、恰当的数量,以恰当的成本送达恰当的用户。由于配送中的送货(或运输)需面对众多的用户,大多数的运送也许是多方向的,因而在送达过程中,必须对运输方式、运送路线和运送工具做出规划和选择。选择时要贯彻经济合理、力求最优的原则。在全面计划的基础上,制订科学的、距离较短的货运路线,选择经济、迅速、安全的运输方式,采用适宜的运输工具。一般而言,城市或区域内的送货,由于距离较短,规模较小,频率较高,往往采用汽车、专用车等小型车辆为交通工具。

送货一般包括运送路线、方式、工具的选择,卸货地点及方式的确定,交付、签收和结算等项活动。

二、配送的作用

配送是专业化的经营,它可以发挥降低成本、提高效益等作用,有利于促进物流的社会化和合理化。长期以来,企业出于管理和控制目的,对与产品制造有关的活动和资源一直是采取自行投资或兼并的"纵向一体化"模式,即某核心企业与为其提供原材料、半成品或零部件的企业是一种所有权关系。例如，某汽车公司拥有一个牧场，出产的羊毛用于生产汽车坐垫；某报业大王有一片森林，专为生产新闻用纸提供木材。中国企业深受计划经济体制影响，"大而全""小而全"的思维方式至今仍在各级企业领导者头脑中占据主要位置，许多制造企业拥有铸造、零件加工、装配、包装、运输、销售等一整套设备、设施及组织机构。

纵向一体化的目的是加强企业对原材料、制造、分销和销售全过程的控制，使企业能很好地适应市场的发展变化，增加各个业务活动阶段的利润。在相对稳定的市场环境和规模化生产条件下，采用纵向一体化战略是有效的，但是，面对高科技迅速发展、全球性竞争日益激烈、顾客需求不断变化的今天，对大多数企业来说，纵向发展战略不仅无法实现上述目的，而且会增加企业的投资负担，背上沉重的利息包袱，并且迫使企业从事并不擅长的业务活动。现在，人们已经认识到了在新的市场经济环境下纵向一体化模式的弊端，越来越多的企业放弃了这种经营模式。20世纪80年代中期以后，在工业发达国家有近80%的企业放弃了纵向一体化，取而代之转向了供应链管理模式。供应链管理的基本思想就是"横向一体化"。把原来由企业自己经营而企业并不擅长的非核心业务活动外包出去，充分利用外部资源实现企业运作目标。

配送正是横向一体化中的一种分工协作方式。实行物流配送，可以使生产企业把物流分离或外包出去，实现物流的社会化。物流的社会化可以使物流业形成规模经营，统一运筹规划，从而实现物流的合理化，降低物流成本。

1. 衔接干线运输与末端运输

第二次世界大战之后，由于大吨位、高效率运输工具的出现，干线运输在铁路、海运或公路方面都达到了较高水平，长距离、大批量的运输实现了低成本化。但是，在干线运输之后，往往还要辅以支线转运或小搬运，这种支线运输及小搬运成为物流过程中的一个薄弱环节。这个环节与干线运输相比，有着不同的要求和特点，如要求较高的灵活性、适应性和服务性，致使运力往往不能充分利用、成本过高等问题的产生。采用配送方式，从范围来讲，可使支线运输与小搬运统一起来，有效衔接干线运输与末端运输；从资源利用来讲，专业化经营提高了设备利用率，可以降低成本。

2. 降低生产企业的库存量

实现高水平的配送之后，尤其是采取准时配送方式之后，生产企业可以完全依靠配送中心的准时配送而不需保持自己的库存，或者只需保持少量库存，这样可以实现生产企业的"零库存"，将企业从库存的包袱中解脱出来，解放大量储备资金，从而改善企业的财务状况。

生产企业的库存转移到配送中心，但不是等量转移。配送中心是集中库存，其总量远低于各生产企业的分散库存量的总和，同时加强了统一调剂能力，提高了社会经济效益。此外，采取集中库存可以利用规模经营的优势，科学规划进货时间和数量，使单位存货成本下降。

3. 提高送货效率

传统的送货是针对一个客户，即使货物较少，也要派人派车送去，造成不必要的资源浪费。配送中心的送货是针对多个客户的，不是一个客户一个客户地分散送货，而是统一安排，规划最佳路线，同时对多个客户实施送货，从而达到合理安排运力、节约资源、降低成本的目的。

4. 提高供应的保证程度

由于生产企业的主要任务是制造产品，不可能花费太大的精力去进行物资采购，可以依靠配送中心解决物资采购与供应问题。配送中心依靠自己联系广泛的专业队伍，以及多方组织货源的优势，可以按生产企业的要求及时供应。随着配送的发展，可以逐步提高物资供应的保证程度，使整个社会生产稳步协调发展。

第三节　配送管理的服务方式

由于市场环境的不同，要满足不同的生产需求和消费需求，所采用的配送服务方式也不尽相同。配送服务方式有多种分类方法。按配送时间和数量分类，可供选择的方式主要有定时配送、定量配送、定时定量配送、即时配送等。

一、定时配送

这是一种按照商定的时间或时间间隔所进行的配送。定时配送的时间或时间间隔由供需双方以协议的形式确定。每次配送的品种和数量既可以预先在协议中约定，按计划执行，也可在送货之前以商定的联络方式（如电话、传真、E-mail 等）通知配送企业。

由于定时配送在时间上是固定的，对用户而言，便于按照自己的经营情况，在最理想的时间进货，也易于安排接货的人员和设备；对配送企业来说，有利于安排工作计划，有利于对多个用户实行共同配送，以降低成本。当然，定时配送也有其不足之处，主要表现在配送物品的品种、数量变化比较大的情况下，配送车辆配装、运力安排等作业的难度加大。

定时配送主要有以下几种表现形式。

1. 日配式

日配式是在接到订货要求后，在 24 小时之内将货物送达的配送方式。一般情况下，日配的要求是上午接单，下午送达；下午接单，第二天早上送达。

日配式是定时配送中被广泛采用的一种方式，特别是城市范围内的配送大多以日配的方式进行。日配式可以使用户基本上不需要库存。生产经营或销售经营的保障，靠的不是传统的储存方式，而是靠日配式的配送来实现的，这就可以使用户做到"零库存"。

日配式适合的用户有：①连锁型商业企业以及要求周转快、随进随出的小型商店、量贩店、零售店；②连锁型服务企业和要求保证货物鲜活程度的服务业网点；③采用零库存模式进行生产的生产企业和由于自身条件限制、缺乏储存设施的企业。

2. 准时配送式

准时配送式是指按照双方约定的时间准时将货物配送到用户。这种方式的特点在于时间的精确性。要求按用户的生产节奏,不早不迟正好在规定的时间将货物送达。采用这种方式,连"暂存"的微量库存也可以取消,绝对实现零库存。

准时配送方式既可以通过协议方式来实现,也可以通过看板方式来实现。和一般的定时配送相比,它需要有技术水平很高的配送系统和各种先进的物流设备来支撑。由于用户所需的物品是重复的、大量的,且变化不大,因此往往是一对一配送。这种方式适合于装配型,连续、重复、大量生产的企业用户。

3. 快递式

快递式是一种快速配送的服务方式。一般而言,这种方式覆盖范围较广,服务承诺的时限随着地域的变化而变化,所以常常用作向社会广泛服务的方式,而很少用作生产企业零库存的配送方式。

正因为配送的对象是整个社会的企业型用户和个人用户,所以快递发展很快,颇受青睐。日本的"宅急便"、美国的"联邦快递"、我国邮政系统的"特快专递"等都是运作非常成功的快递式配送。

二、定量配送

定量配送是指按照协议约定的数量实施的配送。这种方式由于数量固定,在管理上可以增强备货的计划性。在计量时可以根据托盘、集装箱及车辆的运载能力进行测算和定量,也可以有效地利用这类集装方式进行整车配送,从而大大提高配送的作业效率。这种方式不严格限定时间,便于配送企业合理安排运力,实施科学管理。对于用户而言,因为每次所收货物的数量相同,所以便于安排人力、装卸搬运机具和储存设施。其不足之处是,有时会增大用户的库存。

三、定时定量配送

定时定量配送是指按照约定的时间和数量实施的配送。这种方式集上述定时、定量两种配送方式的优点于一身,是一种精密的服务方式。由于这种方式计划性强,作业难度大,配送企业没有一定的实力和能力是难以胜任的。因此,这种方式仅适合于生产量大且稳定的用户,如汽车、家用电器、机电产品制造业等。

四、定时定路线配送

这是一种在约定的运送路线上,按照运行时刻表进行的配送方式。这种方式要求用户预先提出供货的品种、数量,并在规定的时间,到指定的站点接货。采用这种方式,有利于配送企业科学安排车辆和司乘人员,可以依次对多个用户实行共同配送,因而比较易于管理,配送成本也较低。对用户来说,有利于安排接货,同时由于成本不高,用户也乐于接受。

这种方式适合于消费者集中的商业繁华区域的用户,解决了因街道狭窄、交通拥挤、难以实现配送到门的难题。

五、即时配送

即时配送是按照用户应急要求进行的配送。这种方式是对其他配送服务方式的完善和补充,它主要是应对用户由于事故、灾害、生产计划突然改变等因素所导致的突发性需求,以及普通消费者的突发性需求所采用的高度灵活的应急方式。大型配送企业要想支持和保障自己的经营活动,取得用户的信赖,就应当具备这种应急能力。当然,这种服务方式成本较高,不是经常采用的一种方式。

六、共同配送

共同配送是由多个企业联合组织实施的配送。由于共同配送是一种协作性的活动,其目标是实现配送的合理化,因而有利于充分发挥配送企业的整体优势,合理配置配送资源,降低配送成本,减少运送里程,同时也为电子商务的发展奠定了基础。

(一)共同配送的运作形式

共同配送有以下三种运作形式。

(1)由若干个配送企业联合,划定配送区域,交叉利用他方的配送设施和机械设备,就近对用户实行配送。这种形式有利于降低配送成本,使协作伙伴间获得"双赢"或者"多赢"。

(2)由一个配送企业对多个有共性配送需求的用户,在配送时间、数量、次数、路线等诸方面做出全面规划、统筹安排的配送。这种形式有利于配送企业采用集中进货、集中库存、优化配货、优化运输方式和运输路线、合理安排送达数量和时间,使配送具有很强的科学性和计划性。

(3)由多家用户联合设立的配送机构集中开展配送。这种形式将分散的资源和分散的配送需求集中起来,形成一定的规模,达到提高配送效率、降低成本的目的。

(二)共同配送的优点

1. 共同配送可以控制各个配送企业的建设规模

多个企业共建配送中心,分工合作,优势互补,各自的建设规模可以控制在适当的范围之内。

2. 配送设施共享,减少浪费

在市场经济条件下,每个企业都要开辟自己的市场和供应渠道,因此,不可避免地要分别建立自己的供销网络体系和自己的物流设施。这样一来,便容易出现在用户较多的地区设施不足,在用户稀少的地区设施过剩,造成物流设施的浪费,造成不同配送企业重复建设物流设施的状况。实施共同配送,可实现物流资源的优化配置,减少浪费。

3. 改善交通环境

由于近年来出现的"消费个性化"趋势和"用户是上帝"的观念,应运而生了准时配送的物流方式。送货次数和车辆急剧增加，大量的配送车辆云集在城市商业区，导致严重的交通堵塞问题。共同配送可以使用一辆车代替原来多个配送企业的多台车辆，自然有利于缓解交通拥挤，减少环境污染。

4. 提高效益

共同配送通过统筹规划，提高车辆使用效率，提高设施利用率，以减少成本支出，提高企业的经济效益。

（三）共同配送的缺点

共同配送经常出现如下管理问题。

（1）配送货物种类繁多，分属多个主体，服务要求不一致，难以进行商品管理。当货物破损或出现污染、丢失等现象时，责任不清，容易出现纠纷，最终导致服务水平下降。

（2）共同配送的运作主体多元化，主管人员在管理协调方面存在困难。

（3）共同配送是多方合伙经营，在物流资源调度和收益分配方面容易出现问题。

（4）参与人员多而复杂，企业的商业机密容易泄露。

第四节　配送管理的主要目标

配送管理是指对物流配送业务活动进行的计划、组织、协调与控制，以达到用户所满意的服务水平及降低配送成本的目的。配送的主要目的就是在保证服务质量的前提下，最大限度地降低物流配送成本。下面定性地从不同角度介绍几项管理目标。

一、物流合理化目标

配送是物流的一种方式和功能，物流合理化标志也是配送合理化的指导性标志。物流合理化表现在以下几个方面：

（1）降低总的物流成本；

（2）减少物流损失；

（3）加快物流速度；

（4）发挥各种物流方式的最优效果；

（5）有效衔接干线运输与末端运输；

（6）不增加物流中转次数；

（7）采用先进的技术手段。

二、库存管理目标

库存管理目标是配送管理的主要目标之一，具体表现在以下两个方面。

（一）库存总量

在一个配送系统中，库存量从分散于各个用户转移到配送中心。库存总量是指配送

中心的库存量与各个用户的库存量。库存管理目标应为:
(1)配送后的库存总量应小于配送前的库存总量;
(2)每个用户在实行配送后的库存量不大于在实行配送前的库存量。

(二)库存周转

在物流配送中,配送中心起到调剂作用,以低库存保持较高的供应能力。库存周转一般总是快于原来各用户的库存周转。此外,各个用户在实行配送后的库存周转也应快于实行配送前的库存周转。

三、社会物流资源节约目标

配送的重要观念是以配送为用户代劳运输、仓储的设备设施和人员集中在配送中心,以减少相应的社会物流资源。

四、节约社会运力目标

物流末端运输是目前运能、运力使用不合理、浪费较大的领域,也是配送合理化的重要标志。实行配送后,应达到如下目标:
(1)社会车辆总数减少,而承运量不减少或增加;
(2)社会车辆空驶率减少;
(3)自提自运减少,社会化运输增加;
(4)各用户的库存量、仓库设施、采购与保管人员减少。

五、资金管理目标

总的来说,实行配送应有利于降低资金占用,实现资金运用的科学管理。

第一,用于资源筹措所占用的流动资金总量,应随储备总量的下降和供应方式的改变必然有一个较大的降低。

第二,资金周转节奏加快,同样数量的资金,能在较短时间内运用而达到目的。

第三,资金投向由分散投入转为集中投入,以增加调控作用。

六、保证供应目标

实行配送,各用户最大顾虑是担心供应保证程度会降低,害怕因供应迟误而给自己的生产或经营带来大的风险。

第一,配送必须提高对用户的供应保证能力。

第二,缺货次数必须降低到最低程度,并有补救措施。

第三,配送中心必须具备即时配送的能力和速度,以应付用户出现特殊情况时的需求。

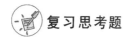 复习思考题

一、简答题

1. 什么是物流配送？配送的实质是什么？
2. 物流配送服务有哪些特征？
3. 配送的基本功能和作用有哪些？
4. 配送方式有哪些？
5. 什么是共同配送？共同配送有哪些优缺点？
6. 配送管理的主要目标有哪些？
7. 如何理解配送管理中的库存管理目标内容？

二、论述题

沃尔玛与家乐福的配送模式有什么不同？中国企业应如何借鉴它们的经验？

 案例讨论

方太厨具智能物流中心

方太集团创建于1996年，作为国内厨电知名品牌，始终专注于高端厨电领域，致力于为追求高品质生活的人们提供优质的产品和服务。方太100亩智能物流中心项目是北自所（北京）科技发展有限公司（简称北自科技）依据高端厨电生产、销售的特点，在方案设计、流程规划和生产管理方面采用了大量创新手段，形成"1+5+N"的智能制造新模式。2020年5月8日和6月22日，由北自科技承建的宁波方太厨具有限公司（以下简称方太）100亩智能物流中心项目分别顺利通过国家和企业验收。作为工信部智能制造的项目，该项目的投入使用为方太日益扩大的市场需求提供了有力的物流保障，不仅提高了供应链生产能力，也增强了物流配送的及时发货能力，树立了高端厨电行业生产物流的新标杆。

该项目占地约66667平方米，拥有箱式输送线5000多米，贯穿南北厂区4个工厂、9座厂房、8条通廊、过街天桥及大型自动化立体仓库（包括拆码垛出入库系统、分拣系统和电商拣选系统三层区域），打造了一个全方位、智能化、立体化的物流中心。该系统服务于方太厨具供应链，智能化物流中心存储规模将达到25万台，发货50000件/天，入库35000件/天，充分满足方太日益增长和不断扩大的产能需求。

交付完成的物流系统具备成品装箱后的件箱长距离输送、机器人自动码垛、托盘自动入库、堆垛自动入出库、托盘自动出库、机器人自动拆垛、件箱高速分拣等功能，实现了"生产—码垛—仓储—拆垛—分拣—配送"的全自动化流程。

讨论：

1. 方太的100亩智能物流中心具有哪些功能？应用了哪些新技术？
2. 该智能物流中心项目给方太带来了哪些好处？智能体现在哪些方面？

第八章　配送作业管理

掌握配送作业的基本流程，了解配送作业的具体内容。

第一节　配送作业流程概述

在配送活动中，无论配送企业的规模大小，或是配送物品的形状、表现形态如何，都需按照一定的顺序运作。这种配送运作顺序也称之为配送的流程。一般而言，把工艺流程较为复杂的、具有典型性的多品种、多批次、多用户、少批量的货物配送流程确定为标准的配送流程。本节以自动化程度较高的配送中心为例，说明配送的基本流程，如图 8-1 所示。

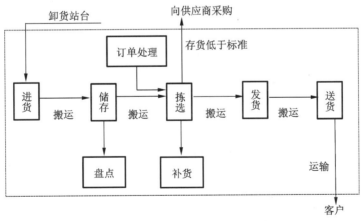

图 8-1　配送中心的基本作业流程

从转运货车到达仓库的卸货站台，确认货品"进货"的开始，便依次将货品"储存"入库。为了有效管理库存物品，则需要定期或不定期地进行"盘点"检查。当收到用户订单后，首先将订单按其性质进行"订单处理"，然后根据处理后的订单信息，进行从仓库中取出用户所需物品的"拣选"作业。拣选完成后，如果拣选区所剩余的存货量过低时，则必须由储存区进行"补货"作业。如果储存区的存货量低于规定标准时,便向供应商采购订货。从仓库拣选出的物品经过整理之后即可准备"发货",待发货准备工作完成后,司机便可将物品装到配送车辆上,向各个用户进行"送货"作业。另外,在所有作业过程中,要实物移动时,其间一定有"搬运"作业,所以"搬运"也是重要的作业。这里暂不考虑包装和流通加工作业,将其看作是分工由其他专业部门完成的作业。

综合上述作业流程,可归纳为以下九项作业:①进货作业;②搬运作业;③储存作业;④盘点作业;⑤订单处理作业;⑥拣选作业;⑦补货作业;⑧发货作业;⑨送货作业。

第二节 配送作业

下面将分别对配送作业的内容、原则、方法及相关事宜进行介绍。

一、进货作业

进货作业包括:从货车上把货物卸下、开箱,检查其数量、质量,然后将有关信息书面化等。图 8-2 是进货作业流程图。

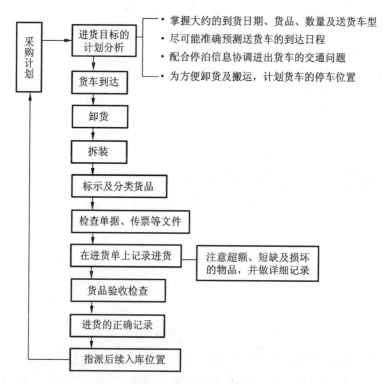

图 8-2 进货作业流程图

第八章 配送作业管理

(一)进货的计划分析

1. 进货作业计划的安排原则

(1)为了安全有效地卸货,要求货车司机参加卸货,以减少公司作业人员,并保证卸货作业正常进行。

(2)为节省空间,力求在一个工作站台进行多品种的卸货作业。

(3)把站台到储存区的活动尽量设计为直线运动,并使距离最小。

(4)尽量使用同样的容器,节约更换容器的时间。

(5)详细记录进货资料,以备后续存取及查询工作的需要。

(6)在进货时间内,尽量减少不必要的货品搬运储存。

2. 配合储存的处理方式

配送中心储存货物有托盘、货箱和小包装三种形式。同样,从货车进货时也有这三种形式。如何衔接进货与储存两者间对货品的三种形式的转换是十分重要的。

(1)当进货与储存都是以同一种形式为单位,即进货时的托盘、货箱和小包装都是原封不动的形式转入储存区。这样进货的输送机可以直接把货品运到储存区。

(2)当进货是托盘、货箱的形式,而储存要求是小包装和货箱形式时,则必须在进货点把托盘或货箱进行拆装,然后以小包装形式放在输送机上,从而进入储存区。

(3)当进货是小包装或货箱形式,而储存要求是托盘形式时,则必须首先把小包装或货箱堆放在托盘上,或把小包装放入货箱内,然后再储存。

(二)货物编号

为保证物流作业准确而迅速地进行,在进货作业中必须对货物进行清楚、有效的编号。编号是对货物按分类内容,进行有序编排并用简明文字、符号或数字来代替货物的名称和类别。对货物编号后,可以通过计算机进行高效率和标准化管理。

货物编号的原则是简易性、安全性、单一性、一贯性、扩充弹性、组织性、易记性、分类展开性和计算机易处理性。

货物编号的方法有以下六种。

1. 流水编号法

这是一种最简单的编号方法。由1开始,按数字顺序一直编下去。这种方法又称为延伸式编号,多用于账号或发票的编号。

2. 数字分段法

把数字分段,每一段数字代表具有某一共同特性的一类货物。

 案例

编号	货物名称
1	6支装牙膏
2	12支装牙膏
3	24支装牙膏

| 4 | 预留 |
| 5 | 预留 |

·················(分段)

6	黑妹牙膏
7	洁银牙膏
8	中华牙膏
9	预留
10	预留
11	预留
12	预留

3. 分组编号法

这种编号方法是按货物特性分成多个数字组,每个数字组代表货物的一种特性。例如,第一组数字代表货物类别,第二组数字代表货物形式,第三组数字代表货物供应商,第四组数字代表货物尺寸。这种方法使用比较广泛。

案例

类别	形状	供应商	尺寸
07	5	006	110

其编号的含义如表 8-1 所示。

表 8-1 分组编号含义

特性	类别	形状	供应商	尺寸	含义
编号	07				饮料
		5			方筒
			006		长江饮料公司
				110	100 mm×200 mm×400 mm

4. 实际意义编号法

按照货物的名称、重量、尺寸、分区、储位、保存期限等实际情况进行编号。图 8-3 表示实际意义编号法。

案例

图 8-3 实际意义编号法示意图

5. 后数位编号法

利用编号末位数字,对同类货物进一步分类。

案例

编号	货物类别
3	服装
39	女装
391	女式上衣
391.1	女式衬衫
391.1.11	女式白色衬衫

6. 暗示编号法

用数字和文字的组合来进行编号,它暗示了物品的内容。这种方法容易记忆,如表8-2所示。

案例

表 8-2 暗示编号法举例

货名	尺寸	颜色与型号	供应商
ZXC	05	BC	10

含义:ZXC 表示自行车(汉语拼音第一个字母)

05	表示小型号5号
B	表示白色
C	表示成人型
10	表示供应商代号

(三)进货标识

为了便于识别货物,在容器、零件、产品或储位上应有一定的编号标签。

1. 托盘的标签内容

(1)托盘识别码。例如:31253505A,其中3表示2003年,125表示从1月1日起累计的天数为125天,3505表示当天进货托盘的系列号码,A表示储位代号。

(2)托盘每一层堆积个数、层数、总个数。

(3)储位(包括拣选位址和保留位址)。

2. 货箱的标签内容

货箱的标签内容包括拣选位址、商品码、商品名、店码、送货日期、销售价格和分类用的条码等。

把进货信息输入计算机,同时打印出四联标签,将其中三张贴在货物上随货物移动,另一张由储存管理人员写上储存区和货架号码后输入计算机,以便进一步确认信息的正确性和保证入库作业正确无误。

（四）货物分类

为有条理地管理货物，对货物进行分类是很重要的。

1. 货物分类原则

(1) 按统一标准，自大分类到小分类划分。

(2) 分类形式应满足企业本身的需要。

(3) 有系统地展开，逐渐细分，层次分明。

(4) 分类排他性。某一产品已划归某类后，决不可再分入其他类。

(5) 分类必须有安全性、普遍性。

(6) 分类不变性，以免货物混乱。

(7) 分类伸缩性，以适应该产品的增加。

(8) 分类实用性。

2. 货物分类方式

货物分类方式主要根据货物的特点来进行分类。

(1) 按货物特性分类。

(2) 按货物使用目的、方法和程序分类。

(3) 按交易行业分类。

(4) 为账务处理方便，按会计科目分类。

(5) 按货物形状分类。

（五）货物验收检查

货物验收是指对货物质量和数量进行检查。按照验收标准，对质量进行物理、化学和外形等方面的检查。在数量验收时，一方面核对货物号码，另一方面按订购合同进行数量、长短、大小和重量的检查。

进货是货物进入配送中心的第一阶段，对入库品资料的掌握特别重要。如进货日期、进货单据号、供应商、送货车辆的名称及型号、到货时间、卸货时间，容器的型号、尺寸和数量，每个容器中的货品数量、总量、目的地的进货检查和储存，以及损坏数量和应补货数量等。

二、搬运作业

在同一地域范围内（如车站、工厂、仓库内部）以改变物品的存放、支承状态或改变物品空间位置的活动称为装卸搬运。有效的搬运可以加速货物移动，减少作业时间，降低储存和相关成本。良好的搬运系统不但改善工作环境，而且保证货物安全与完好，降低保险费用。

配送过程始终伴随着搬运活动。比如，在卸货、验收检查过程中，在储存区与拣选区之间，在包装点与分类点之间，在准备发货区与装车点之间等，都离不开搬运活动。

（一）搬运工作原则和方法

为降低搬运成本，应考虑距离和数量原则，也即搬运的距离越短越好，搬运的数量越

第八章 配送作业管理

多越好。为了达到这个目的,首先应该对搬运的对象、距离、空间、时间和手段进行科学规划。改善搬运工作的原则和方法如表8-3所示。

表8-3 改善搬运工作的原则和方法

因数	目标	改善原则	改善方法
搬运对象	减少重量、体积	尽量不用搬运; 减少搬运量	调整厂房布置,合并相关作业
搬运距离	减少回程; 回程顺载; 缩短距离; 减少搬运次数	顺道行走; 掌握各点相关性; 直线化、平面化; 单元化; 大量化	调整厂房布置; 调整单位相关性布置; 利用托盘、货柜; 利用大型搬运机,利用中转站
搬运空间	降低搬运使用空间	充分利用空间; 降低设备回转空间; 协调搬运时机	调整厂房布置; 选用合适的设备; 时程规划制订
搬运时间	缩短搬运时间; 减少搬运次数	高速化,争取时效; 增加搬运量	利用高速设备,搬运均匀化; 利用大型设备; 时程规划制订
搬运手段	增加搬运量; 有效管理; 减少劳力	机械化、连续化; 争取时效利用重力	利用大型、高速机械设备、输送机; 搬运均匀化,循环搬运; 利用斜槽、滚轮输送机等重力设备

(二)搬运路线设计

许多配送中心把搬运路线归纳为直线式和间接式两类。

1. 直线式

直线式是指货物由原点直接向终点移动。路线为从起点到终点的最短路径。这种搬运路线适合于搬运频率高、距离比较短的生产情况。一般来说,这种方法比较经济。直线式又分单线与双线两种形式。双线式一般用于大量生产的情况。

2. 间接式

间接式路线是指把分布在不同区域各类货物相对集中起来共同搬运,而不是把每个货物直接搬运到终点。这种方式适合于搬运频率不高、距离较长,而且厂房布置不规则的生产情况。

设计搬运路线必须以提高物流效率和经济效益为出发点,根据实际需要来确定。

(三)合理选用搬运设备

对于短距离、高密度流量情况,采用叉车或抓举机等复杂的搬运设备;而对于短距离、低密度流量情况,则可采用手推车之类的简单搬运设备。对于长距离、高密度流量情况,则采用无人搬运车、自动输送机等无人操作类的复杂运送设备;而对长距离、低密度流量情况,则采用如动力托板车之类的简单运输设备。

关于搬运单位,有散装、个装(也称单件)和包装三种形式。散装搬运是最简单而廉价的一种方式,优点是运输量大,缺点是货物易破损,应特别注意。对于体积很大的个装货物,需要大型搬运设备来运输;对于体积不太大的个装货物,可以先累积在托盘、笼车、盒子或篮子中,形成运输单元再进行搬运。单元载重能保护货品、降低每单位的运输和装卸成本。

(四)搬运设备配置和搬运能力

1. 搬运设备所需数量的估算公式

$$设备数 = \frac{每天货物需要搬运的总时间(小时)}{工作小时/(台,天) \times 利用系数}$$

其中,利用系数是指一台机器每天使用时间的百分比。

 案例

每天货物需要搬运的总时间 200 小时,每台叉车每天工作 10 小时,利用系数为 80%,设备数量应为

$$设备数 = \frac{200}{10 \times 0.8} = 25(台)$$

2. 搬运系统能力计算公式

$$设备运输能力 = 物流速度 \times 运输长度$$
$$总运输能力 = 各设备运输能力之和$$

其中,物流速度表示每单位时间搬运的货物量,运输长度表示搬运距离。

 案例

20 台同类叉车,每台叉车每小时搬运 20 箱货物,每箱货物重量为 1 吨,搬运距离 200 米,则总运输能力为

$$总运输能力 = 20 \times 20 \times 1 \times 200 \times 10^{-3} = 80(吨千米/小时)$$

三、储存作业

储存作业的主要任务是妥善保存物品,并对在库品进行检查核验,合理利用空间,对存货进行科学管理。

(一)储存作业的策略与方法

储存作业管理目标是最大限度地利用空间,有效地利用劳力和设备,安全和经济地

搬运物品货物,妥善地保养和管理货物。

储区位置安排的原则和方法是:根据货物特性选择储区位置,大批量的货物选择大储区,小批量的货物选择小储区;笨重和体大的货物储存坚固的货架上并接近发货区,轻量货物储存于上层货架;相同和相似货物尽可能靠近储存;小而轻且易处理的货物储存于离进、发货区较远的地方;周转率低的货物储存于远离进货区、发货区及仓库较高储位,周转率高的货物存储于接近发货区或低储位。

(二)常见的储存方法

在储存作业中,要尽量减少出入库移动距离,缩短作业时间,充分利用储位空间。常见的储存方法有以下几种。

1. 定位储存

每一个货物都有固定的储位。这种定位储存方法易于管理,搬运时间较少,但需要较多的储存空间。

2. 随机储存

每一货物的储位不是固定的,而是随机产生的。这种方法的优点是共同使用储位,最大限度地提高了储区空间的利用率;缺点是对货物的出入库管理及盘点工作带来困难。如果周转率高的货物被置于离出入口较远的储位,就增加了出入库的搬运距离。随机储存比定位储存一般可节约35％的移动储存时间,增加30％的储存空间。这种方法适用于空间较小、货物品种少且体积小的情况。

3. 分类储存

按产品相关性、流动性、尺寸和重量以及产品特性来分类储存。

4. 分类随机储存

每类货物有固定的存放储区,但在各类的储区中,每个储位的指定是随机的。优点是吸收分类储存的部分优点,又可节省储位数量,提高储区利用率。

5. 共同储存

当确切知道各货物进出仓库的时间时,那么不同货物可共同使用相同的储位。当然,这在管理上会带来一定的困难,但能够减少储位空间,缩短搬运时间。

(三)指定储位的原则

在指定储位时,必须遵循以下原则。

(1)靠近出口原则。即刚到的货物指定在离出口最近的空储位上。

(2)周转率原则。按货物在仓库中周转率来安排储位,周转率高的货物离出口近。

(3)货物相关原则。相关性大的货物置于相邻的储位。

(4)货物同一性原则。同一种货物存放在同一保管位置。

(5)货物类似原则。类似的货物置于相邻的储位。

(6)货物相容性原则。相容性低的货物决不能储存在一起,以免损害品质,如烟、香皂和菜不可放在一起。

(7)先入先出原则。即先入库货物应先出库。这一原则特适用于寿命周期短的商品,如感光纸、食品、药品等。

(8) 堆高原则。能用托盘堆高的货物尽量用托盘储存。

(9) 面对通道原则。货物面对通道,便于识别条码、标记和名称。

(10) 产品尺寸原则。在布置仓库时必须知道物品单位大小和相同物品的整批形状。

(11) 重量特性原则。按货物重量大小来指定储位高低。重者置于货架下层,轻者至于货架上层。

(12) 产品特性原则。易燃、易爆物品储存于有防火设备的空间,易窃物品储存于加锁之处,易腐物品储存于冷冻之处,易污染物品加套储存等。

(四) 储存保管的指标

1. 储区面积率

储区面积率可以衡量空间利用率是否合理。计算公式为

$$储区面积率 = \frac{储区面积}{配送中心建筑面积} \times 100\%$$

2. 保管面积率

为了判断储位通道规划是否合理,采用保管面积率指标来评定。计算公式为

$$保管面积率 = \frac{可保管面积}{储区面积} \times 100\%$$

3. 储位容积使用率及单位面积保管量

使用这两个指标可判断储位规划及货架是否合理,以有效利用储位空间。计算公式为

$$储位容积使用率 = \frac{存货总体积}{储位总体积} \times 100\%$$

$$单位面积保管量 = \frac{平均库存量}{可保管面积} \times 100\%$$

4. 平均每品项所占储位数

利用此指标判断储位管理是否得当。计算公式为

$$平均每品项所占储位数 = \frac{货架储位数}{总品项数} \times 100\%$$

5. 库存周转率

利用此指标可检查企业营运绩效,并可衡量现货存量是否合理。计算公式为

$$库存周转率 = \frac{发货量}{平均库存量} \times 100\%$$

或

$$库存周转率 = \frac{营业额}{平均库存金额} \times 100\%$$

6. 库存掌握程度

此指标为设定产品标准库存的比例依据,可供存货管理参考。计算公式为

$$库存掌握程度 = \frac{实际库存量}{标准库存量} \times 100\%$$

7. 呆废料率

利用此指标评判物料耗损影响资金积压情况。计算公式为

$$呆废料率 = \frac{呆废料件数}{平均库存量} \times 100\%$$

或

$$呆废料率 = \frac{呆废料金额}{平均库存金额} \times 100\%$$

(五)储存形式

1. 按数量划分

储存形式有大批储存、中批储存、小批储存和零星储存四种形式。

(1)大批储存一般是指 3 个托盘以上的存量。大批储存均以托盘运作,多采用地板堆积或自动仓库储存。

(2)中批储存一般是指 1~3 个托盘的存量。

(3)小批储存一般是指少于 1 个托盘的存量。一般以箱为发货拣选单位。

(4)零星储存是指零星区或拣选区均是使用储物柜或棚架储存小于整包的货物。

2. 按储存设施划分

储存形式有地板堆积储存、货架储存、储物柜和自动仓库四种。

(1)地板堆积储存是用地板支撑储物,即是把货物放在托盘上,而托盘置于地板上,也有把货物直接置于地板上的。堆积方法有行列堆积法和整区堆积法两种。行列堆积法是在堆积的托盘之间留有一定的空间,以便给提取托盘货物时留足通道;整区堆积法是指每一行与每一列之间的托盘堆积没有空间,节约空间。

(2)货架储存是指把货物置于货架上储存。货架有两面开放式和单面开放式之分。两面开放式货架前后两面均可用于储存和拣选工作,最适合于先进先出的原则;单面开放式货架只有一面可供储存和拣选之用。

(3)储物柜一般是背对背的安放或一排靠墙放置,可储存不规则形状物品及长时间储存的物品。储物柜可拆装和搬运,并可调整储存空间。

(4)自动仓库是一种自动化程度较高的仓库,一般采用高层货架或旋转货架储存货物,并配备有自动存取设备或装置。

(六)储存形式的选择

选择储存形式应从实际出发,不能死搬教条。一般方法有:

(1)少品种、大批量的货物采用地板堆积储存和自动仓库储存;

(2)多品种、少批量的货物采用托盘货架储存;

(3)大批量和不可堆积的货物采用驶入式货架储存;

(4)大批量、小体积的货物采用货棚或储存柜储存;

(5)小批量的货物采用货棚或储物柜储存。

(七)存货管理

存货管理是指对库存数量的管理和控制,也称库存管理(或控制)。

(八)存货管理的目的

合理的存货管理是把货物存量控制在适当标准之内,既不造成物资积压,又能满足客户要求。存货管理的目的是:

(1)减少超额存货投资,保持合理库存量;
(2)降低库存成本;
(3)防止延迟和缺货,使进货和销售全面平衡;
(4)减少呆料发生,把因存货时间长而造成的货物变质所发生的损失减少到最低程度。

(九)存货管理的关键

1. 订货时间

订货、补货时间是一个重要问题,当某一货物库存量降低到某一极限时,必须及时订货,按期补货。订货太早,会造成库存量和成本的增加;订货太迟,不能及时补货,会造成缺货而流失客户,影响信誉。

2. 订货数量

订货数量必须合理。如果订货量过多,则货物在库成本增加;反之,则将增加订货次数,从而增加订货费用。

3. 库存标准

货物库存量必须保持在最高存量与最低存量之间。最高存量是为防止存量过多而设立的最高警戒指标;最低存量是通过配送中心的实际经营经验,总结出来的一个库存量的最低极限值(安全库存量)。

通过一定方法,指定各种货物的库存上限和库存下限,即最高库存量和最低库存量,使用计算机自动控制。当实际库存量低于库存下限时,计算机发出警示信号,立即采购;反之,当实际库存量大于库存上限时,计算机也发出警示信号,提醒管理人员必须加强销售或采取促销手段,与此同时,停止订货。

(十)经济订货量的计算

存货决策分析受到许多条件的限制,因此,目前尽管许多专家提出了一些存货决策分析模型,但真正应用到实际管理中去的并不多见。决策分析分为三种情况考虑,即需求情况为已知、需求情况为未知和需求情况可预测的风险情况。

对于需求状况和相关成本为已知的情况,可以求出"一次订货最佳数量"和"最经济的订货周期",即求出订购成本与保管成本的总和为最低的订购量和订购周期。

总成本公式为

$$T_c = \frac{C_2 D}{Q} + \frac{C_1 Q}{2}$$

式中:T_c——全年存货的订购与保管总成本(元);

Q——每次订购数量;

D——商品年需求量;

C_1——单位商品年保管成本(元);

C_2——每次订货成本(元/次)。

通过微分求极小值,可推导出经济订货批量、经济订货次数公式。

经济订货批量:

$$Q_0 = \sqrt{\frac{2C_2 D}{C_1}}$$

经济订货次数:

$$N = \frac{D}{Q_0} = \sqrt{\frac{C_1 D}{2C_2}}$$

存货管理和控制系统如图 8-4 所示。

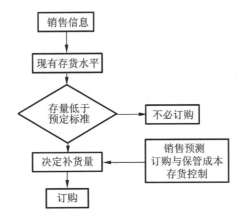

图 8-4　存货管理和控制系统图

四、盘点、补货及订单处理

(一)盘点作业

货物不断地进库和出库,长期积累下来,往往形成理论库存量与实际库存量不相符合。有些货品因长期存放,品质下降,不能满足用户需要。为了有效地掌握货品的数量和质量,必须定期对各储存场所进行清点作业,这就是所谓的盘点作业。

(二)盘点的目的

1. 确定现有存量

由于某些原因,如库存资料记录数量不实,所以必须定期盘点,以确认现存数量。造成库存资料记录不实的原因是多方面的,例如由于多记、漏记和误记,使库存记录资料不实;由于货物损坏、丢失、验收与发货清点有误,使库存记录由于盘点方法不当,产生误盘、重盘和漏盘,使库存记录资料不实,等等。

2. 确认企业损益

企业的损益与总库存金额密切相关,而库存金额与货品库存量及单价成正比。为准确计算企业实际损益,必须进行货物的盘点。

3. 核实物品管理成效

通过盘点,可以发现呆品和废品的处理情况、存货周转率以及货物保养维修情况,以便采取改进措施。

(三)盘点的作业程序

1. 准备

准备工作内容有确定盘点的程序和方法;配合财务会计决算进行盘点;培训盘点人员、重盘和监盘;盘点人员熟悉盘点表格;备好盘点用的表格及库存资料。

2. 确定盘点时间

按实际情况确定盘点次数。对于一般工厂而言,因货物流动速度不快,可以每半年至一年进行一次货物盘点。对于配送中心,货物流动速度较快,既要防止长期不盘点造成大量经济损失,又要防止盘点频繁而增加运营成本。为此,可根据物品的性质来确定盘点周期。例如:按货物性质 A、B、C 等级来分别确定盘点时间。A 是重要货品,每天或每周盘点一次;B 类是次要货品,每二至三周盘点一次;C 类为一般货品,每月盘点一次。

具体盘点时间可选择在财务决算前或销售淡季。

3. 决定盘点方法

盘点分为账面盘点和现货盘点两种。

账面盘点是指每天把入库的货品数量及单价,记录在电脑或账本上,不断累计,从而算出账面上的库存量和库存金额。此法适合于少量而单价高的货品。

现货盘点是指实际去清点调查仓库内的库存数量,再依货品单价计算出实际库存金额。这种方法根据时间次数不同又分为期末盘点和循环盘点两种方法。期末盘点是指期末一起清点所有货品数量;循环盘点则是每天、每周做少品种少批量的盘点,到了月末或期末,每项货品至少完成一次盘点。

4. 培训盘点人员

盘点需要多个部门的相关人员参加,参加盘点的人员需进行培训。培训内容包括盘点程序、表格填写、货品知识等。

5. 清理储存场所

储存场所清理工作包括关闭储存场所之前应通知有关部门及需货部门预领货品;预先确定呆料、废料、不良品的标准,以及账卡、单据及资料整理等。

6. 盘点作业

逐项清点并记录所盘点的货品。

7. 差异因素分析

分析出现差异的原因。

8. 盘点的盈亏处理

按差异的主要原因制定解决方法。对呆、废、不良货品应视为盈亏。有些货品在价格上也可能发生变化,需经主管部门批准后,利用盘点盈亏和价目增减表格更正过来。

盘点作业程序如图 8-5 所示。

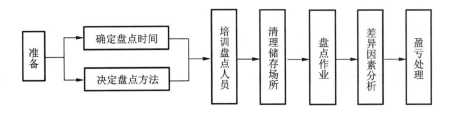

图 8-5 盘点作业程序

(四) 盘点结果分析

通过盘点,落实货品出入库及保管情况。具体落实的问题是:各品种的货品实际存量与账面存量相差多少?这些差额造成的损失有多大?可用下面指标评判。

$$盘点数量误差 = 实际库存数 - 账面库存数$$

$$盘点数量误差率 = \frac{盘点数量误差}{实际库存数} \times 100\%$$

$$盘点品项误差率 = \frac{盘点误差项数}{盘点实际项数} \times 100\%$$

$$平均每件盘差品金额 = \frac{盘点误差金额}{盘点误差量}$$

通过这些指标,了解货品的差额以及所造成的损失。

(五) 补货作业

补货作业是从保管区把货品运到另一个拣货区的工作。补货作业的目的是确保货品能保质保量按时送到指定的拣货区。补货单位一般是托盘,其主要作业流程如图 8-6 所示。

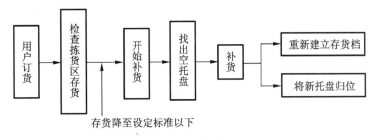

图 8-6 一般补货流程

1. 补货方式

1) 整箱补货

由货架保管区补货到流动货架拣货区。这种补货方式的保管区为货架储放区,拣货区为两面开放式的流动货架拣货区。拣货员拣货之后,把货物放入输送机并运到发货区。当拣货区存量低于设定标准时,作业员进行补货。

2) 托盘补货

这种补货方式是以托盘为单位进行补货,把托盘由地板堆放保管区运到地板堆放拣货区。拣货时把托盘上的货箱置于中央输送机送到发货区。当存货量低于设定标准时,立即补货。用堆垛机把托盘从保管区运到拣货区,也可以把托盘运到货架拣货区进行补货。

2. 补货时机

根据拣货区存货量的多少来进行补货。补货时机有如下三种方式。

1）批次补货

每天由计算机计算出所需货品的总拣取量,再查看拣货区存货量后,在拣货前一次补足,从而满足全天拣货量。

2）定时补货

把每天分为几个时点,当拣货区存货量小于设定标准时,立即补货。

3）随机补货

巡视员发现拣货区存货量小于设定标准时,立即补货。

（六）订单处理

订单处理是从接到用户订单开始,一直到拣选货品为止的工作。其中还包括有关用户和订单的资料确认、存货查询和单据处理等内容。

订单处理有人工处理和计算机处理两种形式。目前主要采用计算机处理。图 8-7 表示订单处理的内容和步骤。

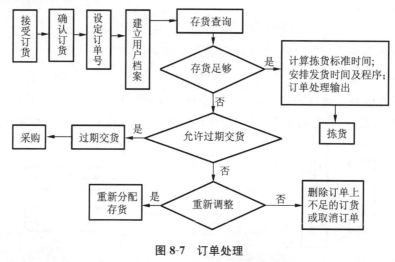

图 8-7　订单处理

五、拣货作业

在拣货之前,配送中心要把各用户订单中的不同货物的资料及货品集中在一起,这就是拣货作业。拣货作业的目的在于正确而迅速地把用户所需货品集中起来。一般拣货作业程序为:决定拣货方法→输出拣货清单→安排拣货路线→分派拣货人员→拣货→货品集中。图 8-8 表示配送中心的物流结构示意图。

（一）拣货信息

拣货信息是指根据客户订单的相关资料,及时准确地为拣货人员提供拣货作业所需要的信息,以保证拣货人员在既定拣货方式下正确而迅速地进行拣货作业。拣货信息是拣货作业的指令。

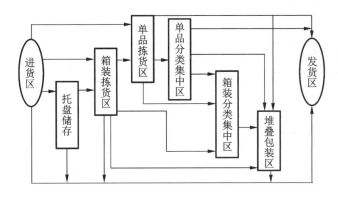

图 8-8　配送中心物流结构图

1. 订单传票

订单传票即直接利用客户的订单或以物流配送中心送货单来作为拣货指示凭据。

2. 拣货单

把原始的用户订单输入计算机进行拣货信息处理后打印出拣货单。这种方法的优点是避免传票在拣货过程中受污损而影响拣货,产品储位编号可显示在拣货单上。

3. 贴标签

标签可以取代拣货单,标签上印有货品的名称、位置、数量和价格等信息。因货品和标签同步前进,利用扫描器读取货品的条形码,出错率极小。

4. 显示器传递

这种方式最初在货架上安装信号灯来显示拣货位置,之后发展为在货架上安装液晶显示器,通过计算机控制,显示应该拣取货品的数量,且出错率很小。

5. 条形码

条形码是利用黑白相间条纹的粗细而组成不同的平行线符号,取代商品货箱的号码数字。把它贴在商品或货箱表面上,经过扫描器阅读,计算机解码,把"线条符号"转变成"数字符号",便于计算机运算。条形码是商品从制造、批发到销售过程中自动化管理的符号。通过条形码阅读器自动读取的方式,不但能准确快速掌握商品信息,而且能提高库存管理的精度。这是一种实现商品管理现代化、提高物流效率的有效方法。通过条形码扫描器读取表示货架位置号码的条形码后,能立即得到货物位置的信息。

6. 无线电识别器

无线电识别器也称为射频识别器,是指把无线电识别器安装在移动设备(如堆垛机)上,同时又把接收和发射电波的 ID 卡或电子标签等信息的反应器安装在货品或储位上。当无线电识别器接近货品时,立即读取货品或储位上的反应器的信息,通过识别电路传给计算机。图 8-9 表示无线电识别器略图。

7. 计算机随行指示

在堆垛机或台车上安装辅助拣货的计算机终端,在拣货之前把拣货信息输入计算机。拣货人员根据计算机显示和引导,能迅速而正确地拣取货物。

图 8-9　无线电识别器略图

8. 自动拣货系统

当电子信息输入自动拣货系统后,自动完成拣货工作,无需人工介入。这是目前世界上最先进的拣货系统,是物流拣货设备研究发展的方向。

(二)拣货成本

1. 拣货成本的构成

(1)人工成本:直接或间接拣选工时成本。

(2)拣选设备折旧成本:储存、搬运和计算机等设备折旧费。

(3)信息处理成本、耗材等费用。

2. 拣货成本的计算公式

$$每订单笔数投入拣货成本 = \frac{拣货投入成本}{订单总笔数}$$

$$每拣货单位投入拣货成本 = \frac{拣货投入成本}{拣货单位累计总件数}$$

$$单位体积投入拣货成本 = \frac{拣货投入成本}{发货品体积数}$$

一旦发现拣货成本太高时,应采取措施降低成本。

 案例

日本拣货系统

图 8-10 是日本某药品公司的拣货系统,可供我国企业参考。

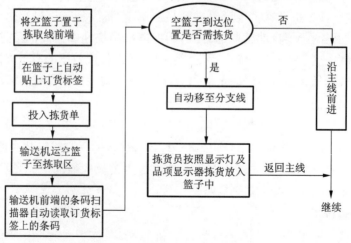

图 8-10　日本某药品公司的拣货系统

六、发货、送货与退换作业

配送的突出功能是送货功能,送货作业就是利用配送车辆把用户订购的货品送到用户手中的工作。发货作业是送货的前置准备工作,是把拣取分类完成的货品经过发货检查,装入容器,做好标示,根据车辆趟次把货品运到发货准备区,待装车送出。

（一）发货作业

1. 分货

分货就是把拣货完毕的货品,按用户或配送路线进行分类的工作。分货方式有以下两种。

1）人工分货

人工分货方式是指分货作业过程全部由人工完成,由人工根据订单或传票把各用户的货品放在贴好用户标签的货框中。

2）自动分货

自动分货是利用自动分类机来完成分货工作的一种方式。

2. 发货检查

发货检查是指根据用户信息和车次,对拣选货品进行物品号码和数量的核实以及品质的检查。

发货检查是进一步确认拣货作业是否有误的处理工作。检查方法有条形码检查法、声音输入检查法和重量计算检查法三种。

1）条形码检查法

因为条形码是随货品移动的,检查时用条形码扫码器阅读条形码内容,计算机自动把信息与发货单对比,从而检查货物数量和号码是否有误。

2）声音输入检查法

这是一种利用新技术的检查方法,当作业员发声读出商品名称、代码和数量之后,计算机接收声音并自动判别,转变成资料信息,再与发货单进行对比,检查是否有误。

3）重量计算检查法

重量计算检查法,把货单上的货品重量自动相加起来,然后秤出货品的总重量。把两种重量数据相对比,可以检查发货是否正确。

3. 包装、捆包

包装可以保护商品,便于搬运、储存,易于辨认和提高用户购买欲望。包装分个装、内装和外装三种形式。个装又称"商品包装",每个商品都要包装;内装是为了防止水、湿气、光、热、冲击等对商品的影响而进行的货物的内层包装;外装是指货物包装的外层,即把货物装入箱、袋、木桶、金属桶和储罐等容器中。在没有容器的条件下,应对货物进行捆绑和打记号等工作。外装容器的规格要求尺寸与托盘、搬运设备相适应,同时要求具有承重、耐冲击和抗压等能力。

（二）送货作业

从运输角度来看,运输配送是指将被订购的货品,使用车辆从制造厂或生产地送到用户手中的物流活动。从配送中心把被订购的货品送到用户手中的物流活动,统称为配送;而从分工来讲,配送的末端作业称之为送货。

车辆送货服务质量对配送中心的效益和信誉影响较大。为此,必须注意以下几点。

1. 时效性

时效性就是确保在指定的时间内交货。例如,日本西友百货的配货中心在给 Family Mar 配送商品时规定,送货到达商品的时间一般不能比规定的时间晚 15 分钟。如果中途因意外不能准时到达,必须立刻与总部联系,由总部采取紧急措施,确保履行合同。

2. 可靠性

可靠性是指完好无缺地把货品送到用户手中。

3. 服务态度

服务态度是指要以最佳的态度对待用户,从而维护配送中心的形象。

4. 便利性

便利性是指为让用户方便,必须按用户要求送货。对用户点的送货计划,应具有一定的弹性,如紧急送货、信息传递、顺道退货、辅助资源回收等。

5. 经济性

经济性是指对用户收费低廉,让用户感到实惠。

在实际配送的分派过程中,受到许多因素的影响。静态因素有用户的分布区域、道路交通网络、车辆通行限制、送达时间要求等;动态因素有车流量变化、道路施工、用户变动、车辆变化等。图 8-11 为配送规划决策图。

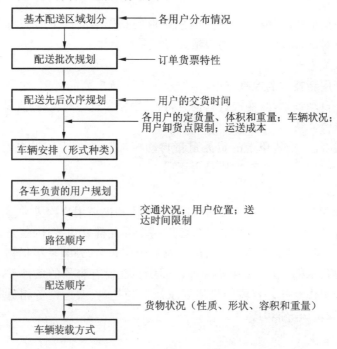

图 8-11　配送规划决策图

第八章 配送作业管理

七、退换作业

(一) 一般退货或换货的原因

(1) 出现依照协议可以退货或换货的情况,可按规定退换。
(2) 有质量问题的商品,如商品鲜度不够,可以退货。
(3) 由于包装不良,货品在搬运过程中剧烈振动,造成货品破损或包装污染,可以退换。
(4) 有些商品,如食品、药品等都有有效期限,如果过期,应予退换。
(5) 如果商品售出后发现设计或制造问题,应予回收。
(6) 配送的货品与订货单不符,应予退换。

(二) 退换的做法

(1) 核实退货、换货的理由和原因,符合退换条件的,办理退换手续。
(2) 退还回来的有问题的货品,根据具体情况进行处理。需要与生产厂家协调的,则及时进行协调处理。

 复习思考题

一、简答题

1. 物流配送的基本作业流程是什么?
2. 进货作业的内容有哪些?货物分类和编号的原则与方法有哪些?
3. 搬运工作的原则和方法是什么?
4. 如何选择搬运设备?搬运设备的数量和搬运能力如何计算?
5. 储存作业的管理目标是什么?储位安排原则和常见的储存方法有哪些?储存管理有哪些指标?
6. 库存量管理目标是什么?如何计算经济订货数量?
7. 盘点和补货作业的内容有哪些?
8. 简述订单处理作业的内容和步骤。
9. 拣货作业的流程是什么?如何核算拣选成本?
10. 发货、送货、退换作业包含哪些内容?如何操作?

二、论述题

试对某企业配送中心配送流程提出合理化建议。

 案例讨论

沃尔玛的配送中心管理

配送中心的概念最早由沃尔玛公司提出,这一新的零售业理论开创了零售业工业化运作的新阶段。其独特的配送体系,不仅大大降低了成本,而且加速了存货周转,形成了沃尔玛的核心竞争力。

如今,沃尔玛在美国本土已建立了62个配送中心,整个公司销售商品总量的85%由这些配送中心供应,而其竞争对手只有50%~60%的商品集中配送量。沃尔玛完整的物流系统号称"第二方物流",相对独立运作,不仅包括配送中心,还有更为复杂的输入采购系统、自动补货系统等。配送中心的平均面积约10万平方米,相当于23个足球场,全部自动化作业,现场作业场面就像大型工厂一样蔚为壮观。

沃尔玛公司有6种形式的配送中心:第一种是"干货"配送中心;第二种是食品中心(相当于我们的"生鲜");第三种是山姆会员店配送中心;第四种是服装配送中心;第五种是进口商品配送中心;第六种是退货配送中心(其收益主要来自出售包装箱的收入和供应商支付的手续费)。

其配送中心的基本运作流程是:供应商将商品送到配送中心后,经过核对采购计划进行商品检验等程序,分别送到货架的不同位置存放。门店提出要货计划后,电脑系统将所需商品的存放位置查出,并打印有商店代号的标签。整包装的商品直接在货架上送往传送带,零散的商品由工作台人员取出后也送到传送带上。一般情况下,商店要货的当天就可以将商品送出。

沃尔玛要求所购买的商品必须带有UPC条形码,从工厂运货回来,卡车可以停在配送中心收货处的数十个门口处,把货箱放在高速运转的传送带上,在传送过程中经过一系列的激光扫描,读取货箱上的条形码信息。而门店需要的商品被传送到配送中心的另一端,那里有几十辆货车在等着送货。通过十多千米长的传送带作业,完成复杂的商品组合。高效的电脑控制系统使整个配送中心用人极少。数据的收集、存储和处理系统成为沃尔玛控制商品及其物流的强大武器。

通过构建开放式的平台,沃尔玛每个星期可以处理120万箱的产品。由于沃尔玛公司的商店众多,每个商店的需求各不相同,沃尔玛的配送中心能够根据商店的需要,自动把产品分类放入不同的箱子当中。沃尔玛所有的系统都是基于UNIX系统的配送,这是一个非常大的开放式平台,不但采用传送带,还采用产品代码,以及自动补货系统和激光识别系统。如此一来,员工可以在传送带上就取到自己所负责的商店所需要的商品。由于供应链中的各个环节都可以使用这个平台,因此节省了拣选成本。

为了满足美国国内3500多个连锁店的配送需要,沃尔玛在国内配备近3万个大型集装箱挂车和5500辆大型货车卡车,24小时昼夜不停地工作。每年的运输总量达到77.5亿箱,总行程6.5亿千米。合理调度如此大规模的商品采购、库存、物流和销售管理,当然离不开高科技的手段。为此,沃尔玛建立了专门的电脑管理系统、卫星定位系统。

沃尔玛全球4500多个店铺的销售、订货、库存情况可以随时调出查询。5500辆运输卡车全部装备了卫星定位系统,每辆车在什么位置,装载什么货物,目的地是什么地方,总部一目了然。这样就可以合理安排运量和路程,最大限度地发挥运输潜力,避免浪费,降低成本,提高效率。

沃尔玛正是通过信息流对物流及资金流的整合、优化和及时处理,实现了有效的物流成本控制。从采购原材料到制成最终产品,最后由销售网络把产品送到消费者手中,这个过程十分高效有序,实现了商业活动的标准化、专业化、统一化、单纯化,从而达到实现规模效益的目的。

讨论:

1. 沃尔玛"天天平价"是如何做到的?先进的技术对于沃尔玛的配送系统来说,有什么作用?

2. 沃尔玛的配送中心具有哪些功能?

第九章 配送线路优化决策分析

了解起讫点不同的单一问题,掌握起讫点重合问题。重点掌握运用节约算法原理对配送路线的优化问题给出决策的理论依据。

第一节 起讫点不同的单一问题

配送路线的选择影响到配送设备和人员的利用,正确地确定合理的配送路线可以降低配送成本,因此,配送路线的确定是配送问题优化决策的一个重要内容。路线选择主要是选择起点到终点的最短路线。最短路线的度量单位可能是时间最短、距离最短或费用最少等。尽管路线选择问题种类繁多,但可以将其归为以下几个基本类型:

(1)中间点相同,起讫点不同;
(2)中间点不同,起讫点相同;
(3)多个起点,多个终点,没有中间点;
(4)多个起点,多个终点,有中间点或转运点。

下面对起讫点不同的单一问题和起讫点重合的问题加以介绍。

对分离的、单个始发点和终点的网络运输配送路线选择问题,最简单和直观的方法是最短路线法(shortest route method)。网络由节点和线组成,点与点之间由线连接,线代表点与点之间运行的成本(距离、时间或时间和距离加权的组合)。最初,除始发点外,所有节点都被认为是未解,即均未确定是否在选定的运输路线上。始发点作为已解的点,计算从原点开始,步骤如下:

(1)第 n 次迭代的目标。寻求第 n 次最近始发点的节点,重复 $n=1,2,\cdots$,直到最近的节点是终点为止。

(2)第 n 次迭代的输入值。在前面的迭代过程中,找出 $n-1$ 个距始发点最近的节点,及其距起点最短的路径和距离,这些节点以及始发点称为已解的节点,其余的节点是尚未解的点。

(3)第 n 个最近节点的候选点。每个已解的节点由线路分支通向一个或多个尚未解的节点,这些未解的节点中有一个以最短路线分支连接的是候选点。

(4)第 n 个最近节点的计算。将每个已解节点及其候选点之间的距离和从始发点到该已解节点之间的距离加起来,总距离最短的候选点即是第 n 个最近的节点,也就是始发点到达该点最短距离的路径。

案例

下面的实例可以具体说明最短运输配送路线是如何计算的。

某公司要在起点 A 和终点 J 之间寻找一条运输时间最短的路线。从 A 到 J 有多条路线,如图 9-1 所示,图中凡是连接的地方均是可以通达的路线,其中每两个节点之间的运输时间为图中数字所示(单位:分钟)。

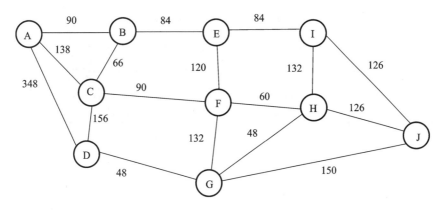

图 9-1 起点 A 与终点 J 之间的路线示意图

寻找 A 与 J 之间的最短路线的运筹学解法步骤如下。

1. 认为 A 是第 1 个已决点(solved note)

从 A 开始,寻找到与 A 直接相连的点是 B、C、D,其中与 A 最近的点是 B。B 可以认为是这一步所找到的已决点(solved note)。

2. 以 A 和 B 为已决点寻找下一个节点

距离 A 最近的节点为 C(B 作为已决点不再考虑)。距离 B 最近的节点为 C(A 作为已决点不再考虑)。A—C 与 B—C 两条路线进行最短路比较。注意从起点通过已解的节点到某一节点所需的时间应该等于到达这个已解节点的最短时间加上已解节点与未解节点之间的时间。也就是说,从 A 点经过 B 点到达 C 的距离为 AB+BC=90+66=156 分,而从 A 直达 C 的时间为 138 分。显然 A—C 为最短路线,现在把 C 也作为已决点。

3. 以 A、B、C 为已决点寻找下一个节点

分别找出与它们最近的节点,比较找出从起点 A 到这一节点的最短路。再把找到的节点作为已决点进行下一步寻找,一直这样寻找直到到达终点 J。

具体解的过程如表 9-1 所示。

表 9-1 最短路线方法计算表

步骤 n	已决点	与其最近的未决点	总成本	第 n 步的最近节点	最小成本	最新连接
1	A	B	90	B	90	AB*
2	A	C	138	C	138	AC
	B	C	90+66=156	C	138	AC
3	A	D	348	E	174	BE*
	B	E	90+84=174	E	174	BE*
	C	F	138+90=228	E	174	BE*
4	A	D	348	F	228	CF
	C	H	138+90=228	F	228	CF
	E	I	174+84=258	F	228	CF
5	A	D	348	I	258	EI*
	C	D	138+156=294	I	258	EI*
	E	I	174+84+258	I	258	EI*
	F	H	258+126=384	I	258	EI*
6	A	D	348	H	198	FH
	C	D	138+156=294	H	198	FH
	F	H	138+60=198	H	198	FH
	I	J	238+126=364	H	198	FH
7	A	D	348	D	294	CD
	C	D	138+156=294	D	294	CD
	F	G	288+132=420	D	294	CD
	H	G	288+48=336	D	294	CD
	I	J	258+126=384	D	294	CD
8	H	J	288+126=414	J	384	IJ*
	I	J	258+126=384	J	384	IJ*

注：* 表示最小成本线。

所以最短路为 A—B—E—I—J，最短时间为 384 分钟。

节点和可供选择路线的增多带来运算的复杂性，复杂的计算可以用计算机实现。本例中选择路线考虑的只是最短时间，没有考虑到线路质量等问题，实践中常给予时间和距离以适当的权重。

第二节 起讫点重合问题

起讫点相同的运输配送路线问题主要是指车辆从设施点出发访问一定数量顾客后又回到原来的出发点的线路确定问题。现实生活中存在很多类似的问题,如配送车辆送货、邮递员送报、送奶工送牛奶、垃圾车辆收集垃圾等。这些问题求解的目标是寻求访问各点的次序,并使运行时间或距离最小化。下面简要介绍运用节约算法求解起讫点重合的配送路线优化问题。

在运筹学中,有关起讫点相同的运输问题可以归结为基本运输问题中的中国邮递员问题和旅行商问题(traveling salesman problem,TSP)。不过,二者具有各自不同的求解思路和方法。

中国邮递员问题可以表述为:"一个邮递员每次送信,从邮局出发必须至少依次经过他负责投递范围的每一条街道,待完成任务后仍然回到邮局,那么他如何选择投递路线,以使自己所走的路程最短?"该问题的基本求解思路是:如果某邮递员所负责范围的街道中没有奇点(奇数条街道相连接所形成的端点),那么他可以从邮局出发,每条街道走且仅走过一次,最后回到邮局,这样他所走的路线就是最短路线;对于有奇点的街道,邮递员就必须重复走某条街道,但应该使重复街道的总权数(总的路程或时间)最小,从而保证他所走的路线最短。

所谓旅行商问题,可以表述为:"一个旅行者从某城市出发,经过所有要到达的城市后,返回到出发地,那么他如何选择行程路线,以使总路程最短(或费用、时间最少)?"

解决旅行商问题目前有多种算法,如最邻近法、节约算法、神经网络、遗传算法、免疫算法等。这里仅介绍运用节约算法(savings algorithm)求解旅行商问题的方法。

节约算法求解旅行商行程路线的基本思路是:假设 P 是出发地点,A 和 B 分别是所要到达地点,它们相互之间的道路距离分别为 a、b 和 c,如果旅行商从 P 分别到 A 和 B 地并分别返回(见图 9-2(a)),那么总里程是 $2a+2b$;如果旅行商从 P 到 A 再到 B,然后回到 P(见图 9-2(b)),则总里程为 $a+b+c$;两种方法的里程差是 $(2a+2b)-(a+b+c)=a+b-c$,如果 $a+b-c \geq 0$,那么第二种方法将使总里程得到节约;如果旅行商需要到达许多地点,那么可以根据节约距离的大小顺序连接各点并规划出旅行路线。

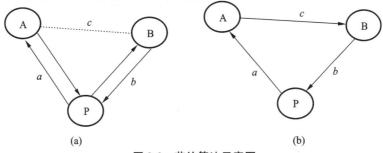

图 9-2 节约算法示意图

下面举例说明节约算法的基本步骤。

案例

已知配送中心 P_0 向 5 个用户 $P_i(i=1,\ldots,5)$ 配送货物,其配送路线网络、配送中心到用户的距离以及用户之间的距离如图 9-3 所示。

图中括号内的数字表示客户的需求量(单位:吨),线路上的数字表示两节点之间的距离(单位:千米),配送中心有 3 台 2 吨卡车和 2 台 4 吨卡车可供使用,试利用节约算法制订最优的配送方案。

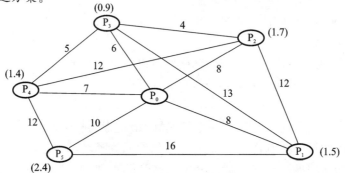

图 9-3 配送中心配送路线网络图

该题的求解步骤如下。

第一步:计算节点间最短距离,配送路线节约里程矩阵,如表 9-2 所示。

表 9-2 最短配送路线距离矩阵

节点 P_n	P_0	P_1	P_2	P_3	P_4	P_5
P_0	0					
P_1	8	0				
P_2	8	12	0			
P_3	6	13	4	0		
P_4	7	15	9	5	0	
P_5	10	16	18	16	12	0

第二步:计算各节点间的节约里程,如表 9-3 所示。

表 9-3 最短配送路线节约里程矩阵

节点 P_n	P_0	P_1	P_2	P_3	P_4	P_5
P_0	0					
P_1	8	0				
P_2	8	4	0			
P_3	6	1	10	0		
P_4	7	0	6	8	0	
P_5	10	2	0	0	5	0

第三步:对节约里程按照大小顺序排序,如表9-4所示。

表9-4 节约里程排序表

序号	路线	节约里程	序号	路线	节约里程
1	P_2P_3	10	6	P_1P_5	2
2	P_3P_4	8	7	P_1P_3	1
3	P_2P_4	6	8	P_2P_5	0
4	P_4P_5	5	9	P_3P_5	0
5	P_1P_2	4	10	P_1P_4	0

第四步:组成配送路线,得初始方案配送距离$=39\times2=78$(千米),如图9-4所示。

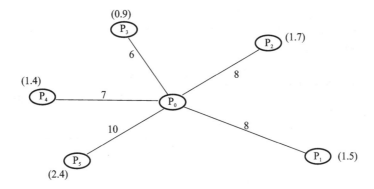

图9-4 配送方案初始解

第五步:根据载重量约束与节约里程大小,将各客户节点连接起来,形成两种配送路线,即A、B两个配送方案(如图9-5所示)。

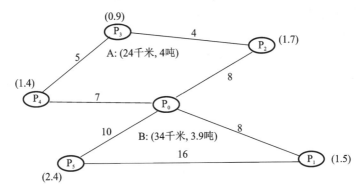

图9-5 最终解

1. 配送路线A:$P_0-P_2-P_3-P_4-P_0$

   运量$Q_A=q_2+q_3+q_4=1.7+0.9+1.4=4$(吨)

   用一辆4吨车运送,节约距离$S_A=10+8=18$(千米)。

2. 配送路线B:$P_0-P_5-P_1-P_0$

   运量$Q_B=q_5+q_1=2.4+1.5=3.9(t)<4$(吨)

用一辆4吨车运送,节约距离 $S_B=2$(千米)。

第六步:与初始单独送货方案相比,计算总节约里程与节约时间。

$$总节约里程 S=S_A+S_B=18+2=20(千米)$$

与初始单独送货方案相比,假设货车速度为40千米/小时,则可节约时间 $T=S/V=20/40=0.5$(小时)。

案例讨论

一、基本资料介绍

宝洁公司是广州配送中心最大的服务商,为其配送的客户和货量、运价见题表9-1、题表9-2,我们以广州配送中心为例来说明有装载限制的车辆调度的优化方法。

该公司客户分布在全国各地,配送中心到各城市距离见题表9-3,这里主要以广东省内7家客户及省外1家特殊客户的一次配送为例。

题表9-1 城市和货运量

客户	东莞	江门	惠州	阳江	汕尾	揭阳	汕头	漳州
货运量	4.3	1.8	0.7	2.2	3.6	3.6	1.6	2

题表9-2 运输单价表

车辆载重	2吨	5吨	8吨
运价/(元/千米)	2.4	2.7	3.65

题表9-3 配送中心到各城市距离(千米)

	广州	东莞	江门	惠州	阳江	汕尾	揭阳	汕头	漳州
广州	0								
东莞	50	0							
江门	53	84	0						
惠州	116	64	152	0					
阳江	173	214	136	278	0				
汕尾	221	165	231	107	351	0			
揭阳	333	265	338	278	478	126	0		
汕头	344	295	370	235	491	144	35	0	
漳州	478	418	492	355	629	289	165	158	0

运用节约里程法原理,连接城市到同一线路上的距离节约值如题表9-4所示。

第九章 配送线路优化决策分析

题表 9-4 连接城市到同一线路上的距离节约值（千米）

	东莞	江门	惠州	阳江	汕尾	揭阳	汕头	漳州
江门	19	0						
惠州	102	17	0					
阳江	9	90	11	0				
汕尾	106	43	230	43	0			
揭阳	118	48	171	28	428	0		
汕头	99	27	225	26	421	642	0	
漳州	110	39	239	22	410	646	664	0

二、方案确定

确定初始方案的运输路线及运输费用如题表 9-5 所示，现安排 4 辆 2 吨、4 辆 5 吨的车给每个客户送货。

题表 9-5 确定初始方案的运输路线及运输费用

运输路线	车型/吨	距离/千米	单价/元	运费/元
广州—东莞	5	50	2.7	135
广州—江门	2	53	2.4	127.2
广州—惠州	2	116	2.4	278.4
广州—阳江	5	173	2.7	467.1
广州—汕尾	5	221	2.7	596.7
广州—揭阳	5	333	2.7	899.1
广州—汕头	2	344	2.4	825.6
广州—漳州	2	478	2.4	1147.2
合计		1768		4476.3

运用节约里程法进行线路第一次优化，节约里程数的配送方案选择如题表 9-6 所示，按照初始解进行车辆调度优化结果如题表 9-7 所示。

题表 9-6 第一次线路优化节约里程数（千米）的配送方案选择

	货运量（吨）	广州	东莞	江门	惠州	阳江	汕尾	揭阳	汕头	漳州
东莞	4.3	2	0							
江门	1.8	2	0	0						
惠州	0.7	2	0	0	0					
阳江	2.2	2	0	0	0	0				
汕尾	3.6	2	0	0	0	0	0			
揭阳	3.6	2	0	0	0	0	0	0		
汕头	3.6	2	0	0	0	0	0	0	0	
漳州	3.6	2	0	0	0	0	0	0	1	0

题表9-7 第一次优化后的车辆调度结果

运输路线	车型/吨	距离/千米	单价/元	运费/元
广州—东莞	5	50	2.7	135
广州—江门	2	53	2.4	127.2
广州—惠州	2	116	2.4	278.4
广州—阳江	5	173	2.7	467.1
广州—汕尾	5	221	2.7	596.7
广州—揭阳	5	333	2.7	899.1
广州—汕头—漳州	5	502	2.7	1355.4
合计		1148		3858.9

继续进行线路第二次优化,节约里程数的配送方案选择如题表9-8所示,进行车辆调度优化结果如题表9-9所示。

题表9-8 第二次线路优化节约里程数(千米)的配送方案选择

	货运量(吨)	广州	东莞	江门	惠州	阳江	汕尾	揭阳	汕头	漳州
东莞	4.3	2	0							
江门	1.8	2	0	0						
惠州	0.7	2	0	0	0					
阳江	2.2	2	0	0	0	0				
汕尾	3.6	2	0	0	0	0	0			
揭阳	7.2	2	0	0	0	0	0	0		
汕头	7.2	2	0	0	0	0	0	1	0	
漳州	7.2	2	0	0	0	0	0	1	1	0

题表9-9 第二次优化后的车辆调度结果

运输路线	车型/吨	距离/千米	单价/元	运费/元
广州—东莞	5	50	2.7	135
广州—江门	2	53	2.4	127.2
广州—惠州	2	116	2.4	278.4
广州—阳江	5	173	2.7	467.1
广州—汕尾	5	221	2.7	596.7
广州—揭阳—汕头—漳州	8	526	3.65	1919.19
合计		1139		3523.59

继续进行线路第三次优化,节约里程数的配送方案选择如题表9-10所示。

第九章 配送线路优化决策分析

题表 9-10 第三次路线优化节约里程数(千米)的配送方案选择

	货运量(吨)	广州	东莞	江门	惠州	阳江	汕尾	揭阳	汕头	漳州
东莞	4.3	2	0							
江门	1.8	2	0	0						
惠州	7.9	2	1	0	0					
阳江	2.2	2	0	0	0	0				
汕尾	3.6	2	0	0	0	0	0			
揭阳	7.9	2	0	0	0	0	0	0		
汕头	7.9	2	0	0	0	0	0	1	0	
漳州	7.9	2	0	0	0	0	0	1	1	0

从题表 9-10 中可以看出,广州—惠州—揭阳—汕头—漳州路线上的总货运量达到 7.9 吨,然后在剩下的东莞、江门、阳江和汕尾重复以上的优化步骤,得到最终配送计划如题图 9-1 所示,车辆调度结果如题表 9-11 所示。

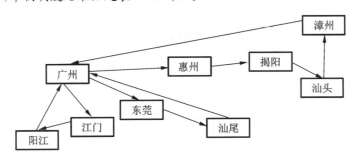

题图 9-1 最终配送计划图

题表 9-11 最终优化后的车辆调度结果

运输路线	车型/吨	距离/千米	单价/元	运费/元
广州—东莞	5	50	2.7	135
广州—江门—阳江	5	189	2.7	510.3
广州—汕尾	5	221	2.7	596.7
广州—惠州—揭阳—汕头—漳州	8	587	3.65	2142.55
合计		1047		3384.55

三、结论

通过对比初始方案与最终方案可知,通过优化可节约里程(1768－1047)＝721(千米),节约成本(4476.3－3384.55)＝1091.75(元),仅 8 家客户的一次配送就节约了物流配送成本 1091.75 元。

讨论:节约里程法的核心思想是什么? 在本案例中得到了怎样的运用?

第十章 物流配送中心规划

 学习要点

了解我国物流领域未来的发展趋势,掌握国家发布的重大物流战略以及最新的物流政策,了解现代新兴技术在物流领域的应用。

第一节 配送中心概述

一、配送中心的概念

(一)配送中心的产生背景

市场经济的发展造就了买方市场的经济环境,以良好的营销服务和优质产品来争夺用户,进而占领市场,增加市场份额,赢得竞争优势,自然就成了生产企业的战略选择。随着社会经济的发展、国际交流的扩大和物资产品的日益丰富,消费需求呈现出多样化、个性化趋势。这就要求生产企业有较强的捕捉信息能力、应变能力、快速响应能力,使得企业不得不设法从纷繁复杂的营销服务中解脱出来,专注于核心竞争力的提高。因而出现了"营销重心下移""贴近顾客"的营销战略。

处于这种经济环境中的仓储企业,再单纯地存储和保管货物(包括生产资料和生活资料),也很难进一步发展,很难适应生产企业缩短流通时间,减少库存资金占用的迫切要求。只有提供系列化、一体化和多项目的服务,才能满足社会对流通组织的要求。于是在仓储业不断发展和变革的过程中,一种适应新的经济环境的新型物流经济实体——配送中心便应运而生了。

(二)配送中心的概念

我国2001年4月发布的《物流术语》国家标准中有关配送中心的定义如下。从事配送业务的物流场所或组织,应基本符合下列要求:①主要为特定的用户服务;②配送功能健全;③完善的信息网络;④辐射范围小;⑤多品种,小批量;⑥以配送为主,储存为辅。

综观上述种种提法,可以认为:配送中心是从事配送业务的物流场所或组织。从广

义上讲,配送中心也是一类从事一种特殊业务的物流中心。

二、配送中心的类型

市场经济越发展,商品流通的规模和流通量就越大,配送中心的服务对象、服务形式、服务范围和服务功能也不尽相同。

（一）按配送中心的经济功能划分

1. 供应型配送中心

供应型配送中心,顾名思义是向用户供应货物、行使供应职能的配送中心。其服务对象有两类:一是组装、装配型生产企业,为其供应零部件、原材料或半成品;二是大型商业超级市场、连锁企业以及配送网点。其特点是:配送的用户稳定,用户的要求范围明确、固定,因而配送中心集中库存的品种范围固定,进货渠道稳固,都建有大型现代化仓库,占地面积大,采用高效先进的机械化作业。

2. 销售型配送中心

以配送为手段、商品销售为目的的配送中心属销售型配送中心。这种配送中心按其所有权来划分可分三种情况:一种是生产企业为直接将自己的产品销售给消费者,以提高市场占有率而建的配送中心,如我国的海尔集团所建的配送中心,美国 Keebler 芝加哥配送中心等;二是专门从事商品销售的流通企业为扩大销售而自建或合建的配送中心,我国目前拟建或在建的配送中心多属此类;三是流通企业和生产企业共建的销售型配送中心,这是一种公用型配送中心,这类配送中心的特点是用户不确定,用户多,每个用户购买的数量少,因此不易实行计划配送,集中库存的库存结构比较复杂。

销售型配送中心往往采用共同配送,才能取得较好的经营效果。

3. 储存型配送中心

这是一类具有强大的储存功能的配送中心,主要是为了满足三方面的需要而建造的。一方面是企业在销售产品时,难免会出现生产滞后的现象,要满足买方市场的需要,客观上需要一定的产品储备;另一方面在生产过程中,生产企业也要储备一定数量的生产资料,以保证生产的连续性和应付急需;第三方面是在配送的范围越大、距离越远时,或者满足即时配送的需要时,客观上也要求储存一定数量的商品。可见储存型配送中心是为了保障生产和流通得以正常进行而出现的,其特点是储存仓库规模大,库型多,存储量大。如瑞士的 Giba-Geigy 公司的配送中心,可储存 40000 个托盘,其储存规模位居世界前列;美国福来明公司的食品配送中心,建筑面积达 70000 平方米(其中包括 40000 平方米的冷冻库和冷藏库,30000 平方米的杂货库),所经营的商品品种达 89000 个。

4. 流通型配送中心

这是一种只以暂存或随进随出方式运作的配送中心。其运作方式是成批进货,按用户订单要求零星出货,在进货的同时,货物经分拣机直接分送至各用户的货位或配送运输工具上,货物在中心滞留的时间很短。

5. 加工型配送中心

这是一种根据用户需要对配送物品进行加工,而后实施配送的配送中心。这种配送中心行使加工职能,其加工活动主要有分装、改包装、集中下料、套裁、初级加工、组装、剪切、表层处理等。闻名于世的麦当劳、肯德基的配送中心就是提供加工服务后向其连锁店配送的典型。在工业、建筑、水泥制品等领域的配送中心同样属于这种类型,如石家庄水泥配送中心既提供成品混凝土,又提供各种类型的水泥预制件,直接配送至用户。

（二）按服务范围划分

1. 城市配送中心

向城市范围内的用户提供配送服务的配送中心称城市配送中心。这类配送中心有两个明显的特征:一是采用汽车将货物直接送达用户,因为运距短,所以非常经济;二是开展小批量、多批次、多用户的配送,实行"门到门"式的送货服务。

城市配送中心所服务的对象大多是零售商、连锁店和生产企业,大多采用与区域配送中心联网的方式运作,以"日配"的服务方式配送。国内外绝大多数的配送中心都是城市配送中心。

2. 区域配送中心

向跨市、跨省(州)范围内的用户提供配送服务的配送中心称区域配送中心。这类配送中心有三个基本特征:其一,辐射能力较强,经营规模较大,设施和设备先进;其二,配送的货物批量较大;其三,配送的对象大多是大型用户,如城市配送中心和大型工商企业,采用"日配"或"隔日配"的服务方式。虽然它也给批发商、企业用户、商店零星配送,但不是主体对象。

 案例

加拿大大都会公司(Metro-Richelieu)的食品杂货配送中心占地面积 55000 平方米,层高约 9 米,固定配货对象有 18 家区域批发商、320 家零售商。配送服务半径为 300 千米,每天发货量 100000 箱,自接到用户的订单起,到用户收到货物,一般不超过 8 小时,实现了"日配"。

3. 国际配送中心

向区域、国际范围内的用户提供配送服务的配送中心为国际配送中心。其主要特征是:①经营规模大,辐射范围广,配送设施和设备的机械化、自动化程度高;②配送方式采用大批量、少批次和集装单元;③配送对象主要是超大型用户,如区域配送中心和跨国工商企业集团;④存储吞吐能力强。

 案例

荷兰的"国际配送中心",不仅在国内外建立了许多现代化的仓库,而且装备了很多现代化的物流设备。该中心在接到订单之后 24 小时之内即可装好货物,仅用 3～4 天的时间就可把货物运送到欧洲共同体成员国的用户手中。

当然我们还可按配送中心配送设施的所有权归属、所经营的货物种类去划分配送中心的类别,这里就不一一叙述。

第十章 物流配送中心规划

三、配送中心模式

模式可解释为"某种事物的标准形式或使人可以照着做的标准样式"。配送中心模式是指配送中心的各基本要素的标准运作形式。这种模式不是凭人们的主观愿望而随意设计的,而是根据社会经济发展的需要和国内外配送中心运作的具体实际,经过总结提炼而来的。物流中心模式可解释为:为充分发挥物流配送中心的功能和效用,协调物流诸环节、诸要素之间的利益关系,通过合理设计和安排物流组织而建立的标准化、程式化的物流配送系统。

配送中心由于产权不同,货物所有权不同,经营方式不同,其模式也不尽相同。尽管如此,作为一种特殊的经济形式,其基本要素及其运作规律却有着共同特征,由此构成了配送中心的基本模式。

(一)基于销售的配送中心模式

这是一种集商流和物流为一体的模式。这种配送中心模式的行为主体是生产企业或销售企业,配送仅作为一种促销手段而与商流融合为一体。事实上,无论在国内或是在国外往往从事某种货物配送活动的配送中心,恰恰就是这种货物的生产者或经销者,甚至有的配送中心本身就是某个企业或企业集团所附设的一个机构。

 案例

我国的海尔集团的物流推进本部所管辖的自有型成品库负责向全国42个分销配送中心准时地配送制成品。建库之后,库存占压资金由1999年的15亿元,降至2000年的7亿元,2001年降为3亿元。海尔配送体系建立以后,做到了中心城市6～8小时配送到位,区域销售店24小时配送到位,全国主干线分拨配送平均3.5天到位。又如保加利亚索菲亚服装配送中心,建有可保管众多服装制造厂的各种服装的高层自动化仓库,附设了样品陈列室、批发洽谈室等。客户在陈列室看好样品,在洽谈室订好服装后,配送中心就可以准时地把所需服装送达客户。

上述这种模式的配送中心,从表面上看是在独立地从事货物的大批量进货、存储、保管、分拣和小批量、多批次的运送活动,但这些活动只是产品销售活动的延伸。其实质是企业的一种营销手段或营销策略。就这类配送中心的运作而言,在流通实践中,它们既参与商品交易活动,向用户让渡其产品的所有权,同时又向用户提供诸如货物分拣、加工、配货和送达等一系列的后勤服务。在这里,商品的销售和配送是合二为一的。不难看出,这种商流与物流合二为一的配送,主要是围绕着企业的产品销售和增加市场份额的根本目的而展开的。

基于销售的配送中心模式在批发业、连锁经营企业、大型加工制造业、零部件制造业等领域应用比较广泛。

 案例

日本日产汽车销售公司上乡工厂,设有以自动化仓库为主体的配送中心(世界上最大的自动化仓库之一),该中心占地13500平方米,高25米,内设15个巷道,库存货位37674个,保管有该厂自己生产并包装好的汽车维修配件。同时按照用户的订货要求,及时将配件送达用户。

以这种模式构建的配送中心,由于可以直接组织到货源并拥有产品的所有权和支配权,所以有其资源优势,也便于配送中心扩大业务范围和服务对象,便于向生产企业提供多元化的后勤服务(如物料的配套供应)。从这种意义上说,这种模式也是一种充分发挥专业流通企业功能的配送模式,因为专业流通企业有自己的仓库、装卸搬运设备,有相对稳定的资源渠道,还有服务多年的客户群。如果和生产企业之间找到利益的共同点,优势互补,是不难实现成功合作的。

然而我们也应该看到,按照这种模式构建的配送中心,不但要投入较多的资金、人力和设备,而且资金、人力分散。只有具有一定的经济实力,方可形成一定的规模。尤其是对生产企业来说,如果都建这种模式的配送中心,势必造成新的资源浪费,也不利于企业把主要注意力集中在核心竞争力的提高上。

(二)基于供应的配送中心模式

这种配送中心模式的主体是拥有一定规模的库房、站场、车辆等物流设施和设备以及具备专业管理经验和操作技能的批发、仓储或运输企业。其本身并不直接参与商品交易活动,而是专门为用户提供诸如货物的保管、分拣、加工、运送等系列化服务。这类配送中心的职能通常是从工厂或转运站接收所有权属于用户的货物,然后代理客户存储,并按客户提出的要求分拣货物,即时或定时地小批量、多批次地将货物分拣配送至指定的地点。

 案例

以中国储运总公司唐家口仓库为例,其用户天津通讯广播器材公司把从日本进口的电视机元器件直接送到唐家口仓库保管。仓库负责按用户的要求进行分类、配货、装车并直接送到生产厂的生产流水线。每天配送20车次。在配送元器件的同时,仓库方又将成品电视机运回,由仓库负责保管并代理发运。

很明显,这类配送中心所从事的配送活动是一种纯粹的物流活动,其业务属于交货代理服务。从运作形式来看,其活动是与商流活动相分离的,只不过是仓储、运输企业服务项目的增加和服务内容的拓展而已。

这种模式构建的配送中心的好处在于可以充分利用原有的设施和设备并予以更新、改造、扩充,其投资相对要少;尽管可以同时为多家用户提供服务,但是其业务活动毕竟单纯、专一,因而企业占压的资金比较少,经营风险也比较小。

这类配送中心的最大缺陷是本身不直接掌握货物资源,因而其调度、调节能力比较差,往往受到用户的制约。同时,由于其活动只是一种代理性质的活动,所以其收益只是收取相对于全部物流利润极小比率的服务费,是一种高消耗、低收益的配送中心模式。

(三)基于资源集成的配送中心模式

这是一种以资源集成为基础,集商流、物流、信息流和资金流四流合一的配送中心模式。这类配送中心的行为主体是虚拟物流企业，其服务对象是大中型生产企业或企业集团，其运作形式是由虚拟物流企业和供应链上游的生产、加工企业（供方）建立广泛的代理或买断关系，并和下游的大中型生产企业（需方或用户）形成较稳定的契约关系。虚拟物流企业的配送中心依据供方的交货通知完成运输、报关和检验、检疫并入库，而后按照需方的要求，经过拣选、加工、配料、装车、运输并送达需方，完成配送作业。

上述从供应商到用户的所有信息都是由企业的物流信息系统来管理的，而作业活动都是由其组织、调度和控制的。高效及时的信息交换和处理，为配送中心作业的顺利完成提供了保证。信息技术的支撑是这类配送中心的突出特点。作业完毕以后，依照物流状况和配送中心与供、需双方的合同，各种费用就会在电脑中自动生成，并各流其向。

 案例

我国中海集团物流公司的中海物流配送中心，通过委托合同的形式，已与 IBM、美能达、联想、三星电子、诺基亚、神达电脑、宏碁基电脑等 80 多家国内外著名的跨国公司建立了长期稳定的合作关系，为其提供国际物流配送服务。中海公司除利用自己的硬件和软件设施以外，还与陆路运输公司及海运、空运货代企业建立了稳定的合作伙伴关系。货物可以由中海公司或者用户向供应商采购并签订贸易合同，然后中海公司取得货物的所有权或代理权。像 IBM 公司所采用的就是代理形式。IBM 公司来自世界各地 160 多家供应商的物料在 24 小时内即可送达 IBM 工厂生产线。其运作程序是：IBM 采购中心向其供应商发出订单，各供应商发货并通知中海物流配送中心，配送中心按交货指令完成运输、报关、检疫至验收入库。然后，IBM 工厂根据生产线上的需要向配送中心发出提货单，配送中心经过拣选、配料、装车、运送、报关并即时送达 IBM 工厂。

另外，中海公司还自主开发了一套既满足公司内部业务需要，又能面向市场的物流信息管理系统。该系统融进库、出库、运输、报关、检疫、信息反馈和费用结算于一体，只要输入原始数据，系统即可完成其他操作。供、需双方均可通过电子数据交换（EDI）或 Internet 随时查看最新交易情况以及库存结构和数量。

由此不难看出，这种基于资源集成的配送中心所开展的是一种典型的规模经营活动，这种模式也是一种完整意义上的配送中心模式，它有如下几种特点。

1. 规模大，服务范围广

可以有效地组织国内外若干个供应商资源、配送资源，对若干个用户进行共同配送，以其规模优势来降低成本。

2. 完善的信息系统和网络体系的服务

有完善的信息系统和网络体系服务于用户的变换需求，以 Internet 为平台，既可以让用户了解市场、价格、制度、政策以及物料资源情况，又可以了解配送中心的物流系统的组织运作情况，实时地进行跟踪、控制、查询、反馈，自动进行数据动态分析，进而优化调配方案。

3. 物流领域的专业化优势

配送中心以专业化的人员、专业化的设施设备、专业化的运作方式来提高配送效率。

4. 物流配送设施设备的社会化

其物流配送设施设备不全是属于自己所有,既有自有的,又有公用型的,分布地域广,所提供的是一种社会化的配送服务,所追求的是物流合理化。

 案例

宝供集团,在中国管理着 480000 平方米的仓库,但没有一平方米是自己建造的。其物流网络是充分借助于社会资源,经过整合而集中控制运作的。它在广州、北京、上海、成都设立了四个分公司,到目前为止,业务范围已基本覆盖整个中国。针对每个客户的不同产品、不同要求,接单、发运、入库、验收、配送,其任一网点都能在统一的指挥系统指挥下运作,为客户提供便捷、及时的服务。

选择配送中心的模式,应根据实际情况而定。从我国近几年配送业的发展情况,可以看出一些规律和趋势。尽管从长远看,生产领域的物流外包是我国发展经济的必然趋势和必须突破的重要环节。但是,就现阶段而言,提倡并鼓励超大型龙头生产企业,批发、零售企业和商业连锁企业构建自营型或合作型基于销售的配送中心,选择商流、物流合一的配送中心模式是较为合宜的。

第二节 配送中心的经营定位

一、配送中心的功能定位

一般来说,配送中心的功能定位是根据其开展的配送服务内容和相应的配送作业环节为基础来进行的,根据配送作业的基本环节和作业流程,配送中心一般具有采购、储存、加工、分拣、配货、送货多项功能。但是,不同类型的配送中心的核心功能有所不同,因此,在配送中心的规划和建设中,从设施建设到平面布置,以及组织管理等方面也都存在一定的差异。

(一)储存型配送中心

如果配送范围大,就需要有较强的库存能力,应当建立储存型配送中心。对于储存型配送中心,其功能以储存为主,以尽可能降低其服务对象的库存为主要目标,必须具有较强的库存调节能力,因此,应规划较大规模的仓储空间和设施。

(二)流通型配送中心

对于流通型配送中心,其功能是以快速转运为主,大批量进货,快速分装或组配,并及时地发送到各客户指定的地点,所以在规划中应以配备适应货物高速流转的设施。

(三)加工型配送中心

对于加工型配送中心,其功能以对商品进行如拆包、分解、整理、再包装、集中下料等流通加工为主,在规划中应适应加工的需要,配备必要的加工设施、场地,引进相应的加工技术。

(四)专业型配送中心

专业型配送中心大体上有两个含义:一是配送对象、配送技术属于某一专业范畴,即在某一范畴对具有一定综合性、专业性的多种物质进行配送;二是以配送为专业职能,基本不从事其他经营的服务型配送中心。

二、配送中心的商品定位

一般配送中心所能处理的商品种类是有一定限制的。目前也有许多专门服务的配送中心,如服装配送中心、电器配送中心、食品配送中心、干货配送中心、生鲜配送中心、图书配送中心等。不同商品的配送所需的配送作业场地、设施设备是不一样的,作业流程也不相同。因此,不可能建设一个满足所有商品物流需要的配送中心。一个配送中心没有必要也不可能配备能处理所有商品的物流设施和设备,即使可能也不合算。

配送商品的定位主要根据企业的营业范围、市场需求来确定。

第一,对于一般的商业连锁体系,主要经营一般消费品,其配送中心主要负责连锁体系内大部分商品的内部供应配送,并以统一采购、统一库存、统一配送而形成规模效应,获得规模经济效益,最终形成销售商品的价格优势。

第二,一些由传统批发机构改组而形成的配送中心,通常以批发经营的传统商品为主,开展专业配送业务,其品种较为单一,批量较大。

商品定位应与功能定位结合在一起考虑。

三、配送中心的区域定位

配送经营区域是指配送中心业务辐射的范围。

第一,对于连锁商业体系,配送中心的辐射区域和配送能力取决于其零售店铺的分布范围和数量的多少。连锁商业体系组建配送中心的方法,可以按照适当的比例,即根据辐射范围内顾客分布、分店数目与配送中心的适当比例来确定配送中心的位置、规模和数量。

第二,对于生产企业自营的配送中心,配送区域一般也主要在生产厂区、生产企业的销售配送区域,可根据客户分布情况而定。

配送中心服务对象所形成的区域是选择配送中心区位的基础。一般来说,配送中心建设规模越大,经营能力越强,其辐射范围越广,服务的范围也就越大。在配送中心的区位规划中,除了考虑商品种类及数量外,交通运输条件、用地条件等问题也应该认真分析和论证,以确定配送的区域和范围。

第三节　配送中心的地理位置选择

配送中心地理位置的选择,将直接影响到实际运营的效率与成本以及今后仓储规模的扩充与发展。一般来说,如果有预定地点或区位方案,可在系统规划进行之前提出,并作为系统规划过程的限制因素;如果没有预定方案,可在系统规划形成后,进行选址规划。选址问题决策分析方式一般采用定性分析与定量分析方法相结合。

一、选址问题的定性分析

配送中心选址包括两方面的含义:地理区域的选择和具体地址的选择。

配送中心选址时应考虑的主要因素有客户分布、供应商分布、交通条件、自然条件、土地条件、人力资源条件和政策条件等。

(一)客户、供应商分布

配送中心是为客户服务的,所以配送中心选址首先要考虑客户分布情况。面向零售商的配送中心,其主要客户是超市和零售店。这些客户大部分分布在人口密集的地方或城镇,配送中心为了提高服务水平及降低配送成本,多建在城市边缘接近客户分布的区域。

配送中心的货源来自供应商,所以配送中心选址必须考虑供应商的分布区域。如果配送中心越接近供应商,则安全库存量就可控制在较低水平上。

(二)交通和自然条件

交通条件是影响配送成本及效率的重要因素之一。配送中心选址必须考虑对外交通的运输渠道,以及未来交通与邻近地区的发展状况等因素。为了确保配送运输作业的顺利进行,地址的选择应临近重要的运输渠道。一般配送中心应尽量选择在交通方便的高速公路、国道及快速道路附近。如果以铁路及轮船来当运输工具,则要考虑靠近火车编组站和港口等。

配送中心选址要考虑自然条件,以减少建造配送中心的风险。自然条件包括温度、湿度、盐分、降雨量、台风、地震、河川等情况。

(三)土地和人力资源条件

建造配送中心需要土地,对土地的使用必须符合相关的法令规章及城市规划的限制。规划配送中心用地问题,既要考虑土地面积的多少问题,也要考虑地价问题,还要考虑地形地质问题。

配送作业需要使用人力资源。人力资源条件要考虑临近地区的人口数量、交通条件和工资水平等。

(四)政策条件

各地方政府的经济政策也是配送中心选址规划要考虑的因素之一。政策条件包括土地政策、税收政策和地区产业政策等。

二、选址问题的定量分析

在各种相关教材中,介绍了不少选址的定量分析方法,例如用于理论分析的重心计算法,用于直观分析的图上作业法,用于复杂情况的整数规划方法等。这里介绍一种成本比较法,它是整数规划方法的一种简化形式。

(一)选址模型

建设一个配送中心(或仓库),应合理选择配送中心的位置(或库址)。假设配送中心的候选地点有 s 个,分别用 $D_1,D_2,\cdots,D_s$ 表示;商品的供应商有 m 个,分别用 $A_1,A_2,\cdots,A_m$ 表示,其供应量分别用 $P_1,P_2,\cdots,P_m$ 表示;产品销售地有 n 个,分别用 $B_1,B_2,\cdots,B_n$ 表示,其销售量分别用 $Q_1,Q_2,\cdots,Q_n$ 表示(见图 10-1)。设 U_{ij} 和 C_{ij} 分别表示 A_i 到 D_j 的单位运输成本和距离;V_{jk} 和 d_{jk} 分别表示从 D_j 到 B_k 的单位运输成本和距离。

图 10-1 选址示意图

所谓选址问题,就是从 s 个候选地址中选取一个最优地址建造配送中心,使物流总费用达到最低。

引进变量:
$$X=(X_1,X_2,\cdots,X_s)$$
其中
$$X_j=\begin{cases}1 \text{ 表示在 } D_j \text{ 建造}\\ 0 \text{ 表示不在 } D_j \text{ 建造}\end{cases}$$
那么,选址问题可以表述为
$$\min. f(X)=\sum_{j=1}^{s}\Big(\sum_{i=1}^{m}U_{ij}C_{ij}P_i+\sum_{k=1}^{n}V_{jk}d_{jk}Q_k\Big)X_j$$
Subject to:
$$\sum_{j=1}^{s}X_j=1$$

这是一个整数线性规划问题。表面上看,这个问题的数学表达式似乎比较复杂,其实很简单,也很容易求解。

从目标函数表达式的右边可以看出,如果括号中的算式值能计算出来,问题就基本上解决了。事实上,如果 s 个算式值的最小者对应的下标为 r,那么可取 $X_r=1$,其他 $X_j=0$,便是最优解。D_r 便是最优地址。

然而，计算目标函数表达式右边括号中的算式并不是一件轻而易举的事情，因为模型中的许多参数具有不确定性，需要采用统计和预测的方法进行分析确定。

（二）模型应用

案例

计划建造一个配送中心，商品主要配送到 B_1、B_2、B_3 三个地区，三个地区的销售量分别为 20 万吨、30 万吨和 50 万吨；商品主要由 A_1、A_2 两个供应商提供，供应量分别为 40 万吨和 60 万吨。配送中心地址计划从 D_1、D_2、D_3 中选择一个。这三个候选地址与各点之间的单位运输成本如表 10-1 所示。表中的数据单位：距离为千米，运费为元/吨千米，物流量为万吨。图 10-2 是选址问题示意图。试从运输成本分析，地址应如何选择。

表 10-1 候选地址与各点之间的距离和单位运输成本

候选地	关联地	配送客户			供应商	
		B_1	B_2	B_3	A_1	A_2
D_1	距离	10	30	35	50	55
	单位运费	1	1.2	2	1.5	1
D_2	距离	10	10	15	15	30
	单位运费	2	1.5	2	2.2	2
D_3	距离	35	30	10	40	50
	单位运费	1	1	2	1.4	1
物流量		20	30	50	40	60

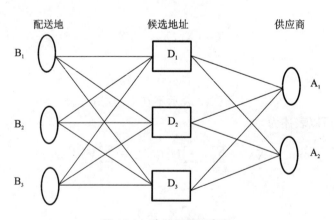

图 10-2 选址问题示意图

根据前面选址问题的分析，我们列出本例中各候选地址的总运输成本。

如果在 D_1 建配送中心，运输总成本为

$$TC_1 = \sum_{i=1}^{m} U_{ij}C_{jj}P_i + \sum_{k=1}^{n} V_{ij}d_{jk}Q_k$$
$$= (10 \times 1 \times 20 + 30 \times 1.2 \times 30 + 35 \times 2 \times 50) + (50 \times 1.5 \times 40 + 55 \times 1 \times 60)$$

$$= (200+1080+3500)+(3000+3300)$$
$$= 11080(万元)$$

如果在 D_2 建配送中心，运输总成本为
$$TC_2 = (10\times2\times20+10\times1.5\times30+15\times2\times50)+(15\times2.2\times40+30\times2\times60)$$
$$= (400+450+1500)+(1320+3600)$$
$$= 7270(万元)$$

如果在 D_3 建配送中心，运输总成本为
$$TC_3 = (35\times1\times20+30\times1\times30+10\times2\times50)+(40\times1.4\times40+50\times1\times60)$$
$$= (700+900+1000)+(2240+3000)$$
$$= 7840(万元)$$

对三个候选厂址的计算结果进行比较分析，可以看出，D_2 的运输总成本最低，所以应选 D_2 作为建立配送中心地点。

第四节 配送中心的系统规划

建造一个物流配送中心是一件重要的工作，需要进行认真调查研究、周密计划和精心设计，才能取得较好的效果。配送中心规划设计的目标为：降低物流成本，提高对用户的服务水平，缩短作业时间周期，管理好供应商与顾客之间的供需渠道，提高物流服务竞争力，迅速掌握供需等有关信息。图 10-3 表示系统规划设计的步骤。

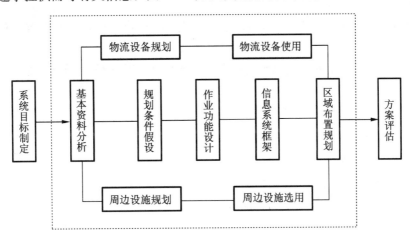

图 10-3 规划设计的步骤

一、调查研究

首先要进行社会物流配送需求情况的调查研究，确定拟建配送中心的条件是否具备，时机是否成熟。然后对社会经济环境和自身条件进行摸底调查，检查所选择的配送

中心类型是否合适。与此同时,要搜集进行规划用的基本资料。资料的搜集过程分为两个阶段,即搜集现行作业资料和未来规划所需资料。

(一)现行资料

(1)基本运行资料。包括业务类型、营业范围、营业额、人员数量、车辆数量、供应商和用户数量等。

(2)商品资料和销售资料。商品资料包括商品类型、分类、品项数、供应来源、保管形式等。销售资料包括按地区、商品、道路、客户及时间分别统计销售资料。

(3)订单资料。包括商品种类、名称、数量、单位、订货日期、交货日期、生产厂家等。

(4)货物特性。包括形态、气味、温湿度要求、腐蚀变质特性、装填性质。此外还包括物品重量、体积、尺寸、包装规格,储存特性和有效期限等。包装规格分单品包装、内包装、外包装等。

(5)作业流程。包括一般物流作业,即进货、储存、拣选、补货、流通加工、发货、送货、退货、盘点、仓储配合作业(移仓调拨、容器回收、废弃物回收处理)等作业流程的现状。

(6)事务流程与使用单据。包括接单、订单处理、采购、拣货、发货、派车等作业,还包括相关库存管理、应收与应付账务系统管理等作业。

(7)厂房设施资料和作业工时资料。厂房设施资料包括厂房仓库大小与布置形式、地理环境与交通特性、使用设备主要规格、生产能力等资料。作业工时资料包括人员组织结构、单个作业区人数、工作时数、作业时间与时序分布等。

(8)物料搬运资料。包括进货、发货、在库搬运、车辆、进货与发货频率、数量、车辆类型与时间段等。

(9)供货厂商资料。包括供货厂商类型、规模、特性、供货厂家数及据点分布、送货时间等。

(10)配送据点与分布。包括配送道路类型、配送点的规模和分布、交通状况、收货时段、特殊配送要求等。

(二)未来规划要求的资料

(1)运营策略和中长期发展计划。
(2)商品未来的需求预测。
(3)商品品种变化趋势。
(4)预测将来可能发展的厂址和面积。

二、基本资料的分析

(一)订单变化趋势分析

订单是配送中心的生命线,如果没有订单,配送中心就失去了意义。分析工作首先总结历来销售和发货资料,并进行分析,了解销售趋势和变化情况。如果能掌握有关的变化趋势或周期性变化规律,则有利于后续资料的分析。

关于分析的时间单位,视资料收集范围及广度而定。预测未来的趋势,以一年为单位;季节变化预测,以月为单位;分析月或周内的变化倾向,则以周或日为单位。

常用的分析方法有时间序列分析法、回归分析法和统计分析法。

(二)订单的品项分析

订单的品项分析可使用 EIQ 规划方法,即对订单的份数(entry)、货品种类(item)和数量(quantity)进行相关分析。

通过订单量的分析,了解单份订单的订购量的分布情况,从而可以规划处理订单的原则,拣货、发货方式和发货区的规划。

通过品项的数量分析,了解各种产品发货量的分布情况,有利于分析产品的重要性和运输特性,可用于仓储系统的规划、储位空间的估算、拣货方式及拣货区的规划。

(三)物品特性与储运单位分析

在进行订单的品项和数量分析时,最好结合相关物品特性、包装规格及特性,以及储运单位等因素进行分析,这样更有利于对仓储和拣货区的规划。

(四)定量分析与定性分析相结合

除了对定量化的信息分析之外,还要注意对一些定性化的资料进行分析,例如作业流程分析、事务(如大量表单和资料的传递)流程分析、作业时序(作业时间分布)分析、人员素质分析以及自动化水平分析等。只有这样,规划方案才能更符合实际情况,可行性更高。

三、作业功能规划

配送中心的系统规划是一个系统工程,要求规划的配送中心具有合理化、简易化和机械化。合理化是指各项作业流程具有必要性和合理性。简易化是指使整个系统简单、明确、易操作,并努力做到作业标准化。机械化是指规划设计的系统应能减少人工作业,尽量采用机械或自动化设备来提高生产效率,降低可能造成的人为错误。

(一)作业流程的规划

在经过基本资料分析和基本条件设定之后,可拟定作业流程。通过对各项作业流程的合理化分析,找出作业中不合理和不必要的作业,力求简化配送中心里可能出现的不必要的计算和处理单位,减少重复堆放的搬运、翻堆和暂存等工作,提高整个系统的效率。如果储运单位过多时,可将单个作业单位予以分类合并,避免内部作业过程中储运单位过多地转换。尽量简化储运单位,以托盘或储运箱为容器。把体积、外形差别大的物品归类成相同标准的储运单位。这样一来,就可以简化配送中心储运单位。

(二)作业区域的功能规划

在作业流程规划后,可根据配送中心的运营特性进行区域及周边辅助活动区的规划。物流作业区指装卸货、入库、订单拣取、出库、发货等基本的配送中心作业区域;周边辅助活动区指办公室、计算机中心等。

1. 一般性物流作业区

作业项目包括车辆入库、卸载、进货点收、理货、入库、调拨补充、订单拣取、分类、集货、流通加工、检验、发货点收、发货装载、货物运送等。

2. 退货物流作业区

作业项目包括退货卸货、退货点收、退货责任确认、退货良品处理、退货瑕疵品处理、退货废品处理等。

3. 换货补货作业区

作业项目包括退货后换货作业、误差责任确认、零星补货拣取、零星补货包装、零星补货运送等。

4. 流通加工作业区

作业项目包括拆箱、裹包、多种物品集包、外包装、发货物品称重、印贴标签等。

5. 物流配合作业区

作业项目包括车辆货物出入管理、装卸车辆停泊、容器回收、空容器暂存、废料回收处理等。

6. 仓储管理作业区

作业项目包括定期盘点、不定期抽盘、到期物品处理、即将到期物品处理、移仓与储位调整等。

7. 厂房使用配合作业区

作业项目包括电气设备使用、动力及空调设备使用、安全消防设备使用、设备维修工具器材存放、一般物料储存、人员车辆通行、机械搬运设备停放等。

8. 办公事务区和计算机作业区

作业项目包括办公、培训活动、资料储存管理、电脑系统使用及管理等。

9. 劳务活动区

作业项目包括浴室厕所、员工休息及娱乐活动、急救医疗、接待厂商来宾、食堂、厂商司机休息安排等。

10. 厂区相关活动区

作业项目包括警卫值勤、员工车辆停放、厂区交通、厂区扩充、环境美化等。

在确定作业区之后,进一步确定各作业区的具体内容,包括对装卸货平台、进货暂存区、理货区、库存区、拣货区、补货区的功能规划。

(三)周边设施区域规划

在规划配送中心时,还要考虑周边设施条件,做好这些区域规划:厂区大门、警卫室、厂区通道、一般停车场、运输车辆停车场、环境美化区域、厂房扩充区域、厂房大门、大厅、走廊、电梯间、楼梯间、主要通道、辅助通道、主管办公室、一般办公室、会议室、教室、电脑室等。

四、设施规划与选择

配送中心的设施相当广泛,可根据实际需要进行规划和选用。

1. 物流作业区设施

(1)容器设备。包括搬运、储存、拣选和送货用的容器。如纸箱、托盘、铁箱、塑料箱等。

(2)储存设备。包括各种货架和货柜。

(3)拣选设备。包括一般拣货设备和自动化拣货设备。

(4)搬运设备。包括自动化搬运设备、输送带、分类设备、堆卸托盘设备和垂直搬运设备等。

(5)流通加工设备。包括裹包集包设备、外包装设备、印贴条码设备、拆箱设备和称重设备等。

(6)物流周边配合设备。包括楼层流通设备、装卸货平台、装卸载设备、容器暂存设施和废料处理设施等。

2. 辅助作业区域设施

辅助作业区域设施包括办公设施、计算机及其外围设施、劳务设施等。

3. 厂房建筑周边设施

厂房建筑周边设施包括交通、水电、动力、土建、空调安全和消防等设施。

五、信息系统规划

关于物流配送信息系统的内容较多,而在技术上与一般物流信息系统基本相同。由于专门开设有"物流信息系统"的课程,所以这里只提出信息系统规划设计的思路。

(一)信息系统功能规划

一般配送中心的信息系统有如下功能。

(1)销售采购管理功能。以商业活动的相关业务为主,如订单处理、采购定价、市场分析等。

(2)仓储业务管理功能。以仓储作业相关业务为主,如进、销、存等资料管理,储位管理等。

(3)输配送管理功能。以运送货物的调度和控制工作为主,如拣货计划、指派车辆、路线规划等。

(4)信息提供功能。提供分析完整的管理信息,如绩效管理、决策分析和资源计划等。

(二)信息系统的主要单元

就现代物流配送中心而言,信息系统的功能不再只是处理作业信息,而是进一步向业绩管理、决策支持分析的高层次发展。为此,在规划设计配送中心的信息系统功能框架时,应包括如下六个单元:

(1)采购进货管理系统；

(2)销售发货管理系统；

(3)库存储位管理系统；

(4)财务会计系统；

(5)运营业绩管理系统；

(6)决策支持系统。

配送中心信息系统的功能模块如图 10-4 所示。

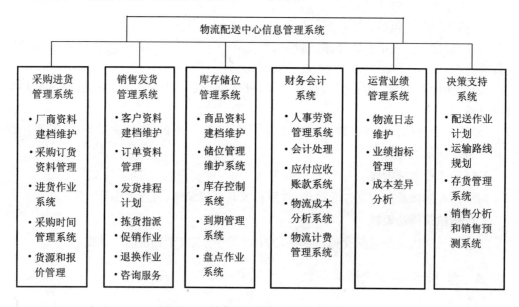

图 10-4　配送中心信息系统的功能模块

六、区域布置规划

(一)区域总平面布置的设计原则

1. 满足业务要求，工艺流程合理

(1)按功能划分厂区，即将各部门按业务性质、卫生、防火与运输要求的相似性，将配送中心划分为若干功能区段。

(2)采用系统设计模式，即按各部门之间物流与非物流相互关系的密切程度进行系统布置，避免物料搬运路线的往返交叉。

2. 适应内外运输要求，线路短捷顺直

根据内外部运输方式、运输设备和技术要求，合理确定运输线路和与之相关的部门位置。

3. 合理用地

(1)力求总体布局紧凑合理。

(2)在满足工艺要求的前提下,将联系密切的厂房合并。此外,可采用多层建筑。

(3)适当预留发展用地。

4. 安全

区域总平面布置设计时应充分注意防火、防爆和防噪音。

5. 环保

区域总平面布置设计时应考虑环保问题,应避免环境污染。

(二)系统布置设计(SLP)的一般步骤

系统布置设计包括以下步骤:

(1)分析基本要素等原始资料;

(2)进行物流分析和作业单位相互关系分析;

(3)绘制作业单位位置相关图;

(4)计算作业单位占地面积;

(5)绘制作业单位面积相关图;

(6)对作业单位面积相关图进行调整与修正;

(7)对方案进行评价与择优。

复习思考题

一、简答题

1. 什么是配送中心?

2. 配送中心如何分类?按经济功能可分为哪几种配送中心?

3. 配送中心经营定位包括哪些内容?

4. 配送中心选址要考虑哪些因素?

5. 配送中心系统规划必须进行详细的调查研究,调查和基本资料分析包含哪些内容?

6. 配送中心的作业流程规划设计包含哪些内容?

7. 设备设施规划与选择的原则和内容有哪些?

8. 配送信息系统规划设计的内容有哪些?

9. 配送中心区域布置规划的原则和步骤是什么?

二、计算分析题

某地计划建造一个配送中心,商品主要配送到 A_1、A_2、A_3、A_4、A_5 五个地区,商品主要由 B_1、B_2 两个供应商提供,配送中心地址计划从 D_1、D_2、D_3 中选择一个。这三个候选地址与各点之间的单位运输成本等资料如题表 10-1 所示。表中的数据单位:距离为千米,运费为元/吨千米,物流量为万吨。试从运输成本分析,地址应如何选择。

题表 10-1 候选地址与各点之间的距离和单位运输成本

候选地	关联地	配送客户					供应商	
		A_1	A_2	A_3	A_4	A_5	B_1	B_2
D_1	距离	40	30	30	50	40	40	50
	单位运费	1.2	1.2	1.2	1	1	1.5	1
D_2	距离	40	20	20	30	50	20	30
	单位运费	2.2	1.5	1.5	1.2	2	2.2	2
D_3	距离	30	30	40	40	50	40	50
	单位运费	1	1.5	1.5	1.2	1.5	1.4	2
物流量		30	40	50	40	40	100	120

第十一章 物流运输与配送的发展趋势

了解我国物流领域未来的发展趋势;掌握国家发布的重大物流战略以及最新的物流政策;了解现代新兴技术在物流领域的应用。

第一节 物流运输与配送的国家战略

一、"一带一路"合作倡议

"一带一路"(Belt and Road Initiative,英文缩写是B&R)是"丝绸之路经济带"和"21世纪海上丝绸之路"的简称,2013年9月和10月由中国国家主席习近平分别提出建设"新丝绸之路经济带"和"21世纪海上丝绸之路"的合作倡议。依靠中国与有关国家既有的双多边机制,借助既有的、行之有效的区域合作平台,"一带一路"旨在借用古代丝绸之路的历史符号,高举和平发展的旗帜,积极发展与沿线国家的经济合作伙伴关系,共同打造政治互信、经济融合、文化包容的利益共同体、命运共同体和责任共同体。

2015年3月28日,国家发展改革委、外交部、商务部联合发布了《推动共建丝绸之路经济带和21世纪海上丝绸之路的愿景与行动》。"一带一路"经济区开放后,承包工程项目突破3000个。2015年,中国企业对"一带一路"相关的共49个国家进行了直接投资,投资额同比增长18.2%;中国承接"一带一路"相关国家服务外包合同金额178.3亿美元,执行金额121.5亿美元,同比分别增长42.6%和23.45%。2016年6月底,中欧班列累计开行1881列,其中回程502列,实现进出口贸易总额170亿美元。2019年3月23日,中意签署"一带一路"备忘录。

共建"一带一路"已经在"五通"上取得重要进展和显著成效。一是在政策沟通方面,截至2020年5月,中国政府已先后与138个国家、30个国际组织签署200份共建"一带一路"合作文件。二是在设施联通方面,中老铁路、中泰铁路、雅万高铁、匈塞铁路等建设扎实推进,瓜达尔港、汉班托塔港、比雷埃夫斯港、哈利法港等建设进展顺利。2020年,中欧班列全年开行数量已达到 12406 列。三是在贸易畅通方面,2020 年,我国与"一带一路"沿线国家货物贸易总额达 1.35 万亿美元。中白工业园、中国-阿联酋产能合作园区、中埃苏伊士经贸合作区等建设稳步推进。四是在资金融通方面,2020 年,我国企业在"一带一路"沿线对 58 个国家非金融类直接投资 177.9 亿美元。中方已经与国际货币基金组织联合设立了能力建设中心。五是在民心相通方面,我国在科技交流、教育合作、文化旅游、绿色发展、对外援助等方面取得了一系列的成果。

"一带一路"倡议既源于深化全球开放合作的诉求,又诞生于全球化遭受挑战之际,它承载着巨大的历史革命。近年来,世界越来越多的国家支持并参与"一带一路"建设,"一带一路"从倡议到实践,从愿景到行动,朋友圈不断扩大,合作进程及成果远超预期。"一带一路"倡议已经释放出强大的生命力,成为构建人类命运共同体的重要平台。如果说当前全球开放合作遭遇挑战亟待化解,那么"一带一路"就是化解全球化挑战,引领全球开放合作新时代的重要手段。

二、长江三角洲区域一体化发展

2018 年 11 月 5 日,习近平总书记在首届中国国际进口博览会上宣布,将支持长江三角洲区域一体化发展,并上升为国家战略,着力落实新发展理念,构建现代化经济体系,推进更高起点的深化改革和更高层次的对外开放,同"一带一路"建设、京津冀协同发展、长江经济带发展、粤港澳大湾区建设相互配合,完善中国改革开放空间布局。长江三角洲(以下简称长三角)地区是我国经济发展最活跃、开放程度最高、创新能力最强的区域之一,在国家现代化建设大局和全方位开放格局中具有举足轻重的战略地位。推动长三角一体化发展,增强长三角地区创新能力和竞争能力,提高经济集聚度、区域连接性和政策协同效率,对引领全国高质量发展、建设现代化经济体系意义重大。

当今世界面临百年未有之大变局,全球治理体系和国际秩序变革加速推进,世界新一轮科技革命和产业变革同我国经济优化升级交汇融合,为长三角一体化发展提供了良好的外部环境。中国特色社会主义进入新时代,我国经济转向高质量发展阶段,对长三角一体化发展提出了更高的要求。"一带一路"建设和长江经济带发展战略深入实施,为长三角一体化发展注入了新动力。党中央、国务院做出将长三角一体化发展上升为国家战略的重大决策,为长三角一体化发展带来新机遇。2019 年底,中共中央、国务院印发了《长江三角洲区域一体化发展规划纲要》,并发出通知,要求各地区各部门结合实际认真贯彻落实。纵观整个规划纲要内容,关于大物流行业提到多次,按照出现频次和重要程度,总结了以下几点。

(1)港口物流、航运物流、跨境物流三个细分物流领域最为核心,是长三角重点发展的物流业态,这与长三角处于改革开放高地与内外贸核心枢纽的地理位置密不可分。

(2)快递和航空物流位于第二梯队,《长江三角洲区域一体化发展规划纲要》聚焦的核心是"速度",围绕高铁和航空的物流体系建设,是以消费为主的经济发展的重要支撑。

(3)工业物流、化工物流、中欧班列、冷链物流也被提及,但更多聚焦在如何配合产业的供给侧改革和升级,以及产业转移和长三角内的协同,这也是物流企业需要看到的趋势。

2020年12月26日,十三届全国人大常委会第二十四次会议表决通过了《长江保护法》,此法已于2021年3月1日实施。

三、粤港澳大湾区建设

2019年2月,中共中央、国务院印发了《粤港澳大湾区发展规划纲要》(以下简称《规划纲要》)。粤港澳大湾区包括香港特别行政区、澳门特别行政区和广东省广州市、深圳市、珠海市、佛山市、惠州市、东莞市、中山市、江门市、肇庆市(以下称珠三角九市),总面积5.6万平方千米,2017年末总人口约7000万人,是我国开放程度最高、经济活力最强的区域之一,在国家发展大局中具有重要战略地位。建设粤港澳大湾区,既是新时代推动形成全面开放新格局的新尝试,也是推动"一国两制"事业发展的新实践。规划近期至2022年,远期展望到2035年。

粤港澳大湾区地处我国沿海开放前沿,以泛珠三角区域为广阔发展腹地,在"一带一路"建设中具有重要地位,且交通便利,拥有香港国际航运中心和吞吐量位居世界前列的广州、深圳等重要港口,以及香港、广州、深圳等具有国际影响力的航空枢纽,有利于现代综合交通运输体系的加速形成。

《规划纲要》指出,加强基础设施建设,畅通对外联系通道,提升内部联通水平,推动形成布局合理、功能完善、衔接顺畅、运作高效的基础设施网络,为粤港澳大湾区经济社会发展提供有力支撑。以香港、澳门、广州、深圳四大中心城市作为区域发展的核心引擎,继续发挥比较优势做优做强,增强对周边区域发展的辐射带动作用。其主要表现在以下五个方面。

(1)提升珠三角港口群国际竞争力。巩固提升香港国际航运中心地位,支持香港发展船舶管理及租赁、船舶融资、海事保险、海事法律及争议解决等高端航运服务业,并为内地和澳门企业提供服务。增强广州、深圳国际航运综合服务功能,进一步提升港口、航道等基础设施服务能力,与香港形成优势互补、互惠共赢的港口、航运、物流和配套服务体系,增强港口群整体国际竞争力。以沿海主要港口为重点,完善内河航道与疏港铁路、公路等集疏运网络。

(2)建设世界级机场群。巩固提升香港国际航空枢纽地位,强化航空管理培训中心功能,提升广州和深圳机场国际枢纽竞争力,增强澳门、珠海等机场功能,推进大湾区机场错位发展和良性互动。依托香港金融和物流优势,发展高增值货运、飞机租赁和航空融资业务等。支持澳门机场发展区域公务机业务。加强空域协调和空管协作,优化调整空域结构,提高空域资源使用效率,提升空管保障能力。

(3)畅通对外综合运输通道。完善大湾区经粤东西北至周边省区的综合运输通道。推进赣州至深圳、广州至汕尾、深圳至茂名、岑溪至罗定等铁路项目建设,加快构建以广州、深圳为枢纽,高速公路、高速铁路和快速铁路等广东出省通道为骨干,连接泛珠三角区域和东盟国家的陆路国际大通道。

(4)构筑大湾区快速交通网络。以连通内地与港澳以及珠江口东西两岸为重点,构建以高速铁路、城际铁路和高等级公路为主体的城际快速交通网络。编制粤港澳大湾区城际(铁路)建设规划,完善大湾区铁路骨干网络。

(5)推进粤港澳物流合作发展,大力发展第三方物流和冷链物流,提高供应链管理水平,建设国际物流枢纽。

第二节 物流运输与配送的新技术

一、物联网技术

随着物联网在行业内的进一步应用,物流也搭上了物联网的顺风车,通过物联网新技术的应用提高物流配送的效率。物联网对物流业最大的意义就在于更好地整合供应链体系,把采购、仓储、运输、信息系统等通过物联网进行整合。

物联网技术对物流业的发展发挥了积极作用。物联网能够使物流供应链的透明度大大提高,使得产品在供应链的任何地方都被实时跟踪,自动记录物品在整个供应链的流动,并且可以把终端信息反馈给销售及生产商,上游生产者可以据此改善供应链体系,提高仓储、运输效率及销售环节的服务水平。

尽管物联网在物流业可以发挥重大作用,但由于物联网技术研发和应用都处于初级阶段,难以实现规模化,物流与物联网的结合在短期内似乎难以实现。物联网在物流领域内投入成本较高,较难形成成熟的商业模式和推广应用体系,这是制约物联网在物流应用中的主要瓶颈。同时,国家对物联网行业政策、标准的制定,企业能否加快探索成熟的商业模式,均是影响物联网与物流发展的主要因素。

对我国物联网企业而言,最主要的是掌握核心技术,而目前来看,从传感器芯片到制造工艺,我国均落后于美国等西方发达国家;在应用层面,我国物联网企业需要更为漫长的探索。要改变现状,我们还需要在技术与应用的结合层面做更大的努力。同时,中国物流业发展的困扰并不在技术层面,更多的在于行政监管及产业格局层面。在监管层面,中国物流行业仍具有较强的计划经济色彩,公路运输、水运、铁路运输、航空运输等仍属不同的职能部门进行监管,相互之间缺乏有效衔接,导致物流行业缺乏统一的监管体系。

(一)物联网的基本定义

这里的"物"要满足以下条件才能够被纳入"物联网"的范围:要有数据传输通路;要有一定的存储功能;要有CPU;要有操作系统;要有专门的应用程序遵循物联网的通信协议;在世界网络中有可被识别的唯一编号。

物联网是新一代信息技术的重要组成部分。其英文名称是"the internet of things"。由此,顾名思义,"物联网就是物物相连的互联网"。这有两层意思:第一,物联网的核心和基础仍然是互联网,是在互联网基础上延伸和扩展的网络;第二,其用户端延伸和扩展到了任何物品与物品之间,进行信息交换和通信。因此,物联网的定义是通过射频识别(RFID)、红外感应器、全球定位系统、激光扫描器等信息传感设备,按约定的协议,把任何物品与互联网相连接,进行信息交换和通信,以实现对物品的智能化识别、定位、跟踪、监控和管理的一种网络。

物联网是一个基于互联网、传统电信网等信息承载体,让所有能够被独立寻址的普通物理对象实现互联互通的网络。它具有普通对象设备化、自治终端互联化和普适服务智能化三个重要特征。物联网指的是将无处不在(ubiquitous)的末端设备(devices)和设施(facilities),包括具备"内在智能"的传感器、移动终端、工业系统、楼控系统、家庭智能设施、视频监控系统等和"外在使能"(enabled)的,如贴上 RFID 的各种资产(assets)、携带无线终端的个人与车辆等"智能化物件或动物"或"智能尘埃"(mote),通过各种无线/有线的长距离/短距离通信网络实现互联互通(M2M)、应用大集成(grand integration),以及基于云计算的 SaaS 营运等模式,提供安全可控乃至个性化的实时在线监测、定位追溯、报警联动、调度指挥、预案管理、远程控制、安全防范、远程维保、在线升级、统计报表、决策支持、领导桌面(集中展示的 cockpit dashboard)等管理和服务功能,实现对"万物"的"高效、节能、安全、环保"的"管、控、营"一体化的网络。

2009 年 9 月,在北京举办的"物联网与企业环境中欧研讨会"上,欧盟委员会信息和社会媒体司 RFID 部门负责人 Lorent Ferderix 博士给出了欧盟对物联网的定义:物联网是一个动态的全球网络基础设施,它具有基于标准和互操作通信协议的自组织能力,其中物理的和虚拟的"物"具有身份标识、物理属性、虚拟的特性和智能的接口,并与信息网络无缝整合。物联网将与媒体互联网、服务互联网和企业互联网一道,构成未来互联网。

一般来讲,物联网的实施步骤主要如下:

(1)对物体属性进行标识,属性包括静态属性和动态属性,静态属性可以直接存储在标签中,动态属性需要由传感器实时探测;

(2)需要识别设备完成对物体属性的读取,并将信息转换为适合网络传输的数据格式;

(3)将物体的信息通过网络传输到信息处理中心(处理中心可能是分布式的,如家庭的计算机或者手机,也可能是集中式的,如中国移动的 IDC),由处理中心完成物体通信的相关计算。

(二)物联网的产生背景

物联网的实践最早可以追溯到 1990 年施乐公司的网络可乐贩售机——Networked Coke Machine。而物联网(the internet of things)这个概念是 1999 年 MIT Auto-ID 中心的 Ashton 教授在研究 RFID 时最早提出来的。2003 年,美国《技术评论》提出传感网络技术将是未来改变人们生活的十大技术之首。

2005 年 11 月 17 日,在突尼斯举行的信息社会世界峰会(WSIS)上,国际电信联盟(ITU)发布《ITU 互联网报告 2005:物联网》,引用了"物联网"的概念。物联网的定义和范围已经发生了变化,覆盖范围有了较大的拓展,不再只是指基于 RFID 技术的物联网。

该峰会提出,无所不在的"物联网"通信时代即将来临,世界上所有的物体从轮胎到牙刷、从房屋到纸巾都可以通过互联网主动进行交换。射频识别技术(RFID)、传感器技术、纳米技术、智能嵌入技术将得到更加广泛的应用。根据 ITU 的描述,在物联网时代,通过在各种各样的日常用品上嵌入一种短距离的移动收发器,人类在信息与通信世界里将获得一个新的沟通维度,将任何时间任何地点的人与人之间的沟通连接扩展到人与物和物与物之间的沟通连接。物联网概念的兴起,很大程度上得益于国际电信联盟 2005 年以物联网为标题的年度互联网报告。

2008 年后,为了促进科技发展,寻找经济新的增长点,各国政府开始重视下一代的技术规划,将目光放在了物联网上。在中国,2008 年 11 月在北京大学举行的第二届中国移动政务研讨会"知识社会与创新 2.0"提出:移动技术、物联网技术的发展代表着新一代信息技术的形成,并带动了经济社会形态、创新形态的变革,推动了面向知识社会的以用户体验为核心的下一代创新(创新 2.0)形态的形成,创新与发展更加关注用户、注重以人为本。而创新 2.0 形态的形成又进一步推动新一代信息技术的健康发展。

2009 年 1 月 28 日,美国总统奥巴马与美国工商业领袖举行了一次"圆桌会议",IBM 首席执行官彭明盛首次提出"智慧地球"这一概念,建议新政府投资新一代的智慧型基础设施。当年,美国将新能源和物联网列为振兴经济的两大重点。2009 年 2 月 24 日,在 2009IBM 论坛上,IBM 大中华区首席执行官钱大群公布了名为"智慧的地球"的最新企业策略。此概念一经提出,即受到美国各界的高度关注,甚至有分析认为 IBM 公司的这一构想极有可能上升至美国的国家战略,并在世界范围内引起轰动。IBM 认为,IT 产业下一阶段的任务是把新一代 IT 技术充分运用在各行各业之中,具体地说,就是把感应器嵌入和装备到电网、铁路、桥梁、隧道、公路、建筑、供水系统、大坝、油气管道等各种物体中,并且被普遍连接,形成物联网。在策略发布会上,IBM 还提出,如果在基础建设的执行中植入"智慧"的理念,不仅能够在短期内有力地刺激经济、促进就业,而且能够在短时间内为中国打造一个成熟的智慧基础设施平台。IBM 希望"智慧地球"策略能成为掀起"互联网"浪潮之后的又一次科技产业革命。该战略能否掀起如当年互联网革命一样的科技和经济浪潮,不仅为美国关注,更为世界所关注。2009 年 8 月,物联网被正式列为我国五大新兴战略性产业之一,写入政府工作报告,物联网在中国受到了全社会极大的关注。

物联网的概念与其说是一个外来概念,不如说它已经是一个"中国制造"的概念。它的覆盖范围与时俱进,已经超越了 1999 年 Ashton 教授和 2005 年 ITU 报告所指的范围,被贴上了"中国式"标签。

(三)物联网的特征

和传统的互联网相比,物联网有其鲜明的特征。

首先,它是各种感知技术的广泛应用。物联网上部署了海量的、多种类型的传感器,每个传感器都是一个信息源,不同类别的传感器所捕获的信息内容和信息格式不同。传感器获得的数据有实时性,按一定的频率和周期采集环境信息,不断更新数据。

其次,它是一种建立在互联网上的泛在网络。物联网技术的重要基础和核心仍旧是

第十一章　物流运输与配送的发展趋势

互联网,通过各种有线和无线网络与互联网融合,将物体的信息实时准确地传递出去。物联网上的传感器定时采集的信息需要通过网络传输,由于其数量极其庞大,形成了海量信息。在传输过程中,为了保障数据的正确性和及时性,必须适应各种异构网络和协议。

此外,物联网不仅提供了传感器的连接,其本身还具有智能处理的能力,能够对物体实施智能控制:物联网可将传感器和智能处理相结合,利用云计算、模式识别等各种智能技术,扩充其应用领域。从传感器获得的海量信息中分析、加工和处理得到有意义的数据,以适应不同用户的不同需求,发现新的应用领域和应用模式。

(四)射频识别技术

作为物联网发展的排头兵,射频识别技术(radio frequency identification,简称RFID)成了市场最为关注的技术。RFID 是 20 世纪 90 年代开始兴起的一种自动识别技术,是目前比较先进的一种非接触识别技术。以简单 RFID 系统为基础,结合已有的网络技术、数据库技术、中间件技术等,构筑一个由大量联网的阅读器和无数移动的标签组成的、比 Internet 更为庞大的物联网为 RFID 技术发展的趋势。

RFID 是能够让物品"开口说话"的一种技术。在"物联网"的构想中,RFID 标签中存储着规范而具有互用性的信息,通过无线数据通信网络把它们自动采集到中央信息系统,实现物品(商品)的识别,进而通过开放性的计算机网络实现信息交换和共享,实现对物品的"透明"管理。数据显示,2019 年,我国 RFID 市场规模在 960 亿元左右;2020 年,我国 RFID 市场规模为 1096 亿元。

根据其实质用途,RFID 有以下三种基本应用模式。

1. 智能标签

通过二维码,RFID 等技术可用于标识特定的对象,区分对象个体。例如,生活中我们使用的各种智能卡,条码标签的基本用途就是用来获得对象的识别信息;而且通过智能标签,还可以获得对象物品所包含的扩展信息,如智能卡上的账户余额、二维码中包含的网址和名称等。

2. 环境监控和对象跟踪

利用多种类型的传感器和分布广泛的传感器网络,可以实现对某个对象实时状态的获取和特定对象行为的监控,如使用分布在市区的各个噪声探头监测噪声污染,通过二氧化碳传感器监控大气中二氧化碳的浓度,通过 GPS 标签跟踪车辆位置,通过交通路口的摄像头捕捉实时交通流程等。

3. 对象的智能控制

物联网基于云计算平台和智能网络,可以依据传感器网络获取的数据进行决策,通过改变对象的行为进行控制和反馈。例如,根据光线的强弱调整路灯的亮度,根据车辆的流量自动调整红绿灯时长间隔等。

(五)物联网的发展趋势

物联网的发展与应用需要各行各业的参与,还需要政府的政策扶助。物联网一方面可以提高经济效益,大大节约成本;另一方面可以为全球经济的复苏提供技术动力。

2020年5月,工业和信息化部印发《关于深入推进移动物联网全面发展的通知》(以下简称《通知》)。《通知》要求,未来一段时期的重要任务有以下几个方面:一是加快移动物联网网络建设;二是加强移动物联网标准和技术研究;三是提升移动物联网应用广度和深度;四是构建高质量产业发展体系;五是建立健全移动物联网安全保障体系。如今,物联网技术研发水平和创新能力显著提高,适应产业发展的标准体系初步形成,物联网规模应用不断拓展,泛在安全的物联网体系基本成型。

近年来,在中国制造2025、"互联网+双创"等带动下,中国物联网产业发展取得长足进步。在企业、高校、科研院所共同努力下,中国形成了芯片、元器件、设备、软件、电器运营、物联网服务等较为完善的物联网产业链,基于移动通信网络部署到机器;涌现出一批较强实力物联网领军企业,初步建成一批共性技术研发、检验检测、投融资、标识解析、成果转化、人才培训、信息服务等公共服务平台;建成一批重点实验室。

二、人工智能技术

人工智能,简称AI(artificial intelligence),是一种对人类思维进行模拟,然后生产出像人类一样具备判断和反应能力的智能系统。人工智能技术一般是通过计算机程序加上相应的硬件设施来呈现的。人工智能因其算法的开源性以及基于大数据和互联网的特点,在物流配送中的应用能体现出其解决方案多元化、精准化和解决效率高等优势,逐渐成为全球物流配送发展的推动力。当前,我国物流配送业正由高速发展向高质量发展转变,体量巨大和增速放缓成为目前的两大特征。人工智能与物流的融合创新不断深化,成为降本增效、高质量发展的重要方式。可以说,在数据、算法和算力的不断发展,网络通信能力的显著提升以及人机交互方式的创新变革等技术的驱动下,以人工智能为核心的新一代信息技术得以快速发展,物流与信息技术的融合创新应用成为重要的发展趋势。

近年来,物流行业发展基础和整体环境发生显著变化,新兴技术广泛应用、包裹数量爆发增长、用户体验持续升级等对传统物流企业运作思路、商业模式、作业方式提出新需求、新挑战,驱动物流不断转型升级。总体来看,当前物流行业呈"五化"发展趋势,即物流网络协同化、物流要素数字化、物流服务体验化、物流活动绿色化和物流运营经济化。其中,协同化和数字化作为物流业转型升级的重要手段,驱动整体产业链条向体验化、绿色化、经济化方向发展。人工智能技术与物流配送可以有以下结合形式。

(一)机器学习+物流配送

物流的海量数据和复杂的任务目标为机器学习应用提供了良好的机遇。物流数据涵盖了生产、销售、库存、运输及配送等各个环节,每一单交易背后存在着大量的数据信息,Avent公司全球运输副总裁Marianne McDonald表示:"每一桩运输交易都会生成超过50列的数据,以及超过2.5亿的数据值。"随着我国物流量的不断增加,数据海量增长。在海量的数据下,隐藏着物流在降低成本、提高时效、增强体验、节约资源等方面的巨大潜在价值,在高度复杂关联的数据中找到最佳的解决方案正是机器学习的用武之地。机器学习在统计预测、决策优化和深度学习等方面的能力可以助力物流在库存、仓储、运输、配送环节的全面升级。机器学习基于对数据的深度挖掘,能够找到数据与任务目标之间的潜在规律,一是能够在物流的决策执行阶段提供决策优化,例如智能选仓、智能分仓、箱型智配等;二是能够对未来的物流状况进行统计预测,例如智能排产、设备运维预测等。此外,机器学习在图像识别、语音交互和自然语言处理方面的深度学习技术为机器提供了智能识别和交互能力,可利用人脸识别和语音交互技术提升配送体验,利用图像识别判断暴力分拣、仓库内的潜在起火点等。机器学习在库存、仓储、运输、配送等环节的应用技术具体可包括智能排产、预测性维护、智能选仓、智能分仓、箱型智配、车货智配、实时动态路径规划、机器视觉和语音助手等。机器学习在物流配送中的典型场景包括以下几个。

(1)机器学习算法和运行此类算法的 App 能迅速分析体量庞大、多种多样的数据集,提高需求预测的准确性。物流配送的一大挑战是预测未来的运输需求,而现有技术,包括移动平均线等基线统计分析方法和高级仿真建模等机器学习方法能非常有效地考虑到现有技术无法追踪或量化的因素。

(2)机器学习擅长视觉模式识别,在整个供应链网络实体资产的物理检查和维护保养方面提供了很多潜在的应用。事实证明,利用在多个数据集中迅速找出类似模式的算法进行设计,机器学习还能非常有效地自动对物流枢纽进行入站质量检查,隔离受损的运输货物。IBM Watson 平台的机器学习算法能确定集装箱和/或产品是否受损,根据受损时间进行分类,推荐最佳的纠正措施来修复资产。Watson 结合视觉和基于系统的数据,进行实时追踪、报告和推荐。

(3)预测新产品的需求,这是机器学习能发挥巨大作用的一个领域。从询问渠道合作伙伴、销售团队将卖出多少新产品,到利用高级统计模型,企业有很多方法来预测新产品的需求。事实证明,机器学习能非常有效地考虑到以前未知的需求影响因素,并准确预测出新产品的需求量。

(二)数字孪生＋物流配送

数字孪生(digital twin),是以数字化方式为物理对象创建的虚拟模型,来模拟其在现实环境中的行为。通过搭建物流作业全流程的数字孪生系统,能实现物流系统全过程数字化,提高智慧物流系统创新水平,提高物流作业效率,实现物流系统柔性化与智能化。digital twin 一词由美国密歇根大学的迈克尔·格里菲斯教授,于 2003 年在他所讲授的产品生命周期管理课程上引入,并且于 2014 年在其所撰写的 Digital Twin 白皮书中进行了详细的阐述。世界著名的 IT 技术咨询公司 Gartner 发布的《2018 年十大战略科技发展趋势》报告,数字孪生技术被列为十大战略科技第 4 名。数字孪生类似于物流系统的仿真模拟,它让物流系统仿真过程越来越精确,越来越智能。数字孪生技术从虚拟制造、数字样机等技术发展而来,原本是美国军方在航天系统研究中提出来的,现在已经拓展到智能制造、预测设备故障、改进产品等多个领域,也必将向智慧物流系统延伸。

随着物联网技术的发展,利用物理模型、传感器更新、运行历史等数据,集成多学科、多物理量、多尺度的仿真技术,建立智慧化物流中心的"数字孪生"模型,可以模拟和测试智慧物流中心的各种场景下的运行情况,解决系统面临的极限需求问题,优化智慧物流中心系统,并完成动态调整。

目前,敏锐的工厂及生产线已经引入数字孪生,在没有建造之前,对工厂进行仿真和模拟,并将真实参数传给实际的工厂建设,有效减少误差和风险。待厂房和生产线建成之后,日常的运行和维护通过数字孪生进行交互,能够迅速找出问题所在,提高工作效率。智能制造比物流系统更为复杂,在智慧物流系统引入数字孪生技术大有可为。

数字孪生物流是技术演进与需求升级驱动下新型智慧物流发展的一种新理念、新途径、新思路。虽然物流数字化的概念由来已久,但全链条数字化一直未能实现,这与技术发展的局限性和成熟度有关。如今,数字孪生物流的理念真正体现了智慧物流意图达到的理想愿景。数字孪生物流作为狭义数字化物流的终点,却是智慧物流的起点,它是物流领域实现智慧化的重要设施和基础能力,是物流信息化从量变走向质变的一个里程碑。与工业领域数字孪生体构建模式类似,数字孪生物流是在物流的范围与场景下,整合全链感知、历史积累、运行监测等多元异构数据,集成多学科、多尺度的仿真过程,集成规划调度、运行决策、客户服务等智慧应用,共同构建与现实物流过程同生共存、虚实交融的复杂系统,反映物流运行全过程。数字孪生在物流配送中的典型场景包括以下几个。

1. 仓库和分拣中心的数字孪生

仓库和分拣中心数字孪生有一个特点——规模庞大。它以仓库或者分拣中心的 3D 模型为基础,并搭载了平台收集的 IoT 数据、实时库存和运营产生的数据,例如货物的大小、数量、位置、需求等。这些实时信息的映射可以帮助管理者更快更全面地掌握仓库或者分拣中心当前的运营情况。在这些数据累积到一定程度后再来进行仓库运营模拟,就能更为真实地反映调整后的情况。比如在进行仓库设施更改前,使用数字孪生系统进行模拟,可以使设施管理人员测试和评估布局更改,或者引入新设备和新工艺的潜在影响,从而帮助企业做出正确的决策,在保持仓库吞吐量的同时减少浪费。除了宏观上的优化调度,数字孪生还可以装配前线,赋能一线员工。借助可穿戴设备如 HoloLens,来部署虚拟现实工具,帮助一线员工提高效率。比如识别二维码或条形码显示货物信息完成拣选,基于大数据计算最佳前往路线并以 AR 的形式呈现等。在货箱拣取搬运场景,AR 眼镜会自动扫描箱子上的条形码或二维码,完成货物拣取确认。

2. 外包装的数字孪生

一个物理产品通常包括产品本身以及外包装,经过物流运输的产品则需要再加一层外包装。小件货物通常会集中放入一个更大更坚固的盒子里来满足长途运输中的标准化管理。比如适用于铁路运输、海运的集装箱,适用于工厂间运输零配件的板条箱。目前的技术可以通过扫描外包装上的条形码来追踪"包装盒"的历史足迹。另外,还可通过记录使用时长和日常检查来判定该包装能否继续使用。而数字孪生可以帮助缩短这一过程的判断时间,并提供更科学的方案。借助 3D 扫描成像工具,能快速建立外包装的数字孪生。通过和预先设定标准模型进行对比,迅速识别是否存在凹痕和裂缝等潜在问题。再结合历史足迹信息,就能提供有关何时应该修理或进行报废处理的决定。除此之外,通过汇总历史数据,也有利于发现在运输过程中哪个地方最容易发生事故,从而有针对性地对这几个地方改善供应链。

（三）5G＋物流配送

第五代移动通信技术（5th generation mobile networks，5th generation wireless systems，或 5th－Generation），简称 5G 或 5G 技术，是最新一代蜂窝移动通信技术。5G 呈现出低时延、高可靠、低功耗等特点，已经不再是一个单一的无线接入技术，而是多种无线接入技术和现有无线接入技术集成后的解决方案总称。其带来的最大改变是实现从人与人之间的通信走向人与物、物与物之间的通信，最终实现万物互联，从而推动社会的发展。

2019 年是 5G 商用元年，物流中的人工智能、大数据、云计算、物联网将拥有高质量的通信技术支撑，关于 5G 的核心产品和服务将加速落地，5G 时代的智慧物流呼之欲出。从物流行业主要业务需求及挑战出发，5G 技术与物流场景的结合可分为应用侧和网络侧两大类。5G 技术在应用侧和网络侧赋能智慧物流。其中，应用侧赋能注重物流业务场景需求与 5G 性能指标间的结合，具体又分增强型移动宽带类、海量机器类通信类和超高可靠低时延通信类；网络侧赋能注重物流业务场景与 5G 网络架构间的结合，具体又可分为网络切片类和边缘技术类。总体上看，5G 技术的广泛应用将为物流行业各场景数字化转型升级提供有力支撑，成为引领智慧物流的通用平台技术之一。

1. 增强型移动宽带类（eMBB）：基于 5G 的无人仓储物流应用

目前，仓库货物搬运主要使用叉车，随着人力成本的增加和设备自动化水平的提升，自动叉车在无人仓中已经得到部分应用。车对货物信息的获取主要使用 DWS（dimensioning weighting scanning）系统，主要依托视觉数据完成信息处理，对通信上行带宽较高，而基于 5G 网络大带宽特性的 DWS 系统将能极大提高设备部署的灵活性，降低后期维护成本，提高入库作业效率。

2. 海量机器通信类（mMTC）：基于 5G 窄带物联网（NB-IoT）无车承运人平台

货车在安装平台指定传感器设备后，除能实时向控制中心提供车辆在途位置和行驶轨迹外，其配备的油耗、空重、温湿度、防盗锁、震动、光强感知等八大基于 5G 网络的 NB－IoT 传感器，能实时将相关数据输至云控平台，并与司机、顾客进行信息沟通交互。此外，平台工作人员可以在后台对数据进监控分析，并适时采取干预措施，实现智能、高效、安全的物流配送作业。

3. 超高可靠低时延类（URLLC）：基于 5G 网络的物流无人机系统

无人机物流行业通常分"干线—支线—末端"三段式空运网络架构，基于 5G 网络的物流无人机主要适用支线航空场景，往返于大城市与小城市，或小城市之间的快速直达。物流无人机配送涉及配送任务的下发、配送任务的执行、任务及无人机的监控等流程。

当然，5G 技术的落地、运用不是一个一蹴而就的过程。未来，跨越速运模式将首先实现 5G 技术在车联网、人工智能、物流追踪、物联网、智能设备等方面的基础运用，并逐步对可视化智慧物流体系、智慧化供应链体系、智慧化物流追溯体系进行全面升级，并最终实现万物互联的无界物流，为客户提供更现代化的物流服务，创造更高的利益价值。

(四) 无人系统＋物流

无人系统是能够通过先进的技术进行操作或管理而不需要人工干预的自主系统。无人系统是由机械工程、电气工程、计算机科学、通信技术、认知科学等多种技术融合而成的复杂系统。无人系统最先应用于工业领域并逐步民用化,按类型可分为无人车、无人机、无人车间/智能工厂、服务机器人、空间机器人、海洋机器人等。

传统物流是人力密集型行业,物流的效率及成本受到人力的制约,而无人系统将重新定义物流劳动力。物流领域的许多对人力需求高的关键领域(从仓内操作到最后一千米配送)正在被无人系统所赋能。按照适配的物流场景划分,无人系统可分为无人仓、无人车以及无人机三类。无人仓即仓储无人化,实现物流仓储环节中入库、存储、拣选、出库等仓库作业流程的无人化操作,需要具备自主识别货物、追踪货物流动、自主执行生产任务、无需人工干预等前提。从具体实践来看,无人仓可以看作传统大规模自动化物流仓储的升级版。2016年,以阿里和京东为代表的电商企业就已经宣布各自的无人仓项目落地并投入使用。无人车在物流领域呈现为无人货车及无人配送车两种形态,通过搭载先进的车载传感器、控制器、执行器等装置,并融合现代通信与网络技术,可实现"安全、高效、舒适、节能"行驶,并最终替代人来操作。无人货车可进行大容量的干线运输,通常里程较长,并长时间保持高速行驶。而无人配送车可进行小容量的末端配送,在城市环境下低速行驶。无人机在物流领域的应用包括安全巡检、库存检查和物流配送,其中前者短期内创造附加值更高。在安全巡检与库存检查中,无人机作为空中移动的传感器节点,可对物流流程进行动态监控,并将数据回传到后台系统以进行管理和优化。

(五) 增强现实＋物流

增强现实(augmented reality, AR)技术是一种将虚拟信息与真实世界巧妙融合的技术,广泛运用了多媒体、三维建模、实时跟踪及注册、智能交互、传感等多种技术手段,将计算机生成的文字、图像、三维模型、音乐、视频等虚拟信息模拟仿真后,应用到真实世界中,两种信息互为补充,从而实现对真实世界的"增强"。

AR通过虚实结合方式为物流作业人员提供解放双手和信息增强现实的能力。在物流作业中,工作人员往往需要对照流程信息进行,并通过双手操作。AR可以通过头显或者其他数字设备呈现出叠加在工作环境背景基础上的信息,进而帮助使用者智能地实现对于所处环境的理解,甚至可以完成对需要关注对象的智能匹配判断。AR可以在需要信息显示的物流活动全流程中应用,并且可以对肉眼难以观察到的信息内容进行增强显示,在高度依靠人工判断的仓储作业和设备维修中尤其具备应用的潜力。

近年来,随着AR在图像识别技术和设备性能稳定性方面的进步,AR设备的进一步推广普及成为可能,已经有越来越多的组织将AR应用于物流作业的研究开发工作。

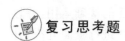

一、简述题

1. 简述当前中国物流运输的主要战略及特点。

2.简述物联网的定义及其产生背景。
3.简述物联网的特征及物联网的发展趋势。
4.简述大数据在物流配送领域的应用。

二、论述题

1.论述 5G、AR 技术在物流配送领域的应用。
2.论述人工智能在物流配送领域的发展趋势。

参考文献

[1] 吴承建,彭建良. 运输与仓储技术[M]. 北京:中国物资出版社,2009.
[2] 秦明森. 物流运输与配送管理实务[M]. 北京:中国物资出版社,2009.
[3] 宋方,蒋长兵,黄顺泉,等. 现代物流案例教学与实践[M]. 北京:中国物资出版社,2008.
[4] 杜文. 物流运输与配送管理[M]. 北京:机械工业出版社,2006.
[5] 李永生,刘卫华. 仓储与配送管理[M]. 北京:机械工业出版社,2019.
[6] 郑宁. 物流运输管理[M]. 上海:上海财经大学,2019.
[7] 袁伯友. 物流运输组织与管理[M]. 北京:电子工业出版社,2018.
[8] 李文翔. 物流运输管理[M]. 北京:科学出版社,2018.
[9] 徐家骅. 物流运输管理实务[M]. 北京:北京交通大学出版社,2017.
[10] 张理,刘志萍. 物流运输管理[M]. 北京:北京交通大学出版社,2012.
[11] 雷洪涛. 物流配送路径优化与配送区域划分[M]. 北京:国防工业出版社,2015.
[12] 刘云霞. 现代物流配送管理[M]. 北京:北京交通大学出版社,2009.
[13] 刘贵生. 物流配送管理[M]. 北京:清华大学出版社,2015.
[14] 阮喜珍. 物流配送管理实务[M]. 天津:天津大学出版社,2014.
[15] 张志乔. 物流配送管理[M]. 北京:人民邮电出版社,2010.
[16] 于宝琴,吴津津. 现代物流配送管理[M]. 北京:北京大学出版社,2009.
[17] 王效俐,沈四林. 物流运输与配送管理[M]. 北京:清华大学出版社,2018.
[18] 唐莲生. 物流运输与配送管理[M]. 武汉:武汉大学出版社,2018.
[19] 贾争现,刘立军. 物流配送中心规划与管理[M]. 北京:机械工业出版社,2011.
[20] 陈虎. 物流配送中心运作管理[M]. 北京:北京大学出版社,2011.
[21] 王效俐,辛旭,高凌宇,等. 物流运输与配送管理[M]. 2版. 北京:清华大学出版社,2021.